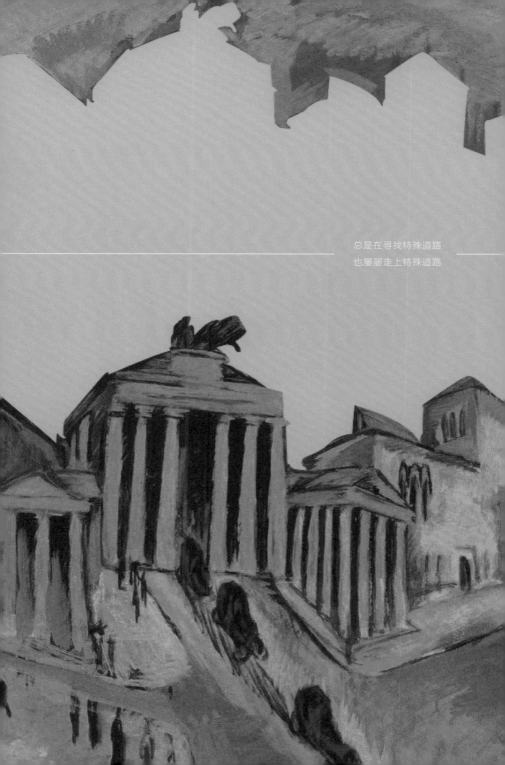

总是在寻找特殊道路

也屡屡走上特殊道路

HEINRICH AUGUST WINKLER

〔德〕

海因里希·奥古斯特·温克勒 / 著

黄行洲 / 译

歌德学院（中国）
翻译资助计划

Heinrich August Winkler

Wie wir wurden, was wir sind. Eine kurze Geschichte der Deutschen

© Verlag C.H.Beck oHG, München 2020

Arranged through Jia-xi Books Co., Ltd. / Literary Agency

The translation of this work was financed by the Goethe-Institut China.

本书获得歌德学院（中国）全额翻译资助。

封面图片：《勃兰登堡门》，油画，1915年，恩斯特·路德维希·基尔希纳(Ernst
Ludwig Kirchner) 创作，现藏于新国家艺术画廊（Neue Nationalgalerie）。

我们
如何成为
今天的
我们

德意志民族
简史

Eine kurze Geschichte
der Deutschen

WIE WIR WURDEN,
WAS WIR SIND

社会科学文献出版社
SOCIAL SCIENCES ACADEMIC PRESS (CHINA)

献给 Dörte

目 录

有些祖国麻烦不断。

德国就是其中之一。

可她是我们的祖国。

——联邦德国总统古斯塔夫·海涅曼

1969 年 7 月 1 日就职演说

导 言

1990 年 10 月 3 日，时任联邦德国总统里夏德·卡尔·冯·魏茨泽克（Richard von Weizsäcker）[①] 在柏林爱乐乐团举行的庆祝两德统一的国家庆典活动中发表了演说。他以一句独到且意味深长的话概括了这个日子的历史意义："这一天到来了：有史以来，整个德国第一次长久地进入了西方民主国家的圈子。"[1]

魏茨泽克的这句话提到了德国人为成为西方民主国家而不得不经历的一条漫长的道路。德国的自由主义者和民主人士早在"三月革命前时期"[②]（1830 年之后那几年）与 1848—1849 年的革命中就致力于实现德国的统一和自由，但未能如愿。德国人通过一场"自上而下的革命"（Revolution von oben）——俾斯麦[③]1871 年建立德意志帝国——实现了国家统一。直到对德意志帝国在第一次世界大战中的失败予以牵强附会

---

① Richard von Weizsäcker（1920—2015）：德国政治家，1984—1994 年任联邦德国总统，是 1990 年联邦德国与民主德国统一后的首任总统。（如无特别说明，本书脚注均为译者注。）

② Vormärz：德国历史上 1848 年"三月革命"之前的时期。史学界对该时期的起始时间尚有争议。有些人将拿破仑垮台和 1815 年德意志联邦的建立作为起点，也有人（通常是那些强调该时期为政治起义时期的人）倾向于将始于 1830 年的法国七月革命作为起点。

③ Otto von Bismarck（1815—1898）：普鲁士政治家、军事家，1867—1871 年任北德意志邦联宰相，德意志帝国成立后，1871—1890 年任帝国宰相。

的解释而徒劳无功时，也就是到了 1918 年 10 月时，才有了以对议会负责的政府（parlamentarisch verantwortliche Regierung）形式表现出来的自由。战争失败和"议会化"（Parlamentarisierung）共存成了魏玛共和国最严重的先天不足，也是其失败的深层原因之一：在民族主义右翼看来，"西方民主制"从一开始就是战胜国的政体，因此是"非德国"（undeutsch）的体制。

德意志帝国只有在 1945 年 5 月无条件投降、对纳粹独裁的犯罪特征（verbrecherischer Charakter）有过深入了解之后才能引发一场全面的思想转变。然而在第二次世界大战之后，只有德国的部分地区（1949 年成为德意志联邦共和国的西部地区）能接纳西方民主及其政治文化。其他部分（苏联占领区和后来的德意志民主共和国）直到 1989 年"和平革命"（Friedliche Revolution）导致苏联解体和东欧剧变之后才获得了这种机会。1990 年 10 月 3 日，民主德国和联邦德国重新统一，这意味着德国自 19 世纪早期就存在的问题在"三重意义"上得到了解决：统一和自由之间的矛盾不复存在；1945 年的边界以具有国际法约束力的形式被固定下来，德国的领土问题由此解决；重新统一后的德国是北大西洋公约组织和欧洲共同体的成员，不再对欧洲安全构成威胁。

30 年后的今天再回头看，德国的问题是否在 1990 年彻底得到了解决，答案似乎不那么肯定了。有时德国在欧洲联盟和欧元区内强大的经济实力导致某些人提出"新的德国问题"（eine neue deutsche Frage），有时许多德国人热衷于把自己的国家提升为在道德方面引领欧洲的国家，有时德国的政治家倾向于使欧洲联盟按照一种十分德国化的联邦制形式和以欧洲统一为"终极"目的的"后民族主义"设想发展。德国是否会再次走上一条"特别的道路"？德国问题是否会改头换面卷土

重来？说得再通俗一点，即德国的历史在今天，尤其在"新冠 11
病毒大流行"的时代，能继续产生什么影响？它对当今德国人
的思想和行为有何种程度的影响？

　　要回答这些重点问题，有必要回顾德国的一些基本的历史
事实、长期发展的路线和重要事件。在这里，本书有意识地只
对历史进行简要回顾。如果需要深入了解有关问题，请参阅笔
者有关 19 世纪和 20 世纪德国历史的著作《通往西方的漫长道
路》，以及《西方通史：当前时代》（也是《西方通史》的最
后一卷，写的是 1990 年之后的历史）。[2]

1 德国人与西方的帝国

每个国家的历史上都有一些对该国发展产生深刻影响的基本事实。就英国而言，岛国的地理位置对其争取自由产生了影响，低等级贵族和城市资产阶级在与王权斗争中获益；下院所处的优势地位是中世纪时取得的胜利，而在 17 世纪成功打破王室实施专制的企图，使这一优势地位得以保持。在法国，中央集权制是近代早期专制制度的产物，1789 年法国大革命的参与者及其接班人继承了衣钵，并进一步发扬光大。德国历史的基本事实包括"旧帝国"①的普遍诉求，比如要有别于中世纪晚期以来在英国、法国和西班牙开始形成的民族国家，要比民族国家更进一步。在德国，国家的形成是在领土层面实现的，体现在符腾堡（Württenberg）、巴伐利亚（Bayern）或勃兰登堡（Brandenburg）等诸侯国的统治结构中——这是德国联邦制度的萌芽。

与"帝国"这一德国古代历史上最重要的基本事实紧密相关的是直到 20 世纪依旧阴魂不散的"帝国神话"。中世纪的作者们力求找到"罗马帝国"这个最后的世界帝国从未消亡的证据。他们认为，公元 5 世纪末西罗马帝国在民族迁徙的洪流中覆灭之后，罗马帝国先是继续存在于东罗马帝国（öströmisches Reich），即拜占庭（Byzanz），此后随着帝国的衰亡于公元 800 年被教宗转给法兰克国王查理大帝（Karl der Große），统一的法兰克王国（Fankenreich）在公元 962 年解体之后又转给了萨克森国王奥托大帝（Ott der Große）所代表的德国人。中世纪的神学家认为，只要罗马帝国存在，世界就不会覆灭。在他们看来，罗马帝国是"拦阻

---

① 指德意志神圣罗马帝国，以区别于 1871 年建立的德意志帝国。

者"（Katechon），即（谬传由使徒保罗）写给塞萨洛尼基的基督教团体的第二封信①第二章中提到的"保卫力量"（eine bewahrende Kraft）。他们认为，只要这个"拦阻者"在，魔鬼就不会取得统治地位，也就是说基督重返人世之前，世界历史的最后一个阶段就不会中断。因此，德意志帝国这个继续存在的"罗马帝国"肩负着一项神圣的使命。德意志帝国是"神圣的帝国"（Sacrum Imperium）——这一概念出现在 12 世纪中期霍亨斯陶芬王朝皇帝弗里德里希一世［Stauferkaiser Friedrich I，绰号"红胡子"（Barbarossa）］的公文中。

欧洲的国王在礼宾上享有优先地位，皇帝们要求自己也享有这种特殊的"价值"（dignitas），英国和法国的国王心甘情愿尊重他们的这种要求。作为基督教会的庇护人（Schutzherr）——并且只有承担了这项任务，皇帝才享有某种特定的最高权利。然而在霍亨斯陶芬王朝时代西欧观察家的印象中，皇帝并不满足于在同侪之中独占鳌头。"对立教宗"（Gegenpapst）得到弗里德里希一世以及由他操纵、忠于皇帝的枢机主教（Kardinäle）于 1160 年在意大利帕维亚②召开的大会认可之后，当时最著名的教会上层人士之一、法国沙特尔地区（Chartres）主教"索尔兹伯里的约翰"③提出了抗议："是谁用个别地区的教会标准来衡量普世教会？是谁任命德国人做了各国的法官？是谁授权这些野蛮而暴力的人随心所欲地选立诸侯，凌驾于人子之上？"[1]

来自法国沙特尔的英国人的这番异议是对可以称作"霍

14

---

① 据传，使徒保罗曾给塞萨洛尼基的基督教团体写过两封书信，即《圣经·新约》中的《帖撒罗尼迦前书》和《帖撒罗尼迦后书》。

② Pavia：意大利伦巴第西南的一个市镇。

③ Johann von Salisbury（1115—1180）：英国作家、哲学家、教育家、外交官，出生于英国索尔兹伯里，曾任法国沙特尔地区主教，代表作有《论政府原理》。

亨斯陶芬王朝帝国意识形态"（Staufische Reichsideologie）的回应。这种意识形态进入全盛时期之际，中世纪皇权的高潮早已过去。13 世纪末，科隆法政牧师 ① 亚历山大·冯·罗伊斯 ② 认为，罗马人作为老一辈维持教宗的统治（sacerdotium），德意志人或法兰克人作为年轻一代维持皇权的统治（imperium），法兰西人或高卢人由于拥有异乎寻常的洞察力而以科学研究（das Studium der Wissenschaften）为己任，这是颇有意义且不可或缺的秩序的要求。[2]

罗伊斯提出这些要求是出于防御目的——抵抗法兰西对皇权提出诉求的企图。然而法兰西没有人甘于接受他主张的国家之间的劳动分工。没过多少年，一位不知名的巴黎法学家在一份为法兰西国王出具的鉴定书中表达的对"美男子腓力四世" ③ 的意见（法国学者早在 12 世纪就已经持相同观点）看起来像是对罗伊斯的答复：在他的王国里，他是皇帝。"由于法兰西国王先于皇帝存在，这么称呼他就更加得体了。"[3]

但是，欧洲国家的世俗统治者们在一个重要领域的意见至少原则上一致，这就是反对教宗提出的有权废黜皇帝与国王的要求。教宗圣额我略七世 ④ 在其 1075 年颁布的《教宗训令》（Dictatus Papae）中首次提出这一要求，从而引发了所谓的"教宗革命"（Papstrevolution）。[4] 他最初只是想通过这种做法颠覆皇权的运作。与此相反，声称只有教宗可以废黜或调任

① Kanolikus：也译作"名誉牧师"，圣公宗与天主教都有的教会荣誉神职，有权解释教会神学法规及保卫教会教义，可以主持教会的重大礼仪并协办教会行政事务。

② Alexander von Roes（约 1225—约 1300）：13 世纪罗马帝国历史学家，以其"帝国理论"著称。

③ Philipp der Schöne（1268—1314）：法国卡佩王朝第 11 位国王，纳瓦拉国王，是卡佩王朝后期强有力的君主之一。

④ Papst Gregor VII（约 1030—1085）：也译作"圣格列高利七世"，1073 年 6 月至 1085 年 5 月任教宗。

主教是对法兰西和英国国王，也是对皇帝发起的挑战。

主教不仅在教会尽享尊荣，而且是王室最高官员，因此如果教宗在所谓的"叙任权之争"①中获胜，那么三个国家现存的所有政治体系都将土崩瓦解。事实上，罗马教廷只取得了局部胜利。虽然从 12 世纪早期开始（先是在法兰西，随后在英格兰，1122 年《沃尔姆斯宗教协定》②签订之后在德意志）就依据教会法，然而是在世俗统治者在场的情况下选出主教，这样一来，世俗统治者就可以继续发挥其影响力。

"叙任权之争"只代表了宗教和世俗权力斗争的一个阶段。这场冲突的历史意义在于产生了一种对西方世界起根本作用的多元主义（Pluralismus），其核心首先是一种机构上的二元主义（Dualismus）。宗教权力和世俗权力初步分离之后，1215 年随着经典文献英国《大宪章》（Magna Charta）的问世，诸侯的权力和社会各等级的权力也一分为二。从历史上看，立法权、行政权和司法权的分离就是首先在英国实现，且由孟德斯鸠③1748 年以政治学说的形式固定下来的现代三权分立制度。这种制度其实是既有进程的进一步发展，在中世纪中期④始于欧洲拉丁国家（西方教会国家），并且仅仅在这些国家得到贯彻。

① Investiturstreit：也称"叙任权争夺"，是中世纪欧洲最著名的重大冲突事件之一，矛盾双方是教会和世俗君主，在 11—12 世纪，多名教宗挑战和指责西欧君主握有对圣职的任命和授予权。

② Wormser Konkordat：指教宗嘉礼二世与神圣罗马帝国皇帝海因里希五世于 1122 年 9 月 23 日在德国沃尔姆斯城附近达成的协议，它结束了教宗与神圣罗马帝国皇帝权力斗争的第一阶段。

③ Baron de La Brède et de Montesquieu（1689—1755）：法国启蒙时期思想家、律师，也是西方国家学说和法学理论的奠基人。

④ hohes Mittelalter：又称中世纪盛期，通常指 1050—1250 年，是中世纪发展的最高峰。

在相当长的一段时间里，法兰西和英格兰这两个正在形成的民族国家面对教宗挑战的回应使教会在很大程度上被"国有化"（Nationalisierung），严格限制教宗从教会财产中收税是这种国有化的开端。罗马—德意志皇室不能走国有化道路，因为这会危及其自身的广泛诉求，也会对德国诸侯构成挑战——其中有些诸侯致力于成为"自己地盘上的教宗"，从而获得更多的邦君"自由"（Libertät）。

埃克哈特大师①、约翰内斯·陶勒②和海因里希·苏瑟③等 16 神秘主义者针对教会对世俗权力的诉求和外部权力扩张给出了德国的答案：这是一场向内的转变。天主教哲学家阿洛伊斯·登普夫④在其1929年出版的有关"神圣帝国"的著作里把发生在德国、使人们更加笃信上帝且充满活力的斗争解读为法国和英国"政治改革"的对立面，认为这是德国神秘主义在世界历史上产生的副作用，这种副作用使"笃信上帝而无需神职人员"变成了"一场影响深远的笃信上帝的运动"。神秘主义成了宗教改革的先锋：年轻的路德⑤知道自己是从何种传统出发把个人信仰解释为人与上帝关系唯一基础的。[5]

现在我们来谈谈德国历史上的第二个基本事实——发生在

---

① Meister Eckhart（约1260—1328）：又称埃克哈特·冯·霍赫海姆（Eckhart von Hochheim），德国神学家、哲学家和神秘主义者，与约翰内斯·陶勒、海因里希·苏瑟并称"神秘主义三大师"。

② Johannes Tauler（约1300—1361）：德国神秘主义者，罗马天主教神父和神学家，埃克哈特大师的弟子，属多明我会，是最重要的莱茵兰神秘主义者之一。

③ Heinrich Suso（1295—1366）：德国神秘主义者，认为通过入世的方法积极帮助他人是找到"灵魂火星"和上帝的唯一方法。

④ Alois Dempf（1891—1982）：德国天主教神学家。

⑤ Martin Luther（1483—1546）：德意志神学家、哲学家，于16世纪初发动了德意志宗教改革，最终引发全欧洲的宗教改革，促进了新教的兴起。

16世纪的信仰分裂（Glaubensspaltung）。从根源上看，宗教改革是一场德意志式的革命；从对世界历史的影响看，宗教改革则是一场盎格鲁—撒克逊式的革命。在与教会革新的神学基础有关的问题上，所有宗教改革人士都以马丁·路德这位昔日维滕贝格的奥斯定会修道士为榜样。相反，在社会和国家发展问题上，加尔文的重要性远远大于路德。资本主义和民主在很大程度上与加尔文这位来自日内瓦的宗教改革家有关。和加尔文派相比，路德派不包含导致经济生活发生翻天覆地的变化并使统治者与大众意愿相结合的因素。从政治和社会角度看，路德是个保守的革命者。

德国的宗教改革二者兼而有之：从教会的、越来越被认为是罗马异族统治的束缚中解放出来，并且为一种新的、内化的、支持国家的（staatstragend）束缚找到了理由。德国的宗教改革同时带来了解放和镇压，因此正如年轻的卡尔·马克思①1843—1844年所言，宗教改革只是"对中世纪的部分胜利"。6马克思的战友弗里德里希·恩格斯②把宗教改革称作欧洲"第一号资产阶级革命"，7但从社会史的角度看，宗教改革是农村和城市"普通人"（gemeiner Mann）的反抗（这在瑞士以及德国南部和中部表现得最为明显），1524—1525年的德国农民战争是反抗的高潮。8

但如果从政治影响的角度出发，"诸侯革命"（Fürstenrevolution）这一概念则适用于德国的宗教改革。通才型史学家欧根·罗森

---

① Karl Marx（1818—1883）：德国哲学家、经济学家、社会学家、政治学家、革命理论家、新闻从业者、历史学者、革命社会主义者；无产阶级革命导师，马克思主义创始人之一，著有《黑格尔法哲学批判》《1844年经济学哲学手稿》《论犹太人问题》《共产党宣言》《剩余价值理论》《资本论》等多部重要作品。

② Friedrich Engels（1820—1895）：德国哲学家，马克思主义的创始人之一，卡尔·马克思的挚友，为创立马克思主义提供了大量经济上的支持，在马克思逝世后，帮助马克思完成了其未竟的《资本论》等著作，并领导国际工人运动。

斯托克－休西①在1931年曾经说过："路德的选帝侯替代了最高等级的主教……或许世界上没有其他哪个国家因此像我们这样，两道如此不同的风景线交叠存在。上层的诸侯和政治家们争夺他们作为统治者的权力和自由。下层生活着市民和农民，在有限的臣民观念范围内学习如何循规蹈矩，如何对统治者俯首帖耳……普通德国人的这种'不讲政治性'（Unpolitisches）在路德与其邦君自愿作出的劳动分工中就已经存在了。"9

　　尽管路德传统上还遵循教父②奥古斯丁的做法，严格区分"人间帝国"（irdisches Reich）和"上帝帝国"（Gottesreich），但在实践中，他把世俗和宗教的权力、王冠与祭坛如此紧密地联系在一起，以至于（正如基督教神学家和宗教哲学家恩斯特·特勒尔奇③所说的那样）由国家制定的世俗法律平添了"某种半神性"（eine gewisse Halbgöttlichkeit）。10 这样一来，路德派在德国（也仅仅是在德国）的政治影响就和宗教改革的另一个主要流派加尔文派的影响有了巨大差别。将教区教会与加尔文在那里布道和发挥影响的日内瓦城市共和国相结合，在很长时间里为民主国家的形成提供了便利的条件。 18
相反，信奉路德派的德意志诸侯国中，邦国的统治和主教职务的结合则有利于专制主义的发展。

　　"路德派中的精神解放是以世俗的奴役为代价的"：弗朗

---

①　Eugen Rosenstock-Huessy（1888—1973）：德国历史学家和社会哲学家，研究领域涉及历史、神学、社会学、语言学等学科。

②　Papst：这里的教父指天主教早期教父，是天主教会早期宗教作家及宣教师的统称，他们的著作被认定具备权威，可以作为教会的教义指引与先例。

③　Ernst Troeltsch（1865—1923）：德国自由派新教神学家、宗教哲学和历史哲学作家、古典自由主义政治家、宗教史学派成员。

茨·波克瑙 ①（他和罗森斯托克－休西一样，是受希特勒迫害而流亡的知识分子）在自己的判断中把马丁·路德宗教改革自相矛盾的遗产结合在一起。其认为，文化和政治两方面必须结合起来看。"德国的音乐和形而上学在加尔文主义主导的文化中是无法产生的。当然，这种忽略实际的做法中隐藏着一种可怕的危险……政治是精神和世界、道德和利己主义、个人主义和相互联系的王国。路德的立场没有把握政治的本质。我们成了政治上屡屡失败的民族，路德的立场对此是有责任的。这个民族在两种一进入实践就同样错误的极端之间被摔来打去：一端是脱离现实、充满善意的内化自省，另一端是对权力最疯狂的迷恋。" 11

在路德本人那里，内化与血腥也只有一步之遥：这从他越来越过分地攻击教宗、再洗礼派教徒（Wiedertäufer）和犹太人的言行中可见端倪。路德对犹太人的敌意以特别明显的方式证实了马克思的论断——德意志宗教改革对于结束中世纪只发挥了部分作用。1543 年，也即在他去世前三年，路德在《论犹太人及其谎言》（*Von den Juden und ihren Lügen*）这本小册子里再次弹起那些他明知无从证实的归咎于犹太人的老调：犹太人在井里投毒，抢走了基督徒的孩子，为的是按照礼仪将之屠杀。路德要求当权者点燃犹太会堂，摧毁犹太人的房屋；禁止犹太教经师讲经，对违者有生杀予夺之权；剥夺犹太人由他人陪伴确保安全的权利；禁止他们使用街道和放高利贷；强迫他们从事体力劳动，必要时驱逐出境。路德建议全体基督徒见到犹太人时在胸口画十字，坦然且大胆地说出："那儿有个真正的魔鬼。" 12 这就是"黑暗的中世纪"（finsteres

---

① Franz Borkenau（1900—1957）：奥地利历史哲学家、文化史学家和社会学家，极权主义理论先驱之一。

Mittelalter）。它不仅在路德身上继续存在，而且很大程度上是通过他而继续存在的。

德国有哪些地区在 16 世纪继续保持天主教信仰，或者改信路德派，或者"改革宗"（根据加尔文或苏黎世天主教世俗教士乌利希·慈运理[①]的学说），这不是各地（自由的帝国城市除外）居民自由决定的问题。"谁统治该地，谁决定该地的宗教信仰"：这个简洁的表述（1555 年《奥格斯堡宗教和约》[②]的主要内容概括起来就是这句话）说明了统治者的追求。在德意志神圣罗马帝国（这是自 1512 年起帝国的正式全称），1555 年的《奥格斯堡宗教和约》使"奥格斯堡教派"即路德派信徒得到了帝国法律的认可，但没有认可改革宗信徒。不是每个人，而是诸侯可以自行在新旧信仰之间作出选择。这就再次避免了诸侯之战和内战，而根据事态，这样的战争最终必然会发展成欧洲战争。

63 年后的 1618 年 5 月，这场大战还是爆发了。"三十年战争"从来都不只是一场宗教战争和内战，更是一场国家和国家联盟之间的战争。但这场大屠杀始于信仰共同体的权力之争并非偶然。信仰问题对那个时代人们的影响大于其他任何问题。教派之间的对立比社会和民族差别更能让民众群情激昂、同仇敌忾。然而，对信徒来说重要的事情在国家掌权者看来却未必重要。"三十年战争"的后半程，也即 1635—1648 年，天主教的法国和路德派的瑞典联手对抗天主教的哈布斯堡王朝；后者在帝国内（如西班牙）指定统治者，并且在西属尼德兰亦即后来的比利时行使权力。

20

---

① Ulrich Zwingli（1484—1531）：基督教新教神学家，瑞士宗教改革运动的领导者。

② Augsburger Religionsfriede von 1555：全称《奥格斯堡国家及宗教和约》，是神圣罗马帝国皇帝查理五世与日耳曼新教诸侯于 1555 年 9 月 25 日在奥格斯堡的帝国会议上签订的和约，提出了"教随国立"的原则，暂停了内战。

"三十年战争"曾经作为"那场国难"（*die* nationale Katastrophe）在德国人的集体记忆中延续了几个世纪，直到 20 世纪的两次世界大战，尤其是第二次世界大战才引发了有关"三十年战争"是不是最严重的国难的争论。这场战争从人口、经济、社会和道德角度看是一场灾难。战争末期，农民一贫如洗，德国东部大批农民沦为世代依附于庄园地主（Rittergutsbesitzer）的农奴。无数城市被夷为平地之后，资产阶级也不复存在。从社会学角度来看，战争的赢家是邦君、亲国家的部分贵族、军队和官员——这些人都是正在形成的集权主义（Absolutismus）的重要支柱。战争、暴行、大量死亡和贫困导致了强烈的内化（Wendung nach innen）：这是一种新的"俗人虔诚"（Laienfrömmigkeit），它在基督教德国为"虔信主义"①的兴起创造了条件。

如果说三十年战争有什么积极作用的话，那就是使人们认识到了宗教宽容不可或缺。只有愿意在一定程度上世俗化，从而在宗教事务上保持中立的、强大的国家才会强迫实现这种宽容。诸侯的集权主义首先是信仰问题绝对化的结果：臣民赢得的内心自由（innerliche Freiheit）是以在世俗统治者面前进一步降低自己的政治地位为代价的。从此以后，世俗统治者可靠的统治基础建立在一种深深的恐惧之中，人们或许可以把这种恐惧称作三十年战争的持久结果：对异国所带来的屈辱的恐惧，对一切习以为常的秩序崩塌的恐惧，对混乱不堪和异国军队兵痞横行（Soldateska）的恐惧，对手足相残和国家内战的恐惧，对末日预言（Apokalypse）的恐惧。

① Petismus：也称"敬虔主义"，德国信义宗 17—18 世纪的宗教运动，注重个人信仰的更新和基督徒生活中的圣洁，注重研经、祈祷、灵修、分享和过敬虔的生活，主张将实践与神秘两种趋势结合在一起，以代替正统派那种过度系统化的教义所导致的僵化仪文。

神圣罗马帝国的皇帝和帝国 1648 年在明斯特与法国、在奥斯纳布吕克与瑞典签订的《威斯特伐利亚和约》重新确认了 1555 年签订的《奥格斯堡宗教和约》，并将其扩展至"改革宗"①：从此以后，改革宗教徒被认定为具有平等地位的新教分支。从外交上看，法国和瑞典是"三十年战争"的赢家。两国确保遵守被宣告为"帝国基本法律"（Reichsgrundgesetz）的和平条约，并得以通过吞并帝国的土地开疆辟土。从内政上看，"帝国政治体"② 是赢家：《威斯特伐利亚和约》签订之后，他们迈出了对获得完全主权来说决定性的一步。神圣罗马帝国持续受到削弱，但确保了德意志当时的局面，因此其继续存在既符合欧洲大国的利益，也符合较小的帝国政治体的利益。但神圣罗马帝国这个暮气沉沉、垂垂老矣的旧帝国并不是能与法国或英国、西班牙或瑞典分庭抗礼的政治力量。正如塞缪尔·普芬多夫③1667 年在一篇有关德意志帝国宪法的著名文章中所说的那样：帝国是一个"奇形怪状、类似庞然大物的躯体"。[13]

在帝国政治体中，1648 年前后的奥地利是最强大的。1438 年之后，德意志神圣罗马帝国的皇帝接连不断地从奥地利的统治王朝即哈布斯堡家族产生。哈布斯堡王朝的很大一部分权力与 1526 年取得波希米亚和匈牙利的王位有很大关系；具有重大意义的是，波希米亚早就已经成为帝国的一部

---

① Reformierte：也称加尔文宗、更正宗、归正宗，是基督新教的宗派之一。

② Reichsstände：指在神圣罗马帝国议会中拥有席位和投票权的政治实体，这些政治实体共同组成了神圣罗马帝国。少数帝国官员有席位但无投票权，就其本身而言算不上"帝国政治体"。

③ Samuel Pufendorf（1632—1694）：法学家、历史学家，德国 17 世纪法哲学的开创者，近代最杰出的自然法学思想家，1667 年出版的《论德意志帝国的宪法》引发巨大争议。

分，匈牙利则相反，1526 年及以后它都不属于帝国。17 — 18世纪，霍亨索伦家族成为天主教的哈布斯堡王朝在德国内部最强大的对手。1415 年，法兰克支系的霍亨索伦家族成员、纽伦堡"城堡伯爵"①弗里德里希从勃兰登堡边区获得了选帝侯资格，两年后封地，并可以世袭。说完帝国和信仰分裂，现在我们再来谈一谈关于德国历史的第三个基本事实：德国二元主义（Dualismus），奥地利和普鲁士的对立。

1539 年，勃兰登堡选帝侯约阿希姆二世改信路德宗。1613 年，发生了同样具有重大意义的改宗事件：选帝侯约翰·西吉斯蒙德②从路德宗改信改革宗。由此，正如经济学家艾尔弗雷德·穆勒－阿玛克③（首次提出"社会市场经济"这一概念）论断的那样，勃兰登堡出现了"世界历史上独一无二的路德宗和加尔文宗的结合"："当路德宗的土地有了信奉加尔文宗的统治者时，一种既非加尔文式，也非路德式的特殊新型国家结构出现了。加尔文宗自上而下、路德宗自下而上显示出一种相互的同化能力（Assimilationsfähigkeit），从而产生了一种无与伦比的新形式。"[14] 国家能动性遇到了对统治者俯首帖耳的民众这块"共振板"：如果我们愿意夸张一点，那么 1613 年选帝侯改宗事件的长期影响完全可以用这种方式来形容。

几年后的 1618 年，世俗的普鲁士公国（处于波兰治下，一度隶属于德国骑士团，首都是柯尼斯堡）落到了勃兰登堡手

---

① Burggraf：中世纪以来欧洲城堡统治者，尤其是皇家或主教城堡统治者的正式头衔，其领土称为伯格雷夫（Burgraviate 或 Burgravate）。城堡伯爵是由皇帝（国王）、采邑主教或其他诸侯直接授权的具有司法权力的"伯爵"。

② Johann Sigismund（1572 — 1620）：霍亨索伦王朝的勃兰登堡选帝侯，1618 年通过与没有男嗣的普鲁士公爵阿尔布雷希特·弗里德里希的长女安娜结婚成为普鲁士公爵，从而创造了勃兰登堡－普鲁士。

③ Alfred Müller-Armack（1901 — 1978）：德国国民经济学家、文化社会学家，"社会市场经济"的提出者及理论奠基人。

中。1660 年，"大选侯"（der Große Kurfürst）弗里德里希·威廉 ① 在位期间，普鲁士公国得到勃兰登堡统治者的承认，并继续在神圣罗马帝国之外存在。

　　1701 年 1 月 18 日，"大选侯"的儿子弗里德里希三世经皇帝利奥波德一世同意，在柯尼斯堡加冕为"普鲁士国王"，称弗里德里希一世 ②。这时的勃兰登堡还不是大国，但它迈出了实现大国目标的重要一步。弗里德里希一世之子 ③ 即"士兵国王"（Soldatenkönig）弗里德里希·威廉一世（1713—1740）偶尔自称"普鲁士国王"。其子弗里德里希二世（史称"弗里德里希大王"）④ 则为巩固普鲁士的大国地位作出了贡献。和哈布斯堡王朝兵戎相见——弗里德里希和哈布斯堡王朝之间发生过两次西里西亚战争（1740—1742 年、1744—1745 年）与"七年战争"（1756—1763 年）——的普鲁士在弗里德里希大王的统治下成为德国历史上长达百余年的重要话题。

　　和哈布斯堡王朝不同，霍亨索伦家族主要统治的是说德语的臣民。奥地利从德意志分离出来，普鲁士则并入了德意志。普鲁士并未占有相连的国土，而是占领了从下莱茵河（Niederrhein）到尼曼河（Memel）的一块块地产。普鲁士自

① Friedrich Wilhelm, Großer Fürst（1620—1688）：霍亨索伦家族的族长，勃兰登堡选帝侯兼普鲁士公爵，因军事和政治才能卓越，被称为"大选侯"。

② Friedrich I（1657—1713）：1688—1713 年为勃兰登堡选帝侯，称弗里德里希三世；1701—1713 年为普鲁士国王，称弗里德里希一世。

③ Friedrich Wilhelm（1688—1740）：普鲁士国王兼勃兰登堡选帝侯，绰号"士兵国王"；他的父亲弗里德里希一世成功地使普鲁士变为一个王国，而他本人大大增强了这个王国的军事力量。

④ Friedrich II/ Friedrich der Große（1712—1786）：普鲁士国王（1740—1786 年在位），军事家、政治家、作家及作曲家；是欧洲历史上最伟大的军事统帅之一，也是欧洲"开明专制"君主的代表，同时是启蒙运动时期的文化名人，在政治、经济、哲学、法律、音乐等诸多方面颇有建树；被称作"弗里德里希大王"，旧译"腓特烈大帝"。

认为是个大国，甚至觉得作为国家始终受到外部力量的威胁，单凭这一点，普鲁士就极度渴望建设一支强大的军队。

18世纪德国军事作家格奥尔格·海因里希·贝伦霍斯① 说过，普鲁士君主国（Monarchie）"不是一个拥有军队的国家，而是一支拥有国家的军队，国家似乎就是这支军队的兵营"。[15] 虽然所有实行集权统治的国家都是军事国家，但普鲁士的军事化程度尤其严重。18世纪中期，奥地利每60个居民中就有一名士兵，而普鲁士每13个居民中就有一名士兵。弗里德里希大王统治时期，军事需求处于公共需求顶端，这与其父亲治下无异。军官几乎全部来自容克地主② 阶级，因此普鲁士是个典型的军事国家（Soldatenstaat），同时也是贵族大地主国家。最后，官僚阶层，即普鲁士王国主要由资产阶级组成的支柱，对于维护国家统治也发挥着重要作用。

若非异于军阀，弗里德里希几乎不可能获得并维持"大王"（der Große）这一称号。在那个时代的欧洲，弗里德里希理所当然是个代表性人物，甚至是一种新的国家类型即"开明专制"（aufgeklärter Absolutismus）的化身。自上而下实现理性（Vernunft），在宗教和知识上兼收并蓄：这种初心和以专制本身为目的（Selbstzweckhaftigkeit）的常见的专制类型根本不同。军事为先的政治理念和与此关联的贵族特权虽然阻碍了法治国家的全面建设，但弗里德里希统治下的普鲁士至少是打算统一的。在弗里德里希的领导下，普鲁士在统一法律方面向前迈出了一大步。尽管立法工作的代表性成果——1794年的《普鲁士普通邦法典》（das Allgemeine Landrecht für die Preußischen Staaten）在实际执行中落后于立法者的前瞻性意

① Georg Heinrich Berenhorst（1733—1814）：德国军事作家。

② Junkertum：贵族地主。

图，但总体而言，弗里德里希式的"开明专制制度"类似于自上而下的革命。这种制度促成了一种普鲁士式的国家传统——19世纪早期的改革者如斯坦因①和哈登贝格②等人，以及半个世纪之后建立了统一的德意志帝国的俾斯麦都继承了这一传统。

1776年6月12日，弗里德里希逝世十年前，北美英国殖民地通过了历史上第一个"人权宣言"——《弗吉尼亚权利法案》。这份基本权利目录的第一条明确指出："所有人生来都是同样自由与独立的，并享有某些天赋权利。"生活和自由的权利也属于天赋权利，此外还包括"获取和拥有财产、追求和享有幸福与安全的手段"。该法案第二条公布了人民主权原则："长官是他们的受托人与仆人，无论何时都应服从他们。"其他条款确保了立法权、行政权和司法权分离，禁止未经民众代表同意废止法律，确保选举自由，防止非法剥夺人身自由，以及保护新闻和宗教自由等。[16]

3个星期后的1776年7月4日，13个英国殖民地的代表参加的大陆会议在费城通过了《美利坚合众国独立宣言》。与会代表在这份宣言中声明，"人人生而平等，造物主赋予他们若干不可让与的权利"，并特别强调了"生存权、自由权和追求幸福的权利"，认为"经过被统治者同意"是政府确保这些权利的必要条件。[17]

"人权不可剥夺"的观念从美国越过大西洋回到了其思想史上的发源地欧洲。1776年美国独立战争结束后爆发了1789年法国大革命。当年8月26日，在美国《独立宣言》的主要

---

① Heinrich Friedrich Karl vom und zum Stein（1757—1831）：全名海因里希·弗里德里希·卡尔·冯·斯坦因，普鲁士男爵，政治家、改革家。

② Karl August von Hardenberg（1750—1822）：全名卡尔·奥古斯特·冯·哈登贝格，普鲁士政治家、改革家。

起草者、后来担任第三任美国总统、时任美国特使的托马斯·杰斐逊①的倡议下，法国国民会议（Nationalversammlung）通过了《人权和公民权宣言》②。该宣言比《弗吉尼亚权利法案》及合众国其他州的基本权利目录更强调法律面前人人平等。在文件的主要部分，即在所有人生而平等且享有同样权利的先决条件方面，《人权宣言》的起草者和大西洋彼岸美国革命的先锋不谋而合。

在民众受教育程度普遍较高的德国，《人权宣言》和此前（1789 年 7 月 14 日）攻占巴士底狱事件一样引发了强烈反响。在法国占主导地位的思想在莱茵河东岸的德国也家喻户晓：孟德斯鸠和卢梭③是 18 世纪下半叶德国人读得最多且最推崇的作者。接受启蒙的进步人士憎恨专制暴政（Despotismus），推崇三权分立和作为国家一切权力基础的社会契约（Gesellschaftsvertrag）。根据通常看法，"旧制度"（Ancien régime）下的法国实施的是"不开明"的专制统治，也即维护专制暴政秩序，因此这个国家奋起反抗是理所当然的。然而，只有极少数观察家把法国的事件视为德国未来出现同种情况时可参照的榜样。当时，专制制度在德国被认为"过于开明"（zu aufgeklärt），不需要通过暴力的人民起义（gewaltsame Volkserhebung）来加以改进。法国人通过革命实现的目标，在德国则要通过和平改良之路或者（像人们经常提及的）"革新"（Reformation）来实现。

然而，在进步的德国人看来，法国大革命也说明了他们应

---

① Thomas Jefferson（1743—1826）：美国政治家，1801—1809 年任美国总统；《美国独立宣言》主要起草人，美国开国元勋中最具影响力者之一。

② Déclaration des droits del'homme et du citoyen：简称《人权宣言》。

③ Jean-Jacques Rousseau（1712—1778）：出生于当时还是独立国家的日内瓦，启蒙时期的哲学家、政治理论家、文学家和音乐家。

该走改革的道路。早在雅各宾派（Jakobiner）建立残暴统治之前，德国的舆论就已经转向了。国王的权力被逐步剥夺，这足以在莱茵河右岸的德国引发第一波知识分子的抗议行动。当时最具观察力、最有影响力的时政评论家之一克里斯多夫·马丁·维兰德（Christoph Martin Wieland）[①] 在 1793 年 1 月写道："法国发生的事情不会也不该成为我们的榜样，而是应该为诸侯敲响警钟。"[18] 维兰德写下这句话的当月，巴黎国民大会（Pariser Nationalkonvent）进行投票表决，以赞成票比反对票多一票的结果通过了对路易十六世[②] 的死刑判决，把他送上了断头台。

德国知识分子中的一小部分在一定程度上对雅各宾派持理解态度。但即便是所谓的"德国雅各宾派"（deutsche Jakobiner），大多数人也不同意步法国革命的后尘。1796 年，激进作家格奥尔格·弗里德里希·雷伯曼[③] 承认，他"从未认真想过按照法国模式开展的德国革命。法国式的革命在新教国家绝无可能发生，在我们天主教国家也几乎同样不可能"。[19] 宗教改革（geistliche Reformation）就是德国无须进行政治革命的凭证——这是启蒙运动后期新教德国的共识。德国可以进行政治改良，因为其在宗教上已经实现了改良。根据启蒙运动后期人士的观点，德国如果不想重蹈法国覆辙的话就只能走改良的道路。

---

① Christoph Martin Wieland（1733—1813）：德国启蒙时期的诗人、翻译家和时政评论家。

② Ludwig XVI（1754—1793）：原名路易 – 奥古斯特（Louis-Auguste），法国国王，1774 年即位，1792 年被废黜，并于 1793 年 1 月 21 日被送上断头台；是法国历史上唯一被处决的君主，其死亡宣告了延续近千年的法国君主制的终结。

③ Georg Friedrich Rebmann（1768—1824）：法国大革命时期的德国记者、时政评论家。

就连那个时代最伟大的思想家伊曼努尔·康德①的想法也别无二致。除了对恐怖统治持保留态度外，他对法国大革命显然抱有同情，但坚持依法改革，以尽可能地避免暴力革命。1797年，康德在《道德形而上学》（*Metaphysik der Sitten*）一书的《法权学说》一文中要求建立"人民代表制度"并制定国家宪法："法律可以自治，不依赖某个特殊人物。"康德的这种观点虽然对超越开明专制制度具有决定性意义，但和启蒙运动晚期的其他思想家一样，他提出的前提条件针对的依然是实行开明专制制度的国家。[20]

革命的法国使民众普遍受过教育的德国感到陌生的不仅仅是自我解放的暴力属性。"一个不可分割的国家"（nation une et indivisible）这一口号（是1789年之后法国人现代的、纯粹世俗的、以动员大众为目的的民族主义的精髓）在德国遭到了反对。法国在专制主义时期就已经开辟了国家中央化道路；德意志帝国是个联邦制政治体（föderatives Gebilde），这不是西方意义上的国家，更不是主权国家。爱国主义在德国以不同的方式表现出来：作为联系各邦国的纽带，且常常联结着诸侯和诸侯王室（18世纪末没有哪个地方像普鲁士这样有如此强烈的归属感）；作为"帝国爱国主义"（Reichspatriotismus）主要存在于较小的帝国政治体，尤其是"自由帝国城市"（Freien Reichsstädte）中；作为"文学爱国主义"（literarischer Patriotismus）维护着德国语言和文化，即超越一切领土边界把德国人联系了起来。

但是对德国这个"诗人和思想家的民族"的精英而言，比

---

① Immanuel Kant（1724—1804）：德国启蒙时代著名哲学家，德国古典哲学创始人，德国思想界的代表人物。

德意志爱国主义的一切变化形式更重要的是成为"世界公民"
（Weltbürgertum）的使命感。1796 年，歌德和席勒在《箴言
诗》（*Xenien*）一诗中发出了警告——

> 德国人啊，任何建国的希望
> 都是徒劳的；
> 别建国了，还是提升你们自己吧，
> 你们可以做到的，这更加自由！ [21]

这里所说的是 18 世纪最后 30 年浮现在德国诗人和思想家眼
前的特有的一种"世界公民"：不是从个人经验获取的、字面
意义上的"世界公民"，而是一种想象的、发明出来的共同
体。"与世界的直接联系"（Weltunmittelbarkeit）中是否可
能存在某种"民族的自负"，那些劝德国人不要建立民族国家
（Nationswerdung），至少不要建立政治意义上的民族国家的
人里，几乎没有谁提出这个问题。

　　德国在 19 世纪早期出现了某些方面和法国类似的现代民　29
族主义，这在很大程度上是一个法国人的"作品"：此人就是
拿破仑 ①。1802 年，奥地利人在第二次反法同盟战争中败给革
命的法国之后不得不和其他帝国政治体一样，接受这个法国最
高统帅以德国的主宰者自居。在拿破仑的施压下，位于雷根斯
堡的帝国议会（Reichstag）1803 年 2 月表决通过的《帝国代

---

① Napoléon Bonaparte（1769—1821）：拿破仑·波拿巴，法国军事家、政治家和
　　法学家，史称"拿破仑一世"，在法国大革命末期和法国大革命战争中达到权力巅
　　峰；推动了司法改革，颁布了《拿破仑法典》，带领法国对抗一系列反法同盟，即
　　所谓的"拿破仑战争"；在欧洲大陆建立霸权，传播法国大革命的理念，同时创立
　　法兰西第一帝国，在一定程度上恢复了过去旧制度中的一些体制。

表重要决议》（Reichsdeputationshauptschluss）给帝国带来了激进的领土变革（Gebietsreform）——变革的目的是对在莱茵河西岸损失了领地的帝国政治体作出补偿。"世俗化"（Säkularisierung）使几乎所有宗教诸侯（geistliche Fürsten）的领地都受到了损失，尤其是天主教会的权力被大大削弱。"陪臣化"（Mediatisierung）使许多小诸侯和伯爵，以及除 6 个自由帝国市之外的所有城市丧失了"帝国直辖采邑"（Reichsunmittelbarkeit）的地位。普鲁士、巴伐利亚、符腾堡和巴登得以大规模扩张其领土。近 300 个帝国政治体减少了 112 个。

一年后，法国第一执政（Erster Konsul）再次向帝国提出挑战。1804 年 5 月，拿破仑·波拿巴借助参议院的一项决议［同年 11 月，法国全民表决（Plebiszit）确认了这项决议］把法兰西共和国变成了世袭帝国。1804 年 12 月 2 日，拿破仑·波拿巴在巴黎圣母院加冕为法兰西皇帝。自从参议院通过这项决议以来，维也纳方面就料到罗马帝国行将解体；1804 年 8 月，维也纳方面以建立统辖哈布斯堡王朝全境的"奥地利帝国"（Kaisertum Österreich）作出回应，这意味着对帝国宪法的公然破坏。奥地利和俄国、英国、瑞典联手组成第三次反法同盟，试图教训法国，但 4 个月后，它们在 1805 年 12 月 2 日的奥斯特利茨战役 ① 中失败了。

30　　　战胜奥地利使拿破仑得以进一步扩大其在德国的影响。1806 年 7 月，16 位德国王侯（包括巴伐利亚和符腾堡的国王）

---

① Dreikaiserschlacht von Austerlitz：发生于 1805 年 12 月 2 日，75000 人的法国军队在拿破仑的指挥下，在波希米亚的奥斯特利茨村（位于今捷克境内）获得了对 87000 人的俄奥联军的决定性胜利。第三次反法同盟随之瓦解，并直接导致奥地利皇帝于次年被迫取消神圣罗马帝国皇帝封号。这场战役因神圣罗马皇帝弗朗茨二世（奥地利皇帝弗朗茨一世）、沙皇亚历山大一世、法兰西第一帝国皇帝拿破仑全部亲临战场，又称"三皇会战"。

在巴黎宣布退出神圣罗马帝国并组成保卫法国皇帝的"莱茵联盟"(Rheinbund)。1806 年 8 月 6 日，皇帝弗朗茨二世[①]屈服于拿破仑的最后通牒而摘下皇冠，并免除了所有帝国政治体的义务，此时帝国就只是一片废墟了。他保留了奥地利皇帝的头衔［作为弗朗茨一世(Franz I)］，但神圣罗马帝国从这一天开始就不复存在了。

在德国几乎感觉不到多少悲伤和错愕。神圣罗马帝国的解体就像有人早已辞世，只不过此时才得到公证。最晚从普鲁士在"七年战争"[②]中保住了大国地位开始，罗马帝国就已经名存实亡了。这并未阻止残余的帝国爱国者(Reichspatrioten)坚守帝国的理念，并相信帝国终将复兴。比如在 1803 年失去帝国直辖采邑的中坚力量——伯爵、侯爵、帝国男爵——以及中小帝国政治体中许多罗马帝国忠实的支持者。但在德国的公众舆论中，他们微不足道。

1806 年也由此成为德国历史上的转折之年，因为普鲁士在这一年放弃了 1795 年以来推行的中立政策，在和俄国结盟之后于 10 月 9 日对法国宣战。5 天后，普鲁士首次惨遭失败。在耶拿(Jena)和奥尔施泰特(Auerstedt)进行的两次战役扫平了拿破仑通往柏林的道路——10 月底，拿破仑进军柏林。此后，1807 年 6 月法国战胜了俄国，7 月签订了《提尔西特和约》[③]。该和约签订后，普鲁士失去了易北河西岸的土地，以及

---

① Franz II(1768—1835)：神圣罗马帝国的末代皇帝(1792—1806 年在位)，奥地利帝国的第一位皇帝(1804—1835 年在位)。

② Siebenjähriger Krieg：英国—普鲁士联盟与法国—奥地利联盟之间发生的一场战争，从 1756 年开始，于 1763 年结束，持续时间长达 7 年，故称"七年战争"，其影响波及欧洲、北美洲、中美洲、西非海岸、印度和菲律宾群岛等地。

③ der Friede von Tilsit：1807 年 7 月 7 日和 9 日先后在提尔西特签订的俄法和普法和约。

31 　1772 年以来经过三次瓜分从波兰获得的大部分土地①。弗里德里希大王的江山已所剩无几。

　　这次失败是一场灾难，但显然必须有这种经历才能释放出普鲁士改头换面的能力和决心。1799 年，一位名叫卡尔·古斯塔夫·冯·施特林泽②的普鲁士大臣在和法国人谈话时曾说："你们自下而上发动的革命在普鲁士缓慢地自上而下进行……用不了多少年，普鲁士就不会再有特权阶级了。"22

　　1807—1808 年任首席大臣（leitender Minister）的帝国男爵卡尔·冯·斯坦因和长年担任首相（Staatskanzler）的卡尔·奥古斯特·冯·哈登贝格身边人发起的一系列改革实际上引发了一场自上而下的革命。他们废除了农奴身份世代沿袭的制度，并以书面形式确认了城市资产阶级的市政自治权，虽然不允许犹太人担任民事和军事领域的国家公职，但除此之外赋予他们和其他臣民平等的法律地位；对男性臣民实行普遍的义务兵役制；赋予工商业经营自由权，把经营者从行会的束缚中解放出来；在国家层面设立按职能划分的政府部门，在邦国层面从国民小学（Volksschule）到大学彻底实施教育改革。

　　斯坦因—哈登贝格改革（Stein-Hardenbergsche Reformen）影响巨大，但有些影响自相矛盾。农民只是在法律上得到了解放，其中的赤贫者还得继续为地主服役并交税，那些得以通过转让土地或付钱摆脱劳役的小农（Kleinbauer）仍然依附于地主。普鲁士的农业工人（Landarbeiter）和缺少土地的农民没有像大革命之后的法国那样形成拥有小片土地的

---

① 俄国、普鲁士和奥地利三国于 1772 年、1793 年和 1795 年三次瓜分波兰，普鲁士总共瓜分了波兰 14.11 万平方千米的领土，占波兰总面积约 20%。

② Karl Gustav von Struensee（1803—1875）：普鲁士作家、政治家。

独立的农民阶层，而是形成了（至少很大一部分如此）马克思　32
所说的"产业后备军"（industrielle Reservearmee）：正因为
有了这些劳动力市场的储备人员，德国的工业革命才有可能发
生。因此，普鲁士的"农民解放"发挥了两方面的作用：一是
储备了前现代的权力精英，即易北河东岸的容克地主阶层；二
是有助于德国社会的现代化。

斯坦因—哈登贝格改革的目标也包括使拥有资产和受过
教育的阶级（die besitzenden und gebildeten Stände）代
表作为普鲁士的国家代表（Nationalrepräsentation）参政
议政。这个想法遭到了保守的贵族反对派的强烈阻挠，高
级公务员对此也强烈反对。按照 1818 年以来在新成立的
柏林大学教授哲学的格奥尔格·威廉·弗里德里希·黑格
尔 ① 的说法，后者将国家视为"道义观念的现实"，将自己
视为国家真正的"一般阶层"（allgemeiner Stand）。23 因
此，高级公务员不愿看见自己在立法过程中的决定性作用被
各邦国利益（Partikularinteressen）的代表削弱。也因为
他们的态度，即由于官僚阶层的抵触情绪，国王弗里德里
希·威廉三世 ② 在 1810 年 10 月向民众作出的立宪承诺无法
兑现。

尽管存在种种不完美和自相矛盾之处，1807 年之后的改
革还是为霍亨索伦家族统治的这个国家在其后几十年间崛起为
德国的经济龙头并最终赢得国内的霸权之争——战胜奥地利及

---

① Georg Wilhelm Friedrich Hegel（1770—1831）：德国唯心主义哲学家。黑格尔的
思想是 19 世纪德国唯心主义哲学运动的顶峰，对后世思想流派，如存在主义、历
史唯物主义、法西斯主义以及历史虚无主义等，都产生了深远的影响。黑格尔在
后世争议很大，一派认为其为自由主义开辟了一条新的出路，另一派则认为其国
家主义、民族主义为法西斯主义提供了思想来源。

② Friedrich Wilhelm III（1770—1840）：霍亨索伦王朝的普鲁士国王（1797—
1840 年在位）和勃兰登堡的选帝侯。

其盟国——发挥了决定性作用。但是，倘若没有斯坦因—哈登贝格的改革，就几乎无法想象 1807 年之后会在普鲁士形成一种新的、与法国的榜样相联系，同时又和法国截然不同的德国民族主义，而且这种民族主义与某种特殊的普鲁士"国家爱国主义"（Staatspatriotismus）相结合。本书以下章节要讨论的正是这个问题。

2 统一高于自由

如果说 19 世纪早期有哪个文本称得上现代德国民族主
义宣言的话，那么非约翰·戈特利布·费希特①1807—1808
年冬天在柏林发表、1808 年结集出版的《对德意志民族的演
讲》②莫属。这种民族主义之所以"现代"，是因为对他而言，
把宗教联系系统性地诠释为对国家的忠诚（世俗化）是很典
型的。费希特把德国人升格为"原始民族"（Urvolk），把德
语升格为"原始语言"（Ursprache）；对中世纪德国城市资产
阶级的、共和的宪法以及宗教改革大力赞扬，认为宗教改革是
"最后的、从某种意义上说已经完成的德意志民族的世界契约
（vollendete Welttat）"；认为德国人具备一种特殊的世界公民
的属性，但对他来说（和对歌德、席勒不同），这种属性本身包
含着德国人在精神上统治世界的要求。教会共同体（kirchliche
Gemeinschaft）的地位被民族共同体（Gesellschaft der
Nation）所取代。费希特所倚靠的上帝自然是纯粹世俗的，因
而和雅各宾派的"至高无上之物"（höchstes Wesen）别无
二致。1

费希特的民族主义纯粹是"补偿性"（kompensatorisch）的，
旨在克服德国人的民族自卑感（nationales Minderwertigkeits-
gefühl）——这种自卑感源于德国错失国家地位（Fehlen einer
deutschen Staatlichkeit）和拿破仑带来的屈辱。《对德意志民族

---

① Johann Gottlieb Fichte（1762—1814）：德国哲学家，通常被认为是承接康德和
黑格尔哲学的过渡人物；其研究也涉及政治哲学，因而他被一些人视为德国"国
家主义之父"。

② Reden an die deutsche Nation：费希特的这部作品收录了他于 1807 年 12 月 13 日
至 1808 年 3 月 20 日在柏林所作的 14 次演讲，发表于 1808 年 5 月中旬，在德意
志民族的解放和复兴过程中发挥了重要作用。

的演讲》一书在如何把德国作为一个国家组织起来的问题上尚
未给出答案。费希特在 1807—1808 年同样没想重建旧帝国，
正如他没有想过由某位王侯（如普鲁士国王）来统一德国。5
年后［此时普鲁士和俄国已经结盟对抗拿破仑，从而进入了
"解放战争"（Befreiungskrieg）时期］，费希特在《1813 年
春的一篇政论文草稿》（*Entwurf zu einer politischen Schrift
im Frühlinge 1813*）中迈出了决定性的一步。这时，理应由
普鲁士（其实是德国）承担起建立和领导新的德意志帝国的任
务。费希特把"通过强力实现德意志统一"的任务分配给普鲁
士国王。这位哲学家没有从中看到共和观念的矛盾之处。通过
强力实现这种统一的首要义务就是教会德国人争取自由。[2]

　　费希特并非孤军奋战。还有人在为对抗拿破仑进行精神
层面的准备，包括"体操之父"弗里德里希·路德维希·雅
恩[①]（是勃兰登堡一个新教牧师的儿子）、基督教神学家和时
政评论家恩斯特·莫里茨·阿恩特[②]（他是农民的儿子，来自
1814 年还属于瑞典的吕根岛）。雅恩比起费希特有过之而无不
及——他认为德国人理应拯救世界，责无旁贷。在其 1810
年出版的《德意志民族》（*Deutsches Volkstum*）中有这
样一句关键的话："难以学习、更难以履行的是使全世界幸
福的神圣职责——但作为救世主赐福于人世是一种道德的快
感、一种人类的神性。"

　　雅恩认为德国应该在世界上享有更高的地位，就像"赫
尔曼"——公元 9 年在条顿堡森林的那场传奇战役中战胜了罗

---

① Friedrich Ludwig Jahn（1778—1852）：普鲁士体操教育家，德式体操的创始人。

② Ernst Moritz Arndt（1769—1860）：德国民族主义和反犹主义作家及诗人，德国
民族主义及统一运动的主要奠基人之一。

马军队的切鲁西人贵族阿米尼乌斯 ① ——所经历的那样：要做"民众的救世主"（Volksheiland）。德国人的榜样还有奥托大帝 ②、马丁·路德和弗里德里希大王。因此，德国国内的领导权理所应当也必须落在信奉新教的普鲁士人——弗里德里希大王的国家手中。普鲁士的任务是"与时俱进，使古老而令人肃然起敬的德意志帝国焕然一新"，但全体德国人的当务之急是维护德语，以消弭法语的影响，因为雅恩认为法语使德国的男人迷惑，使德国的小伙子误入歧途，使女人遭受侮辱。3

　　雅恩对德语的神圣化和对法语的妖魔化看似已登峰造极、难以超越，但阿恩特有过之而无不及。1807 年初，他把"成为一个民族，对某种事物有一种感觉，与带血的复仇之剑合二为一"称作"我们时代的宗教"（Religion unserer Zeit），并谈到了"救赎世界的神圣十字架"，要求德国人"在祖国的圣坛上为保护神献上快乐的祭品（die fröhlichen Opfer）"。提供保护和实施惩罚的神不再超然于各国民众，这就是阿恩特1810 年在《祈祷》（Gebet）一诗中提及的"古老而亲爱的德意志之神"。"解放战争"期间，阿恩特祈祷一种"血腥的对法国的仇恨"，一种上帝所希望的"民族仇恨"。对阿恩特来说，德国并不限于由国界确定的区域，而应等同于说德语的所有区域。也就是说，德国边界延伸至弗格森山脉 ③ 深处，因此阿恩特 1813 年要求把阿尔萨斯地区和洛林说德语的地区归还

35

---

① Arminius（约公元前 17 年—约公元 21 年）：日耳曼部族切鲁西人的首领，年幼时被送往罗马当人质，长大后成为罗马部队的骑兵首领，公元 9 年率军起义，在条顿堡森林战役中大败罗马人的 3 个军团。俾斯麦在任时，出于政治需要于 1875 年用全铜浇铸了 54 米高的阿米尼乌斯像，竖立在条顿堡森林。因为感觉其拉丁名字欠缺民族感，德国人便赋予他一个德语名字"赫尔曼"（Hermann）。赫尔曼由此成为德意志民族的第一个民族英雄。

② Otto der Große（912—973）：奥托一世，东法兰克国王和神圣罗马帝国皇帝。

③ Vogesen：德国西南部与法国接壤的山脉。

给德国。"所以语言确定了民族的正确边界……共同居住且说同一种语言的，也天经地义地同属一个民族。"[4]

费希特、雅恩和阿恩特一致认为，德意志的统一与自由之间不存在对立；相反地，统一与自由这两个要求是一枚硬币的两面。三位作者都是德国诸侯及其分治主义（Partikularismus）的强烈反对者。从这个意义上说，他们接近法国大革命的原始理念，在德国的政治光谱中处于左派，即激进的变革派；1815 年之后的复辟时期（Restaurationszeit），雅恩和阿恩特"由于煽动民众而受到迫害"——国家依据 1819 年的《卡尔斯巴德决议》[④]对他们实施迫害（费希特已于 1814 年去世）。与此相反，在民族归属问题［在雅恩和阿恩特看来，这个问题已经由母语决定了答案，即已然注定的（deterministisch）］上不尊重各邦国的自由决定，看起来绝对算不上进步。雅恩和阿恩特对犹太人的仇恨是右倾（rechts）甚至违背历史潮流的，二者的反犹情绪远远不止于反对犹太宗教（费希特也持同样的态度），而且有着种族动机。

费希特、雅恩和阿恩特的自负（Selbstüberhebung）让人想到"红胡子"弗里德里希的儿子海因里希六世[⑤]在其执政的斯陶芬王朝时期所提出的"世界帝国梦"（Weltreichsträume）。当时的神圣罗马帝国自然是个庞然大物。新型德国民族主义的经典文本落于纸面时，帝国已成回忆。但有些思想家却把中世纪帝国一统天下的宏愿转变为德意志民族的要求——希望成为"人类的民族"（Menschheitsvolk）。"神圣的帝国"（Sacrum Imperium）无意于重生，但在其看来，一个新的、由普鲁士人

---

④ Karlsbader Beschlüsse：1819 年 8 月 31 日德意志邦联议会通过的反民族主义、反自由主义决议，包括 4 项法律。

⑤ Heinrichs VI（1165—1197）：霍亨斯陶芬王朝的德意志国王（1190—1197 年在位）、神圣罗马帝国皇帝（1191—1197 年在位）及西西里国王。

建立的帝国也需要神圣化（Heiligung），他们正致力于此。他们的所思所写对德国人历史和政治思想的影响一直延续到了 20 世纪。

　　统一和自由是德国"三月革命前时期"（Vormärz，即 1830 年至 1848 年）自由派和民主派人士的诉求。1830 年，一场新的法国革命——发生在巴黎的"七月革命"①激发了德国打破 1814—1815 年维也纳会议②在拿破仑失利后为德国和欧洲确立的政治秩序的努力。1832 年 5 月，在普法尔茨的汉巴赫城堡废墟举办的"全德节"（Allerdeutschenfest）是反对奥地利首相梅特涅亲王③所代表的政治压迫和邦国林立的高潮——这种邦国林立的状况在成立于 1815 年并替代了 9 年前解体的德意志民族神圣罗马帝国的德意志邦联（Deutscher Bund）继续存在。1848 年 3 月，一场在法国爆发的革命即"二月革命"④在莱茵河东岸再次引起强烈反响——只是这次产生了深远影响。

　　1848—1849 年的德国革命是第一次也是最后一次"欧洲大革命"（历史学家莱因哈特·科塞莱克⑤这样说是有道理的）

37

---

① die Pariser Julirevolution：指 1830 年法国人民推翻复辟的波旁王朝的革命。1824 年复辟王朝的第二位国王查理十世即位后，热衷于恢复被大革命摧毁的旧制度，引起社会各阶层的普遍不满，社会舆论也倒向资产阶级自由派。

② der Wiener Kongress：指 1814 年 9 月 18 日至 1815 年 6 月 9 日在奥地利维也纳召开的欧洲各国外交会议。

③ Staatskanzler Fürst Metternich（1773—1859）：全名为 Klemens Wenzel von Metternich，奥地利帝国政治家，亦是所在时代最重要的外交家之一，1813 年因为在外交事务上成绩卓著而获得"亲王"封号。

④ Februarrevolution：1848 年欧洲革命浪潮的重要部分，具体指法国人面对奥尔良王朝的失政，成功推翻了当时的法国国王路易·菲利普，推动了欧洲其他地区的革命运动，使 19 世纪奥地利帝国首相梅特涅构建的机制受到进一步打击。

⑤ Reinhart Koselleck（1923—2006）：德国历史学家，比勒菲尔德大学史学理论教授，著有《过去的未来：历史时间的语义学》《时间层次：历史知识理论研究》等。

的一部分。[5]对德国自由派和民主派来说，重要的不仅是国家内部资产阶级的自由，还包括德国的统一，也就是同时建立宪法国家和民族国家，这使他们的计划比 1789 年法国革命者的计划显得更加野心勃勃。法国革命者已经发现了民族国家，他们决定在全新的社会基础上把它建立起来。而德国还得先建立这种框架，并且在这个问题上有一点是没有争议的：1848—1849 年的革命者努力建立的那个民族国家应当包括所有德国人，因此自然也包括奥地利人。

1848 年的自由派、民主派与费希特、雅恩和阿恩特一样在"语言民族"（Sprachnation）范畴考虑问题；他们受到与歌德、席勒同时代的约翰·哥特弗雷德·赫尔德①和德国浪漫主义者们所称的"民族精神"（Volksgeist）的影响。国家边界在这个问题上显得无足轻重，但也并非始终不变。波希米亚和摩拉维亚（Böhmen und Mähren）属于旧帝国（Altes Reich），1815 年之后成为德意志邦联的一部分。因此，尽管这两个地区的大多数人说捷克语，但依旧应该隶属于未来的德意志帝国。瑞士特里安（Trient）周围说意大利语的"韦尔施蒂罗尔"（Welschtirol）、意大利的里雅斯特，以及克雷恩（Krain）、克恩滕（Kärnten）和斯泰尔马克（Steiermark）等地说斯洛文尼亚语的区域也是这种情况。"四八年派"②认

---

① Johann Gottfried Herder（1744—1803）：德国哲学家、路德派神学家、诗人，其作品《论语言的起源》（*Über den Ursprung der Sprache*）成为狂飙突进运动的基础。

② Achtundvierziger：指"1848 年革命"的参与者。"1848 年革命"也称"民族之春"或"人民之春"，指 1848 年欧洲各国爆发的一系列武装革命。这一系列革命就波及范围和影响国家数量而言可以说是欧洲历史上规模最大的革命运动。第一场革命于 1848 年 1 月在西西里王国的西西里岛爆发，随后的法国"二月革命"更是使革命浪潮几乎波及整个欧洲。这一系列革命大多迅速以失败告终。尽管如此，"1848 年革命"还是造成了各国君主与贵族体制的动荡，并间接引发了德国和意大利的统一运动。

为，的里雅斯特是德国通往地中海的大门，因此仅仅出于战略 38
原因就不能被放弃。

　　在革命涉及未来如何划定与波兰的边界时，法兰克福
圣保罗大教堂召开的德意志国民议会的代表中只有一小部分
人，即意志坚定的左派打算把普鲁士1772—1815年瓜分的
所有或大部分波兰土地归还给未来独立的波兰。来自东普鲁
士、曾经属于左派的议员威廉·乔丹①在1848年7月24日举
行的"波兰大辩论"（die große Polendebatte）中说出了一
个日后被广泛引用的词："健康的大众利己主义"（gesunder
Volksegoismus）。[6]

　　如果法兰克福圣保罗大教堂里的议员们做出了1848年春
季和夏季还无法想象的事，并且满足于"非奥地利德国"的统
一（Einigung des nichtösterreichischen Deutschland），那
么这种解决方案彼时或许还能在不引起重大国际纠纷的前提下
得以实施。这就要求德国国民议会作好准备，对1848年3月
底丹麦违反国际法对石勒苏益格公国的吞并置若罔闻。但这对
法兰克福议会来说完全不可想象。相反地，议会试图借助普鲁
士的军事力量扭转这一局面，但又无法在1848年夏季强迫普
鲁士继续对丹麦发动战争。倘若普鲁士屈服于圣保罗大教堂里
议员们的意志，拒绝在英国和俄国的压力下与丹麦在瑞典马尔
默（Malmö）达成停火协议②，那么一场欧洲大战极有可能一
触即发。1848年9月16日，国民议会的大多数议员不顾国内
怒潮汹涌，依旧遵守停火协议，显示了自己的政治责任感。然
而，这也由此宣告了他们在权力政治方面的无能。

---

① Wilhelm Jordan（1819—1904）：德国作家、政治家。

② 1848年8月26日签订，规定停战7个月，废除石勒苏益格—荷尔斯泰因临时政府
　和制宪议会，废除其颁布的并得到德意志邦联议会承认的一切法令。

　　直到 1848 年秋天，德国国民议会的大多数议员还不明白他们努力追求的"大德意志"（Großdeutsche）解决方案即德国和奥地利的统一实际上意味着什么。大德意志民族国家的建立和哈布斯堡多民族帝国的继续存在不可兼得。维也纳的统治者不打算屈服于建立大德意志民族国家的无理要求——1848年 10 月，反革命势力（Konterrevolution）在奥地利取得胜利之后当然不会同意这种要求。他们也不打算接受德国国民议会议长海因里希·冯·加格恩①提出的妥协性建议：批准建立一个"非奥地利德国"的"紧密联邦"（engeres Bund），并与该联邦组成一个"进一步的"、包括奥地利整体君主国（Gesamtmonarchie）在内的联邦。1849 年 1 月 12 日，德意志帝国财政大臣赫尔曼·冯·贝克勒斯②［此人是名为"赌场"（Casino）的右翼自由派议会党团的议员］在圣保罗大教堂召开的国民议会全体大会上说出了再也无法否认的事实："等待奥地利意味着德国的统一只有死路一条。"7

　　然而，1849 年初，"小德意志解决方案"（die klein-deutsche Lösung）——主要由信奉新教的北德议员主张的排除奥地利并由普鲁士领导的帝国统一方案——也希望渺茫。虽然国民议会最终于 1849 年 3 月以多数票通过了把德意志世袭皇帝的尊荣转让给普鲁士国王弗里德里希·威廉四世③的建议，但威廉四世宁愿继续做蒙上帝恩典的普鲁士国王，也不愿成为受大众恩典的德意志皇帝。如果他接受了圣保罗大教堂国民议会的无理要求，也就意味着接受了德国国民议会通过的、具有

---

① Heinrich von Gagern（1799—1880）：德国自由派政治家。

② Hermann von Beckerath（1801—1870）：普鲁士银行家、政治家。

③ Friedrich Wilhelm IV（1795—1861）：霍亨索伦王朝的普鲁士国王，1840—1861 年在位。

资产阶级自由主义精神的德意志《帝国宪法》，并且可能引发一场与奥地利、俄国的战争。1848 年 10 月，反革命势力在柏林也取得了胜利。当然，和维也纳不同，柏林发生的是一场自上而下的革命，即解散普鲁士国民议会、强制接受（Octroi）由即将选出来的议会修正（确实也经过其修正）的宪法。国王不想再偏离这一路线。1849 年 4 月 28 日，他最终拒绝了德意志世袭皇位，这意味着使德国同时成为一个宪法国家和民族国家的努力失败了。

1848—1849 年的革命不仅在德国和奥地利没有成功，在法国、意大利和匈牙利也失败了，甚至欧洲所有的旧势力在 1848 年春天受到自由派、民主派或社会主义者挑战的地方都失败了。尤其是在德国，自由派对自己的努力是否过于理想化提出了疑问。正是这个时候，1850 年代早期出现了向"现实政治"（Realpolitik）的转变：这个概念最早出现在心灰意冷的自由主义者路德维希·冯·罗肖①一篇作品的标题中，并很快作为外来语融入其他语言。其中关键的句子是："统治就是行使权力，只有掌握权力者才能行使权力。权力和统治的这种直接结合形成了一切政治的基本事实和全部历史的关键。"8

从理想主义到现实主义、唯物主义，再到实证主义：对欧洲和整个西方而言，1850 年前后总体上成为思想史上的一道分水岭。那是工业革命以"洪荒之力"冲击欧洲大陆的时代，资本主义的节节胜利伴随着更强烈地追求物质财富积累的自由派资产阶级时不时的"去政治化"（Entpolitisierng）。社会主义工人运动也开启了思想转变的进程，其主要的理论家卡尔·马克思和弗里德里希·恩格斯认为，在欧洲没有任何一个地方的条件已经成熟到足以发生他们向往的无产阶级革命。德国的

---

① August Ludwig von Rochau（1810—1873）：德国时政评论家、政治家。

情况尤其如此。马克思在 1843—1844 年还指出，由于社会和政治特别落后，德国的革命将格外激进："彻底的德国不从根本上开始进行革命，就不可能完成革命。德国人的解放就是人的解放。"[9] 十年后，这两位科学社会主义的创立者在流亡英国时只能寄希望于某个时候由政治运动的某个新阶段，进而由某一场独立的工人运动促使德国作出反应。

（马克思眼中的）中欧"资产阶级"革命的失败影响深远：德国社会中大多数人的政治意识一直到 20 世纪都有"唯上"（obrigkeitlich geprägt）的特点。因此，温和的自由派在革命期间就已经受到民主派和社会主义者的指责，因为他们准备向旧势力妥协从而为反革命铺平了道路。但是，左派对这种妥协也难辞其咎。每一种形式的政治和社会激进主义都在助长德国人对内战"最原始的恐惧"，并且把资产阶级的一部分推向保守派的阵营。1848 年 9 月，两名对马尔默的停火协议投赞成票的保守派议员被法兰克福的暴徒杀害之后，这种现象表现得尤为明显。

形形色色的左派分子所宣扬的针对欧洲反动势力——沙俄帝国——的大型革命式解放战争（阿尔诺德·卢格①1848 年 7 月 22 日在圣保罗大教堂谈到了这场战争，他认为这将是"最后一场反对战争的战争，一场反对野蛮的战争——野蛮就是战争"）极有可能以左派惨败而告终，并使反革命势力取得比 1849 年在欧洲的胜利更加全面、彻底的大捷。[10] 倘若历史遵循马克思的"1849 年的前景"（Inhaltsanzeige des Jahres 1849），情况或许就会是"法国工人阶级的革命起义，世界大战。"[11]

---

① Arnold Ruge（1802—1880）：德国作家，曾任法兰克福国民议会议员，代表民主左派。

"左派好战而右派和平"：把这个公式套用于 1848—1849 年的德国虽说失之偏颇，但和反过来说相比还是更加准确。从未真正希望革命的温和自由派向右倾斜，一如左派走向极端化；而促使左派激进化的最佳条件恰恰就是怀疑温和派已作好了无条件屈服于旧势力的准备：这便是 1848—1849 年的德国革命，但又不仅仅是德国革命的辩证之处（Dialektik）。

此外，不仅自由派趋向保守派，保守派也向自由派靠拢。普鲁士保守派 1848 年之后学会了法治国家的基本理念。宪法学家弗里德里希·朱利叶斯·施塔尔①（他的父母是犹太人，本人转信路德宗，与弗里德里希·威廉四世过从甚密，是"君主制原则"和"基督教国家"的捍卫者）在 1849 年初提出了一份包括"法律秩序之不可侵犯性"（Unverbrüchlichkeit der Rechtsordnung）声明在内的保守的政党纲领草案。该草案认为，这种秩序在当前是对"大众恣意妄为的限制，就像到目前为止限制诸侯恣意妄为那样"。[12]这样看来，法治国家是对"持续革命"（permanente Revolution）的限制，普鲁士自 1849 年底以来拥有的宪法是对抗民主的壁垒（Schutzwall）。

因此，"1848 年革命"也在政治右翼中引发了学习的过程——这种判断没有改变革命已在统一和自由的双重目标上基本失败的事实，但这场革命也并非徒劳无功。它以各种各样的方式持续发挥作用；不难预言，如果条件允许的话，建立民族国家的要求也将重新被提上德国和国际政治的议事日程。 43

"革命在普鲁士只会制造国王"——这是普鲁士首相俾斯

---

① Friedrich Julius Stahl（1802—1861）：德国法哲学家、法学家、政治家，普鲁士王室法律顾问。

麦在 1862—1866 年宪法危机① 时提醒法国皇帝拿破仑三世②
警惕爆发新革命的危险时所说的。[13] 普鲁士"宪法危机"是自
上而下改革的开端，这场改革以普鲁士国王威廉一世③1871 年
1 月 18 日在凡尔赛宫宣告就任德意志皇帝而告终。宪法冲突
之初进行了一场由普鲁士国王、政府（Staatsministerium）和
上议院（das Herrenhaus，议会第一院）力主推行，但下议院
中占多数的自由派所拒绝的军队改革。自 1862 年 9 月 22 日起，
任普鲁士首相的俾斯麦准备不顾下议院的反对推行这次包括三
年制兵役在内的改革，他这样做的依据是宪法存在一个所谓的
"漏洞"。实际上，他的所作所为破坏了宪法。

　　宪法冲突期间爆发了两场战争。1864 年，重建的德意志
邦联里的主要力量（Präsidialmacht）——奥地利和普鲁士一
起发动了一场对抗作为荷尔斯泰因大公的丹麦国王的联邦战
争（Bundesexekution），因为后者再次违反国际法，把（虽
然不属于德意志邦联，但与荷尔斯泰因紧密结盟的）石勒苏益
格公国并入了丹麦王国。奥地利和普鲁士这两个德意志大国取
得了战争的胜利。但 1864 年的这场战争已经埋下了下一场战
争（1866 年"德意志战争"）的种子。"德意志战争"源于柏
林和维也纳对石勒苏益格和荷尔斯泰因两公国的管理权与未
来的争夺，最终霍亨索伦王朝战胜了奥地利及其盟友（包括巴
伐利亚、符腾堡、汉诺威和萨克森等王国）。战争的结果是奥

44

---

① Verfassungskonflikt：1862 年普鲁士王国议会拒绝批准国王威廉一世的军事预算，
围绕政府预算被否决的争论被称为"宪法危机"。

② Napoleon III（1808—1873）：全名夏尔-路易-拿破仑·波拿巴，法兰西第二共
和国唯一的总统、法兰西第二帝国唯一的皇帝，也是法国第一个民选产生的总统
和末代君主。

③ Wilhelm I（1797—1888）：全名威廉·弗里德里希·路德维希，普鲁士国王（1861—
1888 年在任），1871 年 1 月 18 日就任德意志帝国第一任皇帝；逝世后，因为德
意志统一，被其孙威廉二世尊称为"威廉大帝"。

地利脱离了德意志邦联，德意志邦联从此不复存在，哈布斯堡王朝与霍亨索伦王朝并存的历史性二元体系（historischer Dualismus）寿终正寝。随后出现了一个极其短命的二元体系：由普鲁士领导的北德意志联邦（Norddeutscher Bund）与美茵河以南所有南德邦国组成的联盟。这符合拿破仑三世同意普鲁士在德国称霸时提出的条件。

1866 年 7 月 3 日，普鲁士军队在波希米亚北部的克尼格雷茨（Königgrätz in Nordböhmen）大败奥地利军队，取得了决定性胜利 ①；同一天普鲁士举行了下议院（Abgeordnetenhaus）大选。忠于政府的保守派在选举中大获全胜，反对政府的自由派则损失惨重。俾斯麦利用民众高涨的爱国主义情绪，使宪法冲突按照他提出的条件偃旗息鼓。他说服最大的自由派议会党团——德意志进步党（Deutsche Fortschrittspartei）的右翼"民族派"议员对《赔偿法》（Indemnitätsgesetz）投赞成票，这部法律确保政府不会因为 1862 年以来的"无预算统治"（budgetloses Regieren）受到惩罚。首相无须承诺今后不再这样行事。德意志进步党则出现了分裂：愿意与俾斯麦合作的那部分党员 1867 年初在民族自由党（Nationalliberale Partei）内重新组织起来，他们在此后的年月里成为普鲁士首相［他是北德意志联邦君合国的首相（Personalunion Bundeskanzler des Norddeutschen Bundes）］最重要的新政治盟友。

《北德意志联邦宪法》具备了后来 1871 年《德意志帝国宪法》的所有重要特征。北德意志联盟的盟主是作为联邦元首（Bundespräsident）的普鲁士国王。行使政府权力的是联邦参

45

---

① Die Schlacht bei Königgrätz：史称"克尼格雷茨战役"或"萨多瓦战役"，是普奥战争中的重要战役，是整场战争态势转向对普鲁士有利的一个关键节点。

议院，普鲁士人在其中享有"少数否决权"①，足以阻止修改宪法。唯一对议会负责的内阁成员是联邦宰相（Bundeskanzler），但这并不意味着过渡到了议会制，甚至也不意味着过渡到了可行的大臣负责制。宰相只在帝国议会——依据 1849 年圣保罗大教堂通过的男性普选权选举产生——面前为政府行为负责，这与 1849 年 5 月在普鲁士强迫接受有利于地主（besitzfreundlich）的"三级选举权"（Dreiklassenwahlrecht）形成了鲜明对比，也正因如此，当时从右翼到左翼的一众人士把俾斯麦的行为视为"革命性的"。

但军队在很大程度上不受议会控制，这符合自上而下革命的特点。普鲁士国王不需要经过大臣同意就可以行使军事指挥权，这为现实增加了一些专制色彩。正是这种现代与古老因素的自相矛盾影响了德国的政治体系，并一直持续到 1918 年秋季德意志帝国最后的岁月。

1866 年的克尼格雷茨大捷之后发生了 1870—1871 年的德法战争。这是一场俾斯麦求之不得的战争，但又不仅仅是他的战争。这位普鲁士政治领袖有意挑起了这场战争，因为这提供了独一无二的机会，使他能够在全国民众的支持下废除法国对德国统一所行使的否决权。法国反对德国统一只能从权力政治角度，而无法用拿破仑三世反复强调的民族自决权（Selbstbestimmungsrecht der Völker）来解释。因此，法国在 1870 年 7 月 19 日宣布对普鲁士发动的这场战争也是拿破仑三世的战争——事实很快证明这将是他的最后一战。

随着 1871 年德意志帝国的建立，俾斯麦自上而下发动的

---

① Sperrminorität：指如果通过某项决议需要特定比例的多数票，则少数派可以投反对票使投票结果达不到这一比例，从而阻止该决议通过；联邦议会通过的法律须经联邦参议院同意和联邦元首批准才能生效；因普鲁士在联邦参议院中拥有 43 票中的 17 票，故其拥有否决权（Vetorecht）。

革命结束了。他以"小德意志"方案解决了有关德国统一的问题。对欧洲其他国家来说，这种解决方案无论如何要比在圣保罗大教堂召开的国民会议最初努力实现的，以及笃定的"大德意志"派在 1848—1849 年之后很长时间还在梦想的"大德意志"方案更容易让人接受。但德法战争的结果使欧洲各国力量对比发生了根本变化。1871 年 2 月 9 日，英国保守党反对派领袖本杰明·迪斯雷利① 在议会下议院宣称："这场战争意味着德国的革命——这是比上个世纪的法国大革命更伟大的事件。"[14] 作出这种判断的理由是战后各国的力量均衡被彻底摧毁，但迪斯雷利言过其实了。不过历史学家路德维希·德约② 认为，欧洲大陆上确立了"俾斯麦帝国的半霸权地位"（halbhegemoniale Stellung）的说法是站得住脚的。[15]

1870—1871 年，法国不仅在军事上失利，而且不得不放弃阿尔萨斯和洛林（绝大部分地区），将其割让给德意志帝国。大多数当地居民主观上希望留在法国，但他们说了不算。在德国看来，起决定性作用的是语言这个客观因素。属于民族自由党的德国历史学家海因里希·冯·特赖奇克③ 认为，德国"比那些可怜的阿尔萨斯人本身"更懂得"什么对他们有好处"，因此必须"违背他们的意志让他们回归自我"。[16]

除了保守派和自由派，为吞并法国东部这两个省份而出力的还有 1866 年因丧失优势（失去奥地利）而在"小德意志"帝国居于少数地位的德国天主教代言人。天主教会希望大多数信奉天主教的阿尔萨斯和洛林居民的加入使自己再次获得政

47

---

① Benjamin Disraeli（1804—1881）：英国保守党政治家、作家和贵族，曾两次担任英国首相。

② Ludwig Dehio（1888—1963）：德国档案管理员、历史学家。

③ Heinrich von Treitschke（1834—1896）：德国历史学家、时政评论家，1871—1884 年曾任帝国议会议员，1878 年之前属民族自由党，此后成为无党派人士。

治影响力。1871 年 5 月 25 日，作为仅有的两名德意志帝国议会议员，社会民主党人奥古斯特·倍倍尔 ① 和威廉·李卜克内西 ② 与马克思、恩格斯密切配合，声明反对吞并阿尔萨斯和洛林：这个大胆的举动在很大程度上导致新生的社会民主党在政治上受到了孤立和排挤。

德意志民族国家的建立既不意味着"国家的形成"（Nationsbildung）在德国的开始，也不意味着其在德国的结束。广义上，国家形成的进程包括中世纪中期以来使德国人获得超越"领土国家"（Territorialstaat）界限意识的一切：主要是语言、文化和历史。对 1871 年的"小德意志"国家而言，这些共同性（Gemeinsamkeiten）不可或缺，但并非国家认同的充分条件。从更大的德意志"文化民族"（Kulturnation）中可以发展出一个小德意志"国家民族"（Staatsnation），这和另外一个发展历程——哈布斯堡帝国的发展（其重心早就不在德国，而在中欧东南部地区）——密切相关。"非奥地利"的德国深受宗教冲突的影响。奥地利成功地和新教隔绝开来，普鲁士成了基督教德国的霸者。1871 年之后，这个德国谋求在新帝国的文化霸权；人们偶尔也听俾斯麦本人谈到霍亨索伦家族的"新教皇权"（evangelisches Kaisertum）[17]，天主教徒很快就会感受到这种后果了。

随着帝国的统一，德国自由派认为两个伟大目标中的一个已经实现了，这个目标就是民族统一。另一个目标是"宪法规定的自由"（verfassungsmäßige Freiheit），包括建立一个对

① August Bebel（1840—1913）：德国和国际工人运动活动家，德国社会民主党和第二国际的创始人和领导人之一。

② Wilhelm Liebknecht（1826—1900）：德国和国际工人运动活动家，德国社会民主党和第二国际创始人之一。

议会负责的政府，1871 年，帝国离这一目标还很遥远。俾斯麦试图通过共同对抗所谓的"帝国的敌人"（Reichsfeinde）使民族自由派不再执着于走向议会制。他认为这些所谓"帝国的敌人"包括全体天主教神职人员——俾斯麦怀疑他们与诸如波兰人的普鲁士大公国中其他的"帝国敌人"，以及阿尔萨斯和洛林主张自治者沆瀣一气。一向与教权主义（Klerikalismus）的各个分支，尤其是与天主教分支誓不两立的自由派在 1870 年代也同意实施反天主教的《普鲁士文化斗争法》①，尽管当中有许多规定，包括禁止耶稣会（Jesuitenordens）建立分支机构，严重违悖了自由主义的法治国家信条。1878 年 10 月颁布的《反社会党人非常法》②也明显违反了法治国家的原则，这是一部纯粹的、可以对思想犯进行惩罚的特别法，其效力被多次延续，直至 1890 年。在提前至 1878 年 7 月举行的帝国议会选举中，民族自由党人在反对这部法律的初稿惨遭失败后，勉为其难地投了赞成票。

1879 年，俾斯麦利用从自由贸易到保护性关税的过渡在民族自由党人队伍里嵌入了一个楔子。党内少数人投票赞成对谷物和铁征收保护性关税（这成了传奇轴心"庄园与高炉"③的基础）。民族口号的功能变化随着对经济自由主义的

---

① die Kulturkampfgesetze：1870 年代颁布的一系列针对天主教的法律，其背景是"文化斗争"（Kulturkampf），指普鲁士王国与罗马天主教会在当时的政治角力。普鲁士王国首相俾斯麦 1871—1878 年推行了一系列旨在减少罗马天主教会对普鲁士之影响的政策，但以失败告终。天主教组织了一个强大的新政党，俾斯麦也与其妥协。

② das Sozialistengesetz：正式名称为《反对社会民主党企图危害治安的法令》，是 1878 年 10 月 19 日德意志帝国议会通过的镇压社会主义者的法律。

③ Rittergut und Hochofen：指在俾斯麦主导下，帝国领导层和保守派之间在工业和农业领域达成新的合作，称为"黑麦与铁"（Roggen und Eisen）或"庄园与高炉"联盟，并发展为德国政治的保守轴心。

厌恶而出现。"民族的"和"自由的"长期以来几乎是同义词。谁要是自称"民族的"，那他就是反专制主义、反封建主义和反分离主义的（antiabsolutistisch, antifeudal und antipartikularistisch），对新兴资产阶级和进步事业责无旁贷。自 1870 年代后半期"保护民族工作"（Schutz der nationalen Arbeit）这个关键词开始流行以来，"民族的"这一概念便日益成为政治上的右派、自由主义和形形色色的左派作战的武器。此时，"民族的"首先意味着反自由主义和反国际主义，常常也意味着反犹主义。

自 1873 年维也纳股市崩盘（经济增长率从此持续下滑 20 余年）①开始，对犹太人的仇恨就像瘟疫般蔓延开来。自由主义和社会主义国际主义（der sozialistische Internationalismus）一样被政治上的右派诋毁为具有犹太特色的意识形态。1878—1879 年，即时人所谓的"内部帝国建立"（innere Reichsgründung）②时期逐渐形成的帝国民族主义（Reichsnationalismus）与自由党人 1860 年代还奉为圭臬的理想已鲜有共同之处。

1880 年代，事实证明对俾斯麦来说，在议会中争取多数议员同意他的立法意图越发困难。1887 年，他不得不解散帝国议会，重新组织大选，以争取保守派议员和民族自由派议员中的多数支持第三个"七年期"（Septennat），即《七年军事预算案》③。保守派、民族自由派和天主教中央党对大型的《社会保险法案》（Sozialversicherungsgesetze，有关疾病、意外

---

① 1873 年 5 月 9 日，即"黑色星期五"，维也纳债券交易所股票暴跌，不久之后的 9 月 13 日，美国纽约证券交易所同样发生了股票暴跌，由此引发了长达 20 余年的第一次世界性经济大萧条。

② 指新的德意志民族国家内部应团结一致。

③ Septennat/siebenjähriger Militäretat：德意志帝国建立初期扩充军队的预算法案，前两个七年期分别于 1874 年、1880—1881 年提出。

和残疾以及养老的保险）投了赞成票。1890 年初，3 年之前由保守派和民族自由派成立的政党联盟破裂了，因为参与该联盟的政党无法就延长《反社会党人非常法》有效期达成一致，以致该法会于 1890 年 9 月期满后失效。

1890 年 2 月，帝国议会大选的结果是社会民主党（从此成为获得选票最多的政党）和左翼自由思想者党（die linksliberalen Freisinnigen）胜出。对帝国首相来说，与新选出的帝国议会合作看似无望，因此他考虑使出"撒手锏"——发动政变：由普鲁士国王废除德意志皇帝的皇位，由诸侯解散德意志帝国。但他无法说服"三帝之年"[①] 以来坐拥霍亨索伦王位的威廉二世[②] 参与此事。1890 年 3 月 20 日，俾斯麦被解职。长达 28 年的俾斯麦时代结束了——如果没有他，德国的民族国家形态几乎无法形成。

俾斯麦的下台使德国免于陷入深重的国家危机。然而从对外政策上看，俾斯麦下台被证明是一次灾难性的重大事件。这位德意志帝国的建立者使帝国在 1871 年之后生活富足；1884—1885 年的所谓"殖民政治成绩"，尤其在非洲的殖民，成为一段插曲。俾斯麦或多或少地认为德国和法国的矛盾长期存在，和其他大国应当和睦相处，也就是说要尽可能维持良好的关系。在他看来，和英国结盟与英国实行的议会制政体是矛盾的；更有可能成为盟国的是奥匈帝国和俄国等保守的东欧强国。俾斯麦执政期间唯一长期有

---

① Dreikaiserjahr：1888 年先后有三位皇帝统治德国，故得此称。1888 年 3 月 9 日，德意志帝国首位皇帝威廉一世去世，他的儿子弗里德里希三世继位。然而，当时弗里德里希三世罹患咽喉癌，在位仅 99 天后于 6 月 15 日病逝。弗里德里希三世 29 岁的长子威廉二世继位。

② Wilhelm II（1859—1941）：全名为 Friedrich Wilhelm Viktor Albert von Preußen，末代德意志皇帝和普鲁士国王，1888—1918 年在位。

效的联盟协议是与哈布斯堡王朝签订的：这就是 1879 年缔结的
"两国同盟"（Zweibund）——签约之后，两个大国有义务在俄国
进攻时相互援助。1887 年与沙皇俄国签订的为期 3 年且具有传
奇色彩的《再保险协议》（Rückversicherungsvertrag，这是一份
为奥匈帝国无端进攻俄国，或者法国无端进攻德国而准备的中立
协议）至少使巴黎和圣彼得堡 ① 不能轻易联手。俾斯麦的最高目
标依然像 1877 年 6 月 15 日出台的《基辛根口头文件》② 中所说
的那样，要实现一种"总体情况——这种情况下，除法国之外的
所有大国都需要我们，要利用大国之间的相互关系尽可能避免它
们结盟对付我们"。[18]

　　威廉二世在外交策略上采取了另外一种方法。1890 年
前后走上前台的新一代德国人认为自己的国家还没有达到丰
衣足食。他们首先追求的是国际地位（Weltgeltung）。"我
们必须明白：国家的统一本是一个民族最好在其青年时代所
达成，但在我们德国则是在民族的晚年才完成；如果德国的
统一不是为了开始卷入世界权力政治，反倒是为了不再卷入
世界权力政治，那么当年花这么大的代价争取这种统一也就
至少丧失一半价值了。"③ 这就是当时 31 岁的国民经济学家
（Nationalökonom）马克斯·韦伯 ④ 1895 年 5 月就任弗赖堡大
学教授时发表的就职演讲。[19]

　　外交部的外交官们也是这样想的。和俄国签订的《再保

---

① 当时俄国的首都是圣彼得堡。

② Kissinger Diktat: 指 1877 年 6 月 15 日俾斯麦在巴伐利亚巴德基辛根（Bad
Kissingen）口授的外交文件，该文件包含了俾斯麦外交政策的重要原则。

③ 译文引自马克斯·韦伯《民族国家与经济政策》，甘阳译，生活·读书·新知三联
书店，2018 年。

④ Max Weber（1864—1920）：德国哲学家、法学家、社会科学家，被公认为现代
社会学和公共行政学最重要的创始人之一。

险协议》1890 年未能续订，因为该协议被视为多余甚至碍事的。后果很快就会显现出来。1891 年 7 月，法国舰队抵达王冠城 ①，一年后俄国和法国签订了军事公约，公约内容包括针对德国的相互协助义务 ②。

1897 年 12 月 6 日，时任普鲁士外交大臣兼国务秘书的伯恩哈德·冯·比洛 ③ 在帝国议会上喊出了一句载入史册的口号：德国"不想超越任何国家，但我们也要求阳光下的地盘"。[20] 一年后通过了一系列《舰队法》中的第一部，④ 说明此话并非戏言；这一系列《舰队法》宣称的目标是把德意志帝国提升为能够与英国抗衡的海上强国。"威廉家族"提出这种诉求主要是因为德国即将取代英国，成为领先的工业国。

面对德意志帝国称霸世界的政治野心，伦敦不抱幻想。德国的野心使英国外交政策的目标在 19 世纪和 20 世纪更迭之际发生了转变：从"光荣孤立"（splendid isolation）到与欧洲列强结盟。多次尝试与德国沟通未能取得令人满意的结果之后，英国于 1904 年 4 月和法国签订了《诚挚协

---

① Kronstadt：音译为"喀琅施塔得"，是俄罗斯的一个港口城市，位于芬兰湾口上的科特林岛上，在圣彼得堡以西约 30 千米处，行政上隶属于圣彼得堡，也是圣彼得堡的主要港口。

② 指 1893 年底与 1894 年 1 月，法国与俄国通过缔约建立了针对德、奥、意三国的防卫性同盟，简称"法俄同盟"。主要内容为：若德国或意大利进攻法国，俄国将全力助法对德作战；若德国或奥匈帝国进攻俄国，法国将全力助俄对德作战。

③ Bernhard von Bülow（1849—1929）：德国政治家，1900—1909 年任德意志帝国首相。他曾在德意志帝国议会上发言，揭示了 20 世纪初德国的对外扩张政策："让别的民族去分割大陆和海洋，而我们德国满足于蓝色的天空的时代已经过去了，我们也要求阳光下的地盘。"

④ Flottengesetze：也称《德意志帝国海军法案》，是德意志帝国海军在第一次世界大战前进行扩张的法律基础，于 1898 年、1900 年、1906 年、1908 年和 1912 年经帝国议会通过。这些由德皇威廉二世和海军大臣阿尔弗雷德·冯·蒂尔皮茨大力支持的行动致力于使德国建立一支能与英国相抗衡的海军。

约》①。1907 年 8 月末，英国和另一个对手——俄国达成了全面谅解。②回顾历史可以发现，冷静地看，在德国被视为"包围"（Einkreisung）的事实首先是其"自我排斥"（Selbstauskreisung）的结果。

一场国际军备竞赛和新同盟的建立同时进行。德国的政治和军事领导层担心，过不了多少年德意志帝国将无法与成为一个整体的敌对列强抗衡。此外出现了反军国主义的社会民主党势力不断壮大的现象。

只有一次，在 1907 年 2 月举行的所谓"霍屯督选举"（Hottentottenwahlen）中，社会民主党人失利了——不是在选票数量，而是在议席数量上。失利的原因在于，社会民主党和中央党以及少数民族议员于 1906 年 12 月否决了帝国首相伯恩哈德·冯·比洛领导下的帝国政府为德属西南非洲卫队申请额外经费的提案。他们的反对意见是对德国殖民史上最血腥罪行的抗议：这段殖民史是以种族灭绝，即种族屠杀为目的，正是这支卫队先后镇压了德属西南非洲霍屯督人中赫雷罗（Herero）与纳马（Nama）部族的起义。比洛通过解散帝国议会、重新举行大选回应其在议会上遭到的失败。左翼自由党人和民族自由党人以及两个保守党结成了"民族"联盟，即"比洛联盟"（Bülow-Block）；并且和以往的选举不同，他们这次拒绝和社会民主党签订"第二轮选举协议"（Stichwahlabkommmen），因此社会民主党人在帝国议会上

---

① Entente cordiale：又称《英法协约》，是指 1904 年 4 月 8 日英国和法国签订的一系列协定，标志着两国结束了因争夺海外殖民地展开的冲突，并开始合作对抗新崛起的德国的威胁。

② 随着 1907 年《英俄条约》的签订，《英法协约》和法俄同盟共同构成了"三国协约"。"三国协约"为英、法、俄三国在第一次世界大战中的政治和军事合作奠定了基础。

损失了几乎半数席位：从 81 席减少到只有 43 席。

5 年后，社会民主党在 1912 年 1 月的帝国议会选举中成为远胜于其他党派的议会党团（1890 年以来该党就已经是赢得选民最多的议会党团）。1910 年合并为进步人民党（Fortschrittliche Volkspartei）的左翼自由派越是准备与社会民主党人合作，要形成不包含且反对社会民主党的多数就越发困难。从执政者的视角出发，如果这种合作延伸到帝国领导层有关加强军备的提案，那将格外危险。

1911 年夏天，也就是帝国议会选举之前，右翼政治势力中要求"向前逃跑"（eine Flucht nach vorn），即发动以修订内政路线为目的的战争的呼声日益高涨。《德国军报》（*Deutsches Armeeblatt*）认为，"就内部情况而言，大肆发动战争也不错"；《邮报》（*Post*，自由保守派的德意志帝国党早期的报纸）报道了一种普遍观点，即认为战争将净化"我们困顿的政治境况"，使"多方面政治和社会状况恢复健康"。1911 年 11 月 9 日，奥古斯特·倍倍尔在帝国议会上引用这种说法，并推心置腹地警告人们战争何其残酷时，右翼政治势力却对他报以"嘲笑""哄堂大笑"，还有人欢呼"每次战后都将更好"。[21]

不仅是外交上的担忧，内政上的恐惧也导致德国舆论出现"要么现在，要么永不！"（Jetzt oder nie!）的看法。奥地利皇储夫妇 1914 年 6 月 28 日在萨拉热窝的一场由塞尔维亚情报机构操纵的袭击中遇刺身亡后，德国的政治和军事精英便开始宣扬这种观点。"七月危机"①中，任何一个欧洲大国都不能

---

① Julikrise：指 1914 年 6 月 28 日奥匈帝国皇储斐迪南大公夫妇在萨拉热窝遇刺身亡引发的欧洲大国间的一系列外交与军事危机，危机最终导致了第一次世界大战的爆发。

下定决心避免这场大战，但奥匈帝国和德国利用这个"有利时机"的愿望尤其强烈。奥匈帝国领导层 7 月 5 日为对付塞尔维亚的行动开出的政治空头支票是加剧这场国际危机的决定性因素。第一次世界大战并非德国一国之错，但德国绝对可以说是罪魁祸首。

　　7 月 30 日，塞尔维亚的传统保护国俄国在欧洲大国中第一个发起了总动员；这个事实减轻了德意志帝国领导层把这场战争说成是德国的防御战、把社会民主党人纳入民族统一战线（nationale Einheitsfront）的压力。在社会民主党看来，他们对 8 月 4 日的《战争信贷法案》①投赞成票并不意味着违背党的基本纲领。战争此时已经爆发，这是一场和欧洲一切反动势力中最强大的沙俄帝国（自马克思和恩格斯时代以来，沙俄一直是工人阶级的死敌）的战争。社会民主党不能为俄国取胜添砖加瓦。如果对《战争信贷法案》投反对票，社会民主党则有可能挑起一场内战，结果对这个最大的德国政党而言将不堪设想（尽管一直存在种种歧视，但自 1890 年《反社会党人非常法》失效结束了对该党派的迫害以来，其在帝国社会就越来越深入人心）。对《战争信贷法案》投赞成票之后，社会民主党人不仅成了议会中"战争融资联盟"（Kriegsfinanzierungsallianz）的一部分，而且为"城堡和平"②奠定了基础，也正是这种"城堡和平"将在战争期间乃至战后从根本上改变社会民主党自身和德国政局。

　　帝国领导层承诺进行纯粹的防御战争，但就德国而言，它

---

①　Kriegskredite：第一次世界大战爆发时，德国发现自己基本上被排除在国际金融市场之外，只能在国内借贷用于军备，于是政府向帝国议会提出《战争信贷法案》。

②　Burgfrieden：原指中世纪城堡内的几方势力订立协议，停止在城堡内部私斗；罗莎·卢森堡在其《社会民主党的危机》一书第八节中用该词形容第一次世界大战期间那些主张国内各阶级团结一致、共御外敌的观点。

从来都不是一场纯粹的防御战。帝国领导层从一开始就致力于把中欧纳入德国统治，从而称霸欧洲。德国的战争目的包括吞并法国北部的隆维－布里埃矿石盆地（Erzbeckens von Longwy-Briey）、把卢森堡划归德意志帝国以及把比利时变成德国的附庸国（Vasallenstaat）。政界右翼势力和重工业界提出了更加广泛的要求。他们主张在欧洲东部也大面积开疆拓土——以牺牲俄国的土地为代价。

直到 1916 年底才禁止就战争目的公开辩论，但从意识形态出发进行战争宣传是允许而且受欢迎的。这种宣传在与法国的"1789 年理念"（Ideen von 1789）针锋相对的"1914年理念"（Ideen von 1914）中成形。简而言之，德国对自由、平等、博爱和西方民主本质的回应是秩序、管束与内向性（Innerlichkeit）。德国的学者宣称俾斯麦的社会政策是"德国社会主义"的一种表达，是盎格鲁—撒克逊式资本主义的历史替代形式。他们为普鲁士这个全民皆兵的国家欢呼鼓舞，认为这个国家是唯心主义的德国文化（声称自身远胜于平淡无奇的西方唯物主义文明）的保护者。国民经济学家维尔纳·桑巴特①1915 年在其《商人与英雄》（*Händler und Helden*）一书中写道："军国主义是上升为好战精神的英雄主义"；"它是战壕里的'浮士德'、'查拉图斯特拉'和贝多芬乐谱。因为《英雄交响曲》（*Eroica*）和《埃格蒙特序曲》（*Egmont-Ouvertüre*）或许是最真实的军国主义"。[22]

人们常说的德国人的"战争狂热"只是昙花一现，这种狂热是一种"有限的"社会现象。战争开始后的最初几个星期，这种狂热主要存在于城市，存在于资产阶级、学生和雇员

55

---

① Werner Sombart（1863—1941）：德国经济学家和社会学家，"历史学派"最后的代表人物，20 世纪早期欧洲大陆较有影响力的社会科学家。

中。大多数农民和工人——不论在前线还是家乡——做着他们自认为属于爱国主义义务的事。当期待的速战速决未能实现，西部战局胶着成为阵地战时，他们开始清醒了。1916 年末至1917 年初的"芜菁之冬"①开始以来，不满的情绪开始蔓延。以"泛德意志协会"（der Alldeutsche Verband）为首的右翼势力因此宣传"强迫民族主义"（forcierter Nationalismus），并煽动人们产生了对犹太人的怨恨情绪。被认为优柔寡断的帝国首相特奥巴尔德·冯·贝特曼－霍尔韦格②早在 1915 年 12月就被"泛德意志协会"成员、来自吉森（Gießen）的化学教授汉斯·冯·李比希③称为"德国犹太教的首相"。[23]

56　　左翼的异议不可避免。在帝国议会的社会民主党党团内部，反对《战争信贷法案》和"城堡和平"政策的人数总体上增加了。1914 年 12 月 2 日，首次有社会民主党议员——卡尔·李卜克内西（社会民主党创始人威廉·李卜克内西的儿子）对《战争信贷法案》投了反对票。1915 年 12 月，反对该法案的人数增加到 20 人。党内的这些反对派得到了俄国"二月革命"④（发生于 1917 年 3 月，导致了沙皇的垮台）的大力支持。4 月，反对《战争信贷法案》的议员组成了"德国独立社会民主党"（Unabhängige Sozialdemokratische Partei Deutschlands），即"独社党"（USPD）。与此同时，许多德国大城市发生了第一波群众性罢工。1917 年 6 月以来，海军

① Steckrübenwinter：又称"饥饿之冬"，指第一次世界大战期间德意志帝国在 1916—1917 年冬天的饥荒，是由战争经济问题和英国在北海的海上封锁引发的。

② Theobald von Bethmann-Hollweg（1856—1921）：德国政治家，1909—1917 年任德意志帝国首相。

③ Hans von Liebig（1874—1931）：德国化学家，泛德意志同盟的时政评论家。

④ Februarrevolution：爆发于 1917 年俄历二月，推翻了罗曼诺夫王朝，结束了君主专制统治。"二月革命"后出现了俄国临时政府和工兵代表苏维埃两个政权并立的局面。后又因为临时政府措施不当，引发了"十月革命"。

舰队里的绝食抗议活动也增加了，还有官兵擅自上岸。

社会民主党内多数派坚持与帝国领导层合作，但此时他们强烈要求改革内政，首先是以普遍的平等选举权替代普鲁士的"三级选举权"，其次要承诺和平谈判。他们借鉴了彼得格勒工兵代表苏维埃不求吞并、不收军税的和平要求，同时游说帝国议会中的资产阶级中间党派、左翼自由派的进步人民党和天主教中央党在 1917 年 7 月 19 日对主张不以胁迫扩张领土，不实施政治、经济或财政强制措施的和平决议投赞成票。六天前，贝特曼－霍尔韦格在军队最高领导层的强大压力下辞去帝国首相之职，接替他的是明显偏右、时任普鲁士人民食物供养专员的格奥尔格·米夏埃利斯 [1]。

《凡尔赛和约》的通过是德国走向议会制的重要一步。随着与温和的资产阶级党派合作的日益紧密，社会民主党内部多数派逐渐远离了无产阶级斗争的马克思主义学说。同时，他们和独社党（该党中的大多数人来自社会民主党的战前左派）的区别也由此更加明显。如果社会民主党不分裂，那该党领导层坚定不移地实行改革、旨在实现议会制的路线就不可能得以贯彻。因无条件反对向资产阶级妥协者也和反对《战争信贷法案》者一起脱离了社会民主党，直至 1917 年夏天，德国才使一年后从君主立宪制到议会君主制，不久又到魏玛共和国的议会民主制的过渡成为可能。因此，社会民主党工人运动的分裂——如果考虑其长期影响——成了一个悖论，即它既是魏玛共和国成立之前的沉重负担，同时也是其成立的先决条件之一。

1918 年 9 月 29 日，德国军队的"强人"——总军需官

57

---

[1] Georg Michaelis（1857—1936）：德国法学家、政治家，1917 年 7 月任德意志帝国第六任首相，在职仅 15 个星期，同时也是第一位非贵族出身的首相。

（Generalquartiermeister）埃里希·鲁登道夫①（与陆军元帅、总参谋长鲍尔·冯·兴登堡②共同掌握最高统帅部的指挥权）对德意志帝国议会制的形成起了决定性的推动作用。鲁登道夫感到战争大势已去，建议德皇威廉二世命令政府对帝国议会的多数党派（1917 年 7 月 19 日批准通过《和平决议》的党派）负责。他提出这一建议的理由是"刀刺在背传说"③。10 月 1 日，他对高级军官宣布："因此我们将目睹这些先生现在入主各部，现在他们要缔结必须现在签订的和约。他们现在要喝下他们为我们酿就的苦酒。"²⁴

58　　党内多数派要求进行以议会制为目的的宪法改革。他们从中看到了一种"温和的和平"的先决条件。这是美国总统伍德罗·威尔逊所主张的和平，1918 年 1 月，即美国参战后 9 个月，他在《十四点计划》④中几乎毫不掩饰地提出了德国向民主国家过渡的要求。对社会民主党人而言，议会制意味着，即使是他们——德国议会最强大的党团——也必须参加政府。党主席弗里德里希·艾伯特⑤作好了迈出这一步的准备。在 9 月 23

① Erich Ludendorff（1865—1937）：德国陆军将领，第一次世界大战期间曾任总军需官，相当于副总参谋长，是兴登堡将军的得力副手，二人共同掌握着德军最高领导权。

② Paul von Hindenburg（1847—1934）：德国陆军元帅、政治家、军事家，魏玛共和国第二任总统。

③ Dolchstoßlegende：又译"匕首传说"或"背后一刀传说"，是第一次世界大战后德国的传言，具有政治宣传作用。该传言认为，德国之所以在第一次世界大战中战败是因为德军在前线作战，而犹太人、社会主义者在国内煽动革命、控制舆论，使政府不得不向敌国投降；不少德国民族主义者因此怀恨在心，谴责外国人与非民族主义者出卖德国。

④ Vierzehn Punkte：又称《十四点和平原则》，是美国总统伍德罗·威尔逊为结束第一次世界大战提出的纲领，他认为这是促进世界和平"唯一可行"的计划；随后，这十四点被作为和平谈判的基础。

⑤ Friedrich Ebert（1871—1925）：德国政治家，曾任魏玛共和国首任总统。

日举行的一次党内领导人会议上，他发表演讲主张加入政府时指出，如果不加入政府，就会存在像俄国那样发展为革命的危险，就像 1918 年布尔什维克革命即"十月革命"爆发后那样恐怖和暴力横行，甚至可能引发血腥的内战。为了避免德国出现这种情况，社会民主党人必须克服困难，确保有足够的影响力，以满足其要求。"如果有可能拯救国家、阻止这些危险发生，那我们将义无反顾地去做。"25

1918 年 10 月 3 日，威廉二世与最高指挥部以及在议会中拥有多数席位的党派达成一致后，任命被认为属于自由派的亲王马克西米利安·冯·巴登①为德国首相。这样一来，社会民主党人（包括担任没有实权的国务秘书的菲利普·施耐德曼②）也首次进入内阁。10 月 28 日，帝国宪法修改之后，形式上向议会君主制的过渡完成了。从此以后，帝国首相的任命取决于其能否得到帝国议会的信任。如果帝国议会对首相提出不信任案，则其必须下台。

但这时议会制还只是一纸空文。一部分军事精英不考虑接受权力关系的变化。当海战指挥部在 1918 年 10 月底决定让远洋舰队出发，对英国发起最后一次进攻时，他们自作主张，违背了帝国议会中多数席位和帝国领导层的意愿。这场事实上的军事政变引发的正是社会民主党人想要阻止的自下而上的革命。威廉港和基尔港的水兵哗变之后，帝国大城市的工人也发动了起义。11 月 8 日，慕尼黑的维特尔斯巴赫王朝（Wittelsbacher）

59

---

① Prinz Maximilian von Baden（1867—1929）：1918 年 10 月 3 日至 11 月 9 日任德意志帝国第八任首相；巴登大公弗里德里希二世的堂弟和继承人，在 1928 年弗里德里希二世去世后成为巴登大公家族族长。

② Philipp Schneidemann（1865—1939）：德国社会民主党右翼领袖之一，第一次世界大战期间积极支持战争；1918 年任巴登亲王内阁成员，德国"十一月革命"后参与组织政府，镇压叛乱，1919 年任魏玛共和国首任总理。

在德意志诸邦国中第一个垮台。次日，革命波及帝国首都。12时刚过，在社会民主党的强大压力下，亲王马克西米利安·冯·巴登将其帝国首相职位交给了议员弗里德里希·艾伯特。14时许，菲利普·施耐德曼在帝国议会的一个阳台上宣告了德意志共和国的成立。由此，他比激进左翼的领导人卡尔·李卜克内西快了一步——后者两个小时后在柏林城市宫（Berliner Schloss）宣告了"自由的德意志社会主义共和国"的成立。

1918年秋，德国各地正在进行的议会制改革随着君主制苗头的出现而终止了。德国选举权的民主化进程比英国或比利时等自由君主制的典范国家早得多：1867年的北德意志联盟、1871年的德意志帝国引入了男性公民普遍平等的选举权。狭义上的政府体制的民主化大约半个世纪后才开始：1918年10月引入了政府对议会负责的制度。议会制的形成与德国战败同时发生，这是魏玛共和国最严重的先天不足——是1918—1919年革命的产物。

民族主义右翼势力早在1918年秋就开始污蔑刚刚成立的民主国家是对更优秀的德意志传统的背弃，是向战胜的西方大国卑躬屈膝，是非德意志体系。1918年10月，泛德意志协会主席海因里希·克拉斯①呼吁"利用时局煽动反犹情绪，把犹太人当作一切错误的替罪羊"，以便在犹太人中"引起畏惧和恐慌"。演讲即将结束时，这位泛德意志协会主席信誓旦旦地对听众说："我将义无反顾，在这个问题上恪守海因里希·冯·克莱斯特②的名言：'打死他们，世界的法庭不会找你们问罪。'（Das Weltgericht fragt Euch nach den Gründen nicht.）"²⁶

---

① Heinrich Claß（1868—1953）：德国右翼民族主义政治家、时事评论家，1908—1939年担任泛德意志协会主席，是民族社会主义在意识形态上的开路先锋之一。

② Heinrich von Kleist（1777—1811）：德国诗人、戏剧家、小说家。

1918 年和 1919 年交替之际，诸如此类的口号只在少数人那里有市场。大多数德国人赞成民主制度，因为人们希望民主制度能够营造更自由、更公平的环境，尤其是产生可以接受的和平条件。

3　一个先天不足的共和国

61　　如果不是旧势力权威在战争的最后几年遭受重创，从君主制到共和制的过渡将困难重重。第一次世界大战结束后不久，社会学家马克斯·韦伯认为"到1918年为止的合法统治崩溃了"。[1] 左翼自由派刊物《柏林日报》(*Berliner Tageblatt*) 主编特奥多尔·沃尔夫 ① 把1918年11月10日发生的暴动 ② 称作"历次革命中最伟大的一次"，因为"从没有哪个建造得如此坚固、四周的城墙如此厚实的'巴士底狱'被一鼓作气地拿下"。[2]

　　事实上，11月9日离一切彻底崩溃还早得很。公共行政一如既往地运行，几乎没有受到当地工人和士兵委员会（Arbeiter- und Soldatenräte，社会民主党多数派在其中发号施令）的阻碍。公务员同样被革命政府——弗里德里希·艾伯特领导下的由社会民主党内多数派和独立派同等人数组成的人民代表委员会（Rat der Volksbeauftragte）——视为伙伴，后者甚至像对待军队最高领导层那样争取他们的支持。国家政变几乎没有波及司法部门、大学和中学。基督教德国但凡和教会有关的一切在很大程度上仍然维持旧的君主制秩序。"对我们基督徒而言，普鲁士王国比政治问题重要千倍——它是一个信仰问题。"柏林宫廷和大教堂传教士（Hof- und Domprediger）布鲁诺·多林（Bruno Doehring）在其1918

62　年10月27日所作的最后一场战争布道中这样说道。[3] 11月9日之后人们依然持这种观点；除了德国的大城市，易北河东部大部分地区的人和新教教会想法一致。

---

① Theodor Wolff（1868—1943）：德国作家、时政评论家和批评家。

② 指德国1918年的"十一月革命"。1918年10月29日至11月3日，基尔港水兵首先起义；11月8日，工人与士兵占领了德国西部的大部分地区，为"议会共和"作准备；11月9日，威廉二世被迫退位，德意志帝国灭亡。

德国1918—1919年爆发的革命并未作为世界历史上的一场重大革命而被深深印刻在后世的记忆中。事实也几乎只能如此。争取自由的大型剧变，从17世纪的英国革命到1776年的美国革命，再到1789年的法国大革命，全都发生在工业革命之前，也即以农业生产为主的社会中。对这种社会而言，高度的自给自足（Selbstversorgung）是其典型特征。俄国1917年革命的社会背景也是如此。农业社会比高度复杂、实行劳动分工、恰恰在生存上依赖于公共服务持续性和"生存所需的基础建设"（Daseinsvorsorge）[1]的工业社会更容易"承受"激进、暴力的政权更替。这种社会有一种颇为独特的现象，政治学家理查德·洛文塔尔[2]称之为"反混乱机制"（Anti-Chaos-Reflex）。[4]

第一次世界大战末期，德国已成为高度工业化和部分民主化的国家：这是阻止发生像俄国那样彻底变革的另一个因素。德国的男性民众大约半个世纪以来就享有普遍、平等的帝国议会选举权，从而形成了强大的民主制度。因此，1918—1919年的革命首先是为了争取更多的民主权利，争取妇女的选举权，争取在地方和乡镇层面也享有普遍、平等的选举权，争取在帝国和各邦国彻底实施政府对议会负责的制度，从而使人民主权原则在德国生根发芽。此外，还要争取像目前这样在各邦国层面，以及在全国层面维护基本权利，在德国为西方民主的最大胜利——不可转让的普遍人权——找到一个安身之所。

执政的社会民主党人倘若在1918—1919年没有首先追求1914年之前就要求的民主化，那就暴露了自己的根本信念。由于坚持自己的纲领，他们坚决反对以卡尔·李卜克内西和罗莎·

---

① 指国家为人类生存提供必需的物质和服务，如能源供应、交通运输、电信、广播、街道清洁、污水和垃圾处理等服务。

② Richard Löwenthal（1908—1991）：德国记者、政治学家，1945年后为维利·勃兰特身边最重要的知识分子之一，曾任路透社、《观察家报》驻联邦德国记者，1961—1974年为柏林自由大学政治学教授。

卢森堡为首的德国独立社会民主党极左翼人士提出的最终带来无产阶级专政的口号——"一切权力归委员会"（Alle Macht den Räten），并同意尽早举行国民会议（Konstituante）选举。

德国工人和士兵委员会第一次全体代表大会确定了 1919 年 1 月 19 日为立宪国民大会选举日。12 月底，当共同组成德国共产党（KPD）的极左翼人士违背罗莎·卢森堡的明确意愿，决定不参加选举时，他们实际踏上了一条灾难性的道路。1919 年，柏林"一月起义"即"斯巴达克同盟起义"[①] 的战略目标与卡尔·李卜克内西提出的推翻艾伯特—施耐德曼政府的口号相符，从而阻止国民议会的选举。

然而革命政府在镇压"一月起义"时让倾向于右翼的"自由军团"（Freikorps）为所欲为，放任士兵的暴行以致卡尔·李卜克内西和罗莎·卢森堡遇害——这没有什么可辩解的；这是几个星期以来军事政策失败，以及领导层在关键时刻决策失误的结果。如果社会民主党人参与政治建设的意愿强烈一些，那他们就能作出更多改变而无须如此严防死守。对军事部门和公共服务部门来说都是如此：尤其在易北河以东的普鲁士地区，坚决反对共和制、倾向于君主制的官员仍然在坚守岗位，这在第一次反对共和国的武装起义——1920 年春的"卡普—吕特维茨政变"[②] 中造成了严重后果。但是，起决定作用的左翼所

---

① Januaraufstand：也称"斯巴达克同盟起义"（Spartakusaufstand），指 1919 年 1 月 5 日至 12 日在德国柏林发生的总罢工和随之发生的武装起义，是德国"十一月革命"的一部分。当时德国面临两条道路，一是推行社会民主，二是建立与布尔什维克在俄国建立的苏维埃类似的"委员会共和国"。此次斗争主要是在弗里德里希·艾伯特领导的温和的社会民主党与卡尔·李卜克内西、罗莎·卢森堡领导的激进的德国共产党之间展开的权力斗争。罗莎·卢森堡此前建立了"斯巴达克同盟"；事实上，起义很快便以失败告终，德国政府获胜。

② Kapp-Lüttwitz-Putsch：以其领导人沃尔夫冈·卡普（Wolfgang Kapp）和瓦尔特·冯·吕特维茨（Walther von Lüttwitz）的名字命名，或简称"卡普政变"，是 1920 年 3 月 13 日在柏林发动的针对德国国民政府的未遂政变。

要求的那种全面社会主义化（umfassende Sozialisierungen）1918—1919 年短期内无法在不对国民经济产生严重负面影响的情况下进行。社会民主党人有充分理由认为，根本性的社会变革如果要持续的话，就需要经过民主授权（demokratisches Mandat）。这种考虑也要求迅速由民众确认共和国的合法性，也就是要在 1919 年 1 月 19 日举行国民议会选举。

社会民主党的多数派在这场首次有妇女参加的大选中胜出。他们赢得了 37.9% 的选票，成为一枝独秀的第一大党；但即便与获得 7.6% 选票的独社党联合，也无法在议会中拥有半数以上席位。因此，只有回过头来再次与资产阶级中间党派，即前身为进步人民党的德国民主党（DDP）和中央党合作，也就是使 1917—1918 年的多数党派联盟复活。这些党派后来组成了"魏玛联盟"（Weimarer Koalition）——其名称源于德意志国民议会举行的地点。1919 年 2 月 11 日，这三个党的议员选举社会民主党人弗里德里希·艾伯特为国家临时总统，从而使其在第二天任命党内同志菲利普·施耐德曼为总理。施耐德曼政府面临着一系列国内政治的挑战，政府不得不在新任期的最初几周终止鲁尔区和德国中部工业区的大规模罢工运动；3 月镇压了一场由柏林部分无产阶级发动的新起义，5 月镇压了慕尼黑的第二个苏维埃共和国①。

65

1919 年 6 月 19 日，施耐德曼政府围绕协约国所提的和平条件发生争执而解散。施耐德曼的党内同志古斯塔夫·鲍尔②

---

① 1918 年 11 月 7—8 日巴伐利亚首府慕尼黑爆发革命，在德国独立社会党人艾斯纳领导下，宣布成立"巴伐利亚民主社会共和国"，并组成工人农士兵代表苏维埃。随后独社党在巴伐利亚邦国民议会选举中落败，艾斯纳亦遭君主主义分子刺杀，社民党人霍夫曼（Johannes Hoffmann）被议会任命为总理，与资产阶级政党组成联合政府。1919 年 4 月 7 日巴伐利亚苏维埃共和国宣布成立，遭到镇压，于 5 月倾覆。

② Gustav Adolf Bauer（1870—1944）：德国社会民主党领袖，曾任魏玛共和国总理，以其为首的政府仅维持了 219 天。

继任总理。战胜国的要求在大多数德国人看来是难以接受的。德国损失了其领土的七分之一，把阿尔萨斯—洛林地区归还给法国不如把领土割让给复国的波兰（其结果是"波兰走廊"①的出现，即东普鲁士和德国其他地区在空间上一分为二）更让德国人感到痛苦。协约国也不允许德国和奥地利统一；哈布斯堡王朝崩溃之后，德国和奥地利的社会民主党人（他们以1848年的民主遗产和"大德国"遗产的"遗嘱执行人"自居）尤为迫不及待地寻求德奥统一。在德国，不论哪个党派都感觉特别气愤的是《凡尔赛和约》第231款②：为了给战胜国的赔偿要求（Reparationsforderungen）找到法律依据，该条款把第一次世界大战爆发的全部责任强加给德国及其盟国。

强烈反对德国对《凡尔赛和约》"言听计从"的理由之一是，人们认为施耐德曼政府未能使德国人为即将面对的时局作好准备。施耐德曼政府没有和1914年"七月危机"中帝国领导层的政策保持距离；根据内阁的决议，相应的文件暂时没有公之于众。在协约国于1919年6月23日发出的最后通牒的压力下，经国民议会批准，6月28日德国代表在凡尔赛宫签订了条件苛刻的《凡尔赛和约》。它必须如此苛刻，否则战胜国政府会被其国民问责。

然而对德国而言，一切还可能更加糟糕。德意志帝国继续存在——这绝不是自然而然的事。后来德国加入了新的、由威尔逊总统倡议成立的国际组织——国际联盟，重新崛起为大国。在一个重要方面，战后的德国甚至比1914年之前的德意

---

① Polnischer Korridor：指德国1919年根据《凡尔赛和约》割让给波兰的一块狭长领土，当时属于波兰波美拉尼亚省；"波兰走廊"把东普鲁士与德国其他领土分开，使东普鲁士的经济发展受到严重阻碍。

② Kriegsschuldartikel：也称"凡尔赛和约战争罪责条款"，通常被称为"战争罪责条款"；根据该条款，德国被迫承担了发动战争的全部责任。

志帝国更好：资本主义西方大国和共产主义的俄罗斯之间的对立使对德国进行新的"封锁"变得不可能发生。但 1919 年夏天，德国没有人支持这种观点。大多数德国人坚持认为德国在凡尔赛宫受到了战胜国的不公正对待，甚至侮辱。

1919 年 7 月 31 日，制宪国民议会通过了《魏玛宪法》。对该宪法投赞成票的有社会民主党多数派、德意志民主党和中央党，以及中央党的姊妹党——巴伐利亚人民党的多数议员；投反对票的是推崇君主制的德国民族人民党[①]、继承民族自由党衣钵的德国人民党，以及独立社会民主党。来自社会民主党的帝国内政部部长爱德华·戴维[②]在祝贺该宪法通过时称，德国是现在"世界上最民主的民主国家"，没有什么地方的民主比《魏玛宪法》实施得更彻底。[5]

实际上，《魏玛宪法》的部分基本权利以国际标准衡量堪称典范。对支持这部宪法的人而言，其特别民主之处在于提供了以公民动议（Volksbegehren）和全民公投（Volksentscheid）形式直接立法，以及民众直接选举获得全面授权的德国总统的可能性。当然，当时就有人对后一点提出了批评。社会民主党资深党员赫尔曼·莫尔肯布尔[③]2 月 25 日在议会党团发言时提到，强大的德国总统是"皇帝的替代品"以及"真正的拿破仑式由民众选举总统的伎俩"。[6]但最后胜出的是那些和真正的"宪法之父"、左翼自由派宪法学家胡戈·

---

① Deutschnationale Volkspartei：1918—1933 年魏玛共和国时期的保守右派政党，在民族社会主义德意志工人党兴起之前，是魏玛共和国主要的保守主义和民族主义政党，是君主主义者、民族主义者和反犹分子的联盟，并得到泛德意志协会的支持。

② Eduard David（1863—1930）：德国社会民主党政治家。

③ Hermann Molkenbuhr（1851—1927）：德国社会民主党政治家、帝国议会议员。

普罗伊斯①一样，认为公民选举产生的合法的德国总统能够有效避免"议会专制主义"（Parlaments-Absolutismus）的人。[7]选举的结果既不是单纯的议会制，也不是单纯的总统制，而是一种自带冲突的混合形式。

此后，一种在一定程度上被"嵌入"了《魏玛宪法》的做法——把国民议会的政治责任推给德国总统——被证明是危险的。如果某个联合政府内部难以达成妥协或难以在国民议会获得多数支持，那么德国总统在紧急情况下可以就公共安全和秩序遭受的危险，根据宪法第48条第II段之规定发布"紧急法令"（Notverordnung）代行职权，以这种方式"自上而下"地处理国民议会看起来无法通过议会方式处理的事情。国民议会可以随时反对政府首脑而无须对后果负责，因而尤其削弱了德国总理的地位。德国总理由德国总统任命，但不由国民议会选举产生。总理行使职权必须获得议员的信任，如果总理失去议员的信任，就再次轮到德国总统出手了。只要像弗里德里希·艾伯特这样坚定的民主主义者还执掌德国，他就能凭借充分的权力保持民主国家的稳定。如果德国总统更执着于专制的国家理念，情况就不一样了：魏玛共和国还将遭受这种经历。

《魏玛宪法》的缔造者以及这部宪法的自由派捍卫者总是被批评遵循相对主义（Relativismus）。右翼宪法学家卡尔·施密特②1932年在其《合法性与正当性》（*Legalität und Legitimität*）中认为，《魏玛宪法》的缔造者受到了"对内容漠不关心甚至对其作用也保持中立、不考虑任何实质性公平的

---

① Hugo Preuß（1860—1925）：德国宪法学家、政治家，德国民主党创始人之一，受弗里德里希·艾伯特委托起草了《魏玛宪法》。

② Karl Schmitt（1888—1985）：德国法学家和政治思想家，他的政治思想对20世纪政治哲学和神学产生了重大影响。

合法性概念"的影响，并且因此"中立到自绝"（neutral bis zum Selbstmord）。[8] 实际上，1919 年的宪法并不想为大多数民众希望的民主制度的合法取消（legale Abschaffung der Demokratie）设置障碍。德国宪法的制定者完全无法想象这种情况。对他们来说，利用宪法规定为民众的意志套上枷锁将是向极权国家（Obrigkeitsstaat）的倒退。彼时他们面对的是 1919 年而非 1933 年的地平线。

一开始，德国公众对德国宪法的接受程度高于预期。随着极右翼仇恨运动和暴力行为的出现，德国宪法才成为共和国的一个象征。极右翼使许多德国人明白他们因为这部新宪法意外收获了哪些自由。对共和国的第一次沉重打击，即 1920 年春的"卡普—吕特维茨政变"是易北河东部军事和文职政府老派精英中一部分人的反革命暴动。这场暴动由于受到德国各部官员的抵制和自由派人士（亲近社会民主党人的工会成员）的总罢工而失败。政变的后遗症包括普鲁士社会民主党内部的权力更替。由于 1920 年以来在公共服务领域积极改革，普鲁士得以发展成为德意志第一共和国民主制度的一座堡垒。1920 年 6 月 6 日举行的第一次国民议会选举中，"魏玛联盟"在议会中失去了多数席位。获胜者中，右翼方面是古斯塔夫·施特雷泽曼① 领导的德国人民党和德意志民族党，左翼方面是独立社会民主党。此后不久，德国独立社会民主党分裂。其左翼加入了共产国际，1920 年 12 月与德国共产党合并。温和的少数派起初保持着其独立政党地位。1922 年 9 月，余下的独立社

①　Gustav Stresemann（1878—1929）：德国政治家，1923 年任魏玛共和国总理兼外交部部长，为德国在第一次世界大战结束后恢复国际地位作出了重要贡献，被普遍认为是魏玛共和国存在的大部分时间里最有影响力的政府成员。

会民主党成员受德国外交部部长瓦尔特·拉特瑙[1]被右翼激进的"执政官组织"[2]杀害的影响，与母党（Mutterpartei）实现了合并。统一后的社会民主党通过兼并赢得了党员和议会议席，但失去了政治活动空间。这是因为前独立派人士的加入增强了左翼的势力，而左翼对与资产阶级党派联合执政，尤其是与对企业主友好的德国人民党组成大联盟联合执政持怀疑态度，甚至是坚决拒绝的。

1923 年（法国和比利时占领了鲁尔区[3]）发生了超级通货膨胀（Hyperinflation），萨克森、图林根和汉堡等地的共产党人试图起义，11 月 8 日至 9 日希特勒在慕尼黑发动政变——年轻的共和国经历了成立以来最严重的危机。从 8 月中旬到 11 月初，社会民主党人加入了古斯塔夫·施特雷泽曼领导的德国政府——这是第一个大联合政府。该政府清算了莱茵河畔和鲁尔地区财政上无以为继的"被动抵抗"（der passive Widerstands）政策，引入了货币改革，改革最终以 11 月的超级通胀告终。魏玛共和国在这一年末依然存在，这首先要归功于华盛顿发出的一个信号：美国表示愿意在盟国内部债务问题上对英国和法国让步，从而使巴黎在德国赔偿问题上得以执行不那么强硬的路线。次年，一个相应的规则——根据美国银行家查尔斯·道威斯[4]的名字命名

70

---

① Walther Rathenau（1867—1922）：犹太裔德国人，实业家、政治家、作家，在魏玛共和国担任外交部部长。

② Organisation Consul：魏玛共和国时期有民族主义和反犹倾向的准军事恐怖组织，该组织实施政治谋杀，目的是破坏新生的魏玛共和国的民主制度、实施军事独裁、改变第一次世界大战的结果（尤其是《凡尔赛和约》）。

③ Ruhrbesetzung：指法国与比利时军队因第一次世界大战后德国未能及时偿还赔款而于 1923—1924 年对鲁尔区进行军事占领。

④ Charles G. Dawes（1865—1951）：全名查尔斯·盖茨·道威斯（又译道斯），美国政治家、银行家，曾任美国副总统，因推动"道威斯计划"而与奥斯丁·张伯伦共同获得了 1925 年诺贝尔和平奖。

的"道威斯计划"（Dawes-Plan）以国际条约的形式出台，标志着战后时期的结束和一个相对稳定阶段的开始，或者不太理智地说，标志着魏玛共和国"黄金年代"（goldene Jahre）的开始。

1925年2月28日，54岁的魏玛共和国首任总统弗里德里希·艾伯特出人意料地去世了。4月26日，右翼候选人、充满传奇色彩的普鲁士陆军元帅保罗·冯·兴登堡在德国总统直选的第二轮选举中胜出。兴登堡胜选意味着魏玛共和国进行了"保守的重建"（konservative Umgründung）。其承诺将尊重共和国的宪法、各项制度和象征，一开始他的举动并未令人怀疑他作出的这些保证。他的胜选使1925—1928年两次参与中右政府（Mitte-rechts-Regierungen）的德国民族人民党温和的执政派（gouvernementaler Flügel）受到了鼓舞。自兴登堡当选以来，德国新教的保守派明显比以前更容易接受魏玛共和国不受欢迎的事实了。他们自然也把自己的一切希望寄托在兴登堡身上——致力于平静地变更宪法，建立更多地受德国总统而非国会影响的政治体系。其中包括大工业家、德国军队的领导人，尤其是易北河东岸庄园主的代表——他们可以确信德国总统始终在倾听他们的呼声。

1923—1929年担任外交部部长的是古斯塔夫·施特雷泽曼。他克服了德国民族人民党和自身所在党派——德国人民党的阻力，得以实施以与西方大国达成一致为目的的政策，这归功于1923年11月至1928年5月作为在野党的社会民主党的支持。1925年11月，社会民主党投赞成票，使《洛迦诺公约》①得以通过。根据该公约，德国拒绝了任何对德国西部边界

71

---

① Vertragswerk/Verträge von Locarno：1925年10月5日至16日欧洲多国在瑞士洛迦诺商议的七项协议，同年12月1日于英国伦敦签署，次年9月14日于日内瓦批准生效；签订该公约的背景是第一次世界大战中的欧洲协约国与中欧及东欧新兴国家尝试确认战后领土界限，同时争取与战败的德国恢复正常关系。

的武力变更，承认了既有边界。《洛迦诺公约》的后果之一是德国于 1926 年 9 月被纳入国际联盟，同时成为国际联盟领导机构即国联理事会（Völkerbundsrat）的常任理事国，从而正式恢复了其大国地位。在东边，与《洛迦诺公约》针锋相对的是与苏联签订的《柏林条约》①，根据该条约，德苏两国有义务在其中一国保持和平却遭受第三国攻击时保持中立。1926 年 6 月，德国国会几乎全票批准了该条约。

施特雷泽曼还在 1928 年 5 月 20 日德国国会选举（这是魏玛共和国的最后一次"正常选举"）之后开启了向大选赢家社会民主党领导的"大联盟政府"迈进的道路。鉴于德国人民党内部的强大阻力，这位外交部部长一开始不得不先组成由社会民主党主席赫尔曼·穆勒②主持的"名流内阁"（Kabinett der Persönlichkeiten）；1929 年 4 月才正式组建联合政府。把这个"同床异梦"的联盟维系在一起的首先是一个外交目标：通过新的最终赔偿协议（受到民族主义右翼势力强烈抨击的"扬格计划"③）的实施法则。施特雷泽曼未能亲身经历 1930 年 3 月 12 日国民议会批准通过这些法律。1929 年 10 月 3 日，这位魏玛共和国最重要的政治家中风辞世。

在施特雷泽曼的继任者恩斯特·绍尔茨④的领导下，德国人民党明显右倾。这增加了在德国最大的内政问题上

---

① Berliner Vertrag：1926 年 4 月 24 日魏玛共和国与苏联签订的友好条约，是 1922 年《拉巴洛条约》的延续，旨在向苏联表明德意志帝国尽管与西方国家签订了《洛迦诺条约》，但仍然愿意与其合作；但该条约鲜有新意。

② Hermann Müller（1876—1931）：德国政治家，1919—1928 年任社会民主党主席之一。

③ Young-Plan：由美国实业家、商人、律师及外交官欧文·D. 扬格（Owen D. Young）于 1929 年提出的计划，借以协助德国在第一次世界大战后支付赔款。

④ Ernst Scholz（1874—1932）：德国法学家、政治家，曾在魏玛共和国担任经济部部长。

寻求妥协的困难：重新修订 1927 年引入的失业保险制度　72
（Arbeitslosenversicherung）。这项制度不是为德国 1929 年
秋以来经历的那种严重的经济危机设计的，因此必须改革。社
会民主党人和工会主张增加（由雇主和雇员均摊的）费用，而
德国人民党和企业主联合会要求减少缴费。中央党议会党团主
席海因里希·布吕宁 ① 希望推迟讨论这一争端的主要问题，他
提出的最后一项妥协建议遭到社会民主党的反对而未能通过。
1930 年 3 月 27 日，赫尔曼·穆勒政府下台。这是魏玛共和国
最后一届获得议会多数支持的政府。心明眼亮的政治精英和观
察家们对这一事件的后果不再有任何疑惑：德国总统的时机到
来了。

　　接替穆勒担任德国首相的海因里希·布吕宁领导的是一个
资产阶级少数派内阁，这实际上已经是一个隐性的总统制内
阁。因为与前任社会民主党不同，中央党的政治家布吕宁有理
由相信，如果政府提案无法在国会获得多数支持，则兴登堡可
以经由《魏玛宪法》第 48 条授权继续帮助他。实际情况正是
如此。政府在税务委员会和国会全体大会的表决中先后失利，
于 1930 年 7 月 16 日第一次颁布了两部关于重组国家财政的紧
急条例。7 月 18 日，德国国会要求废除这两部条例，总统就
像此前公开宣布的那样解散了国会，决定 1930 年 9 月 14 日举
行新的国会大选。7 月 26 日，他颁布了一部消除财政、经济
和社会紧急状态的新的紧急条例。该条例主要规定了向领取固
定工资者（Festbesoldete）提供"国家援助"（Reichshilfe），
并把失业保险的保费从税前收入的 3.5% 提高到 4.5%。　73

---

①　Heinrich Brüning（1885—1970）：德国政治家，魏玛共和国末期（1930—1932
　　年）任总理。

从隐性总统制到公开总统制的过渡符合兴登堡及其幕僚即"阴谋集团"（Kamarilla）1929 年末以来提出的设想。同时，他们能确保得到军队领导层、中央工业联合会、全国农村同盟和政治右翼的支持。政治精英们同意取消议会制将导致政治激进化。实际上，1929 年以来的诸多迹象表明共产党和社会民主党的力量壮大了——后者壮大的规模比前者大得多。在图林根的选举中大获全胜后，阿道夫·希特勒的党派于 1930 年 1 月任命了魏玛共和国的内政与国民教育部部长。①

1930 年 9 月 14 日的国会选举无异于一场政治地震。纳粹党②赢得了 18.3% 的选票，成为仅次于社会民主党的第二大党；社会民主党 1928 年 5 月赢得了 29.4% 的选票，此次得票减少至 24.5%。在选战中主要和社会民主党对抗的德国共产党得票率从 10.6% 上升至 13.1%。这样一来，布吕宁政府在议会中获得的支持比原先更少了。如果政府想获得权力，就得依靠社会民主党人的支持。

1930 年 10 月，社会民主党内部经历了激烈冲突之后打算与布吕宁政府建立"宽容联盟"（Tolerierungsbündnis）实际上有多种原因。一方面，这个最大的民主党试图避免更明显的右倾（如以德国民族人民党和纳粹党为核心的政府形式）。另一方面，社会民主党必须保证在普鲁士继续掌权。多年来，

---

① 1926 年，希特勒青年团（Hitler-Jugend）在魏玛共和国第二届纽伦堡纳粹党代会上成立。纳粹党 1930—1931 年接管了图林根州政府，并任命威廉·弗里克（Wilhelm Frick）担任魏玛共和国历史上首任内政与国民教育部部长。

② NSDAP：全称"民族社会主义德意志工人党"（Nationalsozialistische Deutsche Arbeiterpartei），通称"纳粹党"（Nazi），是 20 世纪上半叶的一个极右翼政党，创立于魏玛共和国时期，前身为 1919 年创立的德国工人党，1920 年更名，后由希特勒领导。纳粹党在 1932 年的德国议会选举中获胜，希特勒也于 1933 年出任德国总理。

社会民主党在普鲁士任命奥托·布劳恩 ① 担任魏玛联合政府
（Weimarer Koalition）首脑。如果说社会民主党导致了布吕
宁的倒台，则布劳恩必须考虑到他可能会被中央党推翻。一旦
失去普鲁士总理（Ministerpräsident）和内政部部长的职位，74
社会民主党就将失去对普鲁士这个德国最大邦国的警察控制
权，而警察是对付极右和极左势力最重要的力量。最终，社会
民主党和布吕宁政府在这个问题上达成了原则性共识：社会民
主党人也相信德国在魏玛共和国的"美好年代"（gute Jahre）
过得太奢侈了，因此必须节俭。

　　作为对其宽容的"回报"，社会民主党可以不时强迫政府
在社会政治方面作出一些让步。紧急条例的强硬程度几乎没
有因此而减弱。从 1930 年 10 月以来的情况看，从这种政治
局势中受益的是最激进地反对这个民主共和国的反对派——
纳粹党人比共产党人从中受益要多得多。德国国会自行放弃
了权力，这给希特勒提供了从此以后同时就两方面发声的机
会：一是激起对所谓的"非德国议会民主制"（undeutsche
parlamentarische Demokratie，这种制度实际上在当时已经
失败了）的广泛不满；二是呼吁俾斯麦时代以来已经过书面确
认的、德国民众以普遍平等的选举形式参与政治的权利——自
从过渡到总统制政府以来，这种权利在很大程度上形同虚设。

　　因此，1930 年以来，希特勒是从前帝国民主化不均衡发
展的最大受益者：普遍平等的国会选举权被早早引入，议会制
却姗姗来迟——1918 年的战败就是后者的标志。但社会民主党的
"宽容政策"还为希特勒提供了一个额外的好处：社会民主党
决定扮演"半政府"（halbgouvernementale）角色之后，希特

---

① 　Otto Braun（1872—1955）：德国社会民主党政治家，曾任魏玛共和国普鲁士邦
　　总理。

勒得以将纳粹党人作为唯一真正的反对派力量。

75　　德国首相布吕宁不仅出于国家财政原因相信其通货紧缩政策是不可避免的，也是为了向第一次世界大战的战胜国展示：战争赔款使德国经济不堪重负，导致了社会贫困和政治激进化——在保守的德国持这种观点者大有人在。从这个视角出发，放弃严格的紧缩政策使人难以相信德国迫切要求彻底修订"扬格计划"。因此，布吕宁政府不会考虑这种选择。

　　1931 年 6 月 5 日颁布了一项新的紧急条例。该条例的社会难度（soziale Härten）超出了人们的最坏预期。失业保险的支持费率（Unterstützungssätze）平均降低了 10%—12%；公务员和雇员不得不接受 4%—8% 的减薪幅度。在普遍的愤怒呼喊中，社会民主党人也发声附和。认为德国濒临破产甚至处于内战边缘的布吕宁拒绝了社会民主党人召开国会，或者至少召集预算委员会开会的要求。为了使社会民主党人作出让步，他威胁要解散普鲁士联合政府——这一步确实起了作用。社会民主党人撤回了他们要求召开预算委员会会议的申请。

　　社会民主党的困境无法破解。理论杂志《社会》（*Die Gesellschaft*）出版者、前独立社会民主党党员、曾经两度担任财政部部长的鲁道夫·希法亭[①]1931 年 7 月在该杂志中认为自己的党派"处境悲惨"：之所以出现这种悲剧是由于严重的经济危机遇上了 1930 年 9 月 14 日选举引发的政治紧急状态。

76　"德国国会是个反议会制的议会，其存在危及民主、全体工人和外交政策……坚持民主，反对拒绝民主制度的多数，而且以使议会制发挥作用的民主宪法为政治手段，这是摆在社会民主

---

①　Rudolf Hilferding（1877—1941）：奥地利马克思主义经济学家、社会主义理论家、政治家、内科医生，魏玛共和国时期德国社会民主党首席理论家。

党面前的像'化圆为方'般不可能完成的任务——一种真正的前所未有的情况。"9

为了坚持"宽容政策"，对社会民主党人来说，1931年夏季也不存在其他可行的选择，因为1932年春季即将举行德国总统选举。只有与温和的资产阶级党派以及他们支持的布吕宁政府合作，社会民主党才有希望阻止纳粹党人（很可能是希特勒）获胜。布吕宁相信这一点，因此他力促当时84岁的总统保罗·冯·兴登堡再次参加竞选。实际上，根据当时的情况，没有申请人有实际的机会让希特勒屈居第二。社会民主党最终也无法对这种看法置之不理。该党的口号"打败希特勒！选举兴登堡！"起了决定性作用。在1932年3月13日的第一轮选举中，兴登堡与绝对多数票只是"擦肩而过"。4月10日，在只要获得相对多数票即可获胜的第二轮选举中，兴登堡获得了53.1%、希特勒获得了36.8%、德国共产党主席恩斯特·台尔曼 ① 获得了10.2%。

没过几个星期，布吕宁的总理就做到了头，总统制政府的温和阶段也随之结束。5月30日，兴登堡解除了这个助他再次当选总统的头号功臣的职务。德国总统抱怨称，他重返总统府并非归功于"作为国家的"（national）德国，而是归功于社会民主党人和天主教徒。1932年5月，东普鲁士的庄园主们［指责出身中央党的总理实施的是"农业布尔什维克" （agrarbolschewistische Politik）政策］和国防部部长办公室主任、投身政治的库尔特·冯·施莱谢尔 ② 将军敦促解除布吕宁的职务，并推行更强硬的右翼路线。在施莱谢尔的敦促下，1932年6月1日接替布吕宁职务的是当时中央党在普鲁

① Ernst Thälmann（1886—1944）：德国魏玛共和国时期的政治家。

② Kurt von Schleicher（1882—1934）：德国将军，魏玛共和国的最后一任总理。

士邦议会的右翼成员、威斯特法伦地主弗朗茨·冯·帕彭[1]，他曾是总参谋部的军官。随着其"男爵内阁"[2]的组建，总统制政权公开反对议会制的阶段开始了。

帕彭上台后首先采取的行动之一是撤销当年 4 月作出的取缔希特勒党属军队（Parteiarmee）——"冲锋队"（SA）和"党卫军"（SS）的决定。这位新总理由此实现了新任国防部部长施莱谢尔 4—5 月在秘密谈话中对纳粹党领袖希特勒所作的一项承诺。这一举措导致德国各个领域的政治暴力升级。6 月 4 日，德国总统应总理请求解散了国会，决定 7 月 31 日重新举行大选，由此兑现了施莱谢尔的另一项承诺。

1932 年 7 月 20 日发生了"普鲁士政变"（Preußen-schlag）：自 4 月 24 日邦议会选举之后就不再获得议会多数票支持、只是主持日常工作的奥托·布劳恩联合政府被以无法继续维护公共安全和秩序为由推翻，一个由总理领导的国家专员政府（Regierung der Reichskommissare）取而代之。

社会民主党和工会没有反抗。鉴于失业人数巨大（1932 年 6 月官方统计的失业人数为 550 万人，实际失业人数更多），不可能举行总罢工；由于社会民主党和德国共产党对立严重，同样也不大可能像 1920 年"卡普政变"那样组建共同的左翼工人阵线。这个德国最大的民主党派没有作好武装斗争的准备——根据局势他们必败无疑。此时，他们也别无选择，只能作为

① Franz von Papen（1879—1969）：德国政治家和外交家，曾在 1932 年担任德国总理。

② Kabinett der Barone：指 1932 年 6 月 1 日至 12 月 3 日，由帕彭领导的魏玛共和国总统制政府。从帕彭到各部部长几乎全都是无党派、出身贵族或具有学术背景的专业人士，因此该政府被戏称为"男爵内阁"。"男爵内阁"这一说法据说是由纳粹宣传部部长戈培尔首先提出的。

国家的联合执政党（Staatstragende Koalitionspartei），同时准备成为领导内战的党派——但这在客观上是不可能的。社会民主党之所以能够长期在普鲁士处于统治地位，是因为它是一个忠于宪法和法律的政党。被罢免的政府能做的只是向位于莱比锡的帝国法院的国家法庭（Staatsgerichtshof am Reichsgericht）起诉。普鲁士历史上这民主的一章在1932年7月20日结束了。

1932年7月31日的国会大选中，纳粹党以37.4%的得票率胜出。该党从温和的右翼党派和自由的中间党派那里争取到大部分选民，并且赢得了大量刚刚获得选举权的选民，以及此前有选举权但未参加投票的选民。但即便纳粹党与传媒巨头阿尔弗雷德·胡根贝格①领导的、1928年以来急剧右倾的德国民族人民党联合也无法形成右翼多数。社会民主党人提出的"在票箱旁就'普鲁士政变'给帕彭政府一个答复"的口号没有奏效：其得票率从24.5%下降至21.6%。这些专制政党联合起来在议会中占有绝对多数席位。1932年7月31日的国会选举首先是一次反对民主制度的表决。

兴登堡不想按照希特勒的要求任命他为总理。1932年8月13日，他在和这位纳粹党首直接会谈时宣布，"如果把政府的全部权力交给一个政党，而且是一个片面反对异见人士的政党"，他"无法对上帝、对自己的良知和祖国负责"。[10]对希特勒来说，总统相应的官方通报是他1923年11月8—9日在慕尼黑发动政变失败以来最深重的屈辱。希特勒以赤裸裸的恐吓对帕彭的表态作了答复：以后他将不再坚持自己目前所执行的具有正规合法性的路线。

从1932年7月31日国会大选的结果看，几乎不可能为

①　Alfred Hugenberg（1865—1951）：德国商人、政治家。

德国 1930 年陷入的国家危机找到一种符合宪法的解决方案。8月 30 日，兴登堡在其位于东普鲁士的领地奥格罗杰涅茨[①] 和总理弗朗茨·冯·帕彭、国防部部长库尔特·冯·施莱谢尔以及内政部部长威廉·冯·盖尔[②] 举行了一次会谈，表示打算解散国会，但不在宪法规定的 7 天期限内重新组织大选，而且没有宣告进入这种超越法律的国家紧急状态。9 月 12 日的国会会议上，帕彭在关键时刻没有使用总统解散国会的"解散令"（Auflösungsorder）。新当选的国会总统、纳粹党人赫尔曼·戈林[③] 利用了总理的疏忽，在一次会议休息期间发起了对共产党人的不信任案投票。他以德国民族人民党和德国人民党 512 票对 42 票的绝对优势反对帕彭政府。从法律上来说，这次表决无关紧要，因为国会当时已经解散了。但总理的威望受到重创，以至于他不敢再贸然违反宪法宣布推迟举行新的大选。9 月 17 日，新的大选日期确定为 1932 年 11 月 6 日。

在此期间，帕彭像内政部长戈林此前所做的那样为修改宪法造势，目的是建立一个"新的国家"，这个国家将不再适用普遍平等的选举权，而将适用给养家糊口者和母亲额外选票的"多数选举权"[④]，以及一种人民代表制，其中包括一个由专业人士构成的上议院。1932 年 10 月 12 日，帕彭在慕尼黑对巴伐利亚工业界发表演讲时（这可能是受他后来的顾问、演讲稿撰写

80

---

① Neudeck（波兰语：Ogrodzieniec）：原属东普鲁士、今属波兰北部的一个村庄，德语译名为"纽德克"，因曾是德国总统兴登堡的居住地而闻名。

② Wilhelm von Gayl（1879—1945）：德国法学家、民族主义政治家。

③ Hermann Wilhelm Göring（1893—1946）：纳粹德国党政军领袖，与"元首"希特勒关系极为亲密，在纳粹党内影响巨大，担任过德国空军总司令、"盖世太保"首长、"四年计划"负责人、国会议长、冲锋队总指挥、经济部部长、普鲁士总理等涉及党政军三部门的诸多重要职务，曾被希特勒指定为接班人。

④ Pluralwahlrecht：一种某些人比其他人拥有更多选票（优先选票）的选举制度。这一概念在很大程度上与"多数投票权"（Pluralstimmrecht）同义。

者和所谓"保守革命"①的著名作者之一埃德加·荣格②的影响）恳求"神圣帝国——这是神圣罗马帝国坚不可摧的观念——看不见的力　量（unsichtbaren Kraftstrom des sacrum imperium）"。[11]这次演讲是一份具有典型时代色彩的文献：魏玛共和国失去的依靠越多，神圣罗马帝国（它不止是个民族国家，因此有一种特殊的欧洲使命）的神话在保守的德国就越发熠熠生辉。当帕彭试图把他努力建立的专制的"新国家"与帝国观念相联系，在意识形态甚至伪宗教上将其拔高时，他就和大部分右派知识分子站在同一阵线上了。

　　11 月 6 日举行了 1932 年的第二次国会选举，投票率为 80.6%，明显低于 7 月选举时 84.1% 的投票率。亲政府的德国民族人民党获得的选票增加了 90 万张，得票率从 5.9% 增至 8.3%，成为最大的赢家。但成绩"突出"的是纳粹党：和 7 月 30 日的选举相比，该党损失了 200 多万张选票；得票率由 37.3% 下降至 33.1%，议席数由 230 席减少至 196 席。

　　德国国内外不少观察家已经认为希特勒必败无疑，但作出这种判断还为时过早。他仍然是遥遥领先的最大党派的党首，选举结果也包含一个正中他下怀的因素：纳粹党的损失和共产党的受益同时出现。德国共产党获得的选票比 7 月大选时增加了将近 70 万张，获得了不可思议的 100 个议席，得票率为 16.9%，仅比被其视为"社会法西斯分子"

---

①　Konservative Revolution：由瑞士思想史家亚民·莫勒尔（Armin Mohler）提出的至今仍极具争议的集合概念，用于指称魏玛共和国时期成长起来的意识形态潮流及其代表人物；总的来说，这些人具有十分强烈的反自由、反民主与反平等的思想，他们的右派保守主义（Rechtskonservatismus）与传统意义上德国中央党或德国民族人民党的保守主义概念有着本质上的不同，其思想也并没有体现在某一个政党纲领中。"保守革命"在历史科学上常常与纳粹主义联系在一起。

②　Edgar Jung（1894—1934）：德国记者、政治家和时事评论家，魏玛共和国时期"保守革命"的重要代表人物，1934 年被纳粹谋杀。

81 （Sozialfaschisten）的对手社会民主党少 3.5 个百分点。一个公然声称支持暴力颠覆、无产阶级革命和"苏维埃德国"的党派在选举中获胜，不仅在保守派精英和资产阶级中，也在社会民主党的工人阶级中引发了德国人对混乱和内战的原始恐惧。这种恐惧在此后几个星期内成了希特勒最重要的"盟友"。

　　1932 年 11 月大选之后，建立一个在议会中获得多数支持的政府的希望与 7 月大选之后一样渺茫。希特勒提出了让渡总理职位和获得《魏玛宪法》第 48 条授权的要求。对此，兴登堡在 11 月 19 日、11 月 21 日同这位纳粹党首的两次会谈以及 11 月 24 日的官方通告中，就像 8 月 13 日那样明确表示了拒绝。兴登堡总统此举也置大地主、银行家和工业家（他们主张把总理职位转让给纳粹党首）的呼声于不顾。

　　在和挑选出的党派领导人进行了一系列谈话之后，兴登堡决定，不能再回避国家实行紧急状态，即解散国会、无限期推迟新的大选。在只是暂时主持工作的帕彭政府中，兴登堡受到了严重质疑。11 月 26 日，这位总统最终勉强采纳了施莱谢尔的建议，看再次组建总统制政府能否获得广泛的社会和政治支持，并对施莱谢尔下达相应的任务。

　　出现在国防部部长施莱谢尔面前的是一种"前沿交叉"①——包括从自由工会人士到纳粹党中以"组织部部长"（Reichsorganisationsleiter）格雷戈尔·施特拉塞尔②为首、被认为推行"现实政治"（realpolitisch）的派别。此后几天，

82 施莱谢尔在与全德工会联合会（das Allgemeine Deutsche

---

① Querfront：指魏玛共和国时期保守派与极左革命者之间的合作，这一概念现在也用于形容左翼和右翼团体之间的相互合作和交叉渗透。

② Gregor Strasser（1892—1934）：德国政治家、纳粹党知名人物，曾是希特勒的政治对手，1934 年于"长刀之夜"被谋杀。

Gewerkschaftsbund）主席特奥多尔·雷帕特 ① 及社会民主党在国会的议会党团主席鲁道夫·布赖特沙伊德 ② 等人进行会谈时取得了突破。施莱谢尔政府在议会中还是无望获得多数支持，但这位国防部部长至少可以认为，由他领导的政府和兴登堡优先考虑的解决方案——以帕彭为首的"总统制斗争内阁"（ein präsidiales Kampfkabinett）——相比不会遇到那么大的阻力。大多数政府成员也这样认为。德国国防军的"沙盘推演"展示了同时在纳粹和共产主义两条战线作战的风险，让兴登堡对其紧急状态方案敬而远之。12 月 3 日，他在保留施莱谢尔国防部部长职务的情况下又任命其为总理。

　　施莱谢尔政府的短暂历史也是人们努力推翻"社会将军"（der soziale General，施氏喜欢这样自称）的历史。其中身先士卒的是前任总理。始终深得兴登堡信任的帕彭 1932 年 12 月以来一直努力与希特勒达成一致，同时也不排斥希特勒担任总理。1933 年 1 月 7 日由于帕彭在科隆银行家库尔特·冯·施罗德 ③ 的住所与希特勒会谈而成为一个重要的日子。他向莱茵河与鲁尔河畔一些与自己关系密切的重工业家以及兴登堡汇报了谈话的过程，也把他认为合适的内容汇报给施莱谢尔。

　　1 月 11 日，一个颇有影响力的利益团体——易北河东岸庄园主操纵的"德国各邦联合会"（Reichslandbund）向施莱谢尔政府宣战。该团体指责施莱谢尔政府的政策对农业不利（德国民族人民党很快表示赞同），这很容易让人联想到

---

① Theodor Leipart（1867—1947）：德国工会领导人。

② Rudolf Breitscheid（1874—1944）：德国政治家，开始时属于左翼自由派，后成为自民党领导人。

③ Kurt von Schröder（1889—1966）：德国银行家，曾任纳粹党地区经济顾问和党卫军旅长。

83　1932 年 5 月大地主反对布吕宁的运动。1 月 16 日，施莱谢尔建议政府解散国会并把重新举行大选推迟到 1933 年秋天。部长们此时相信"反对政府的统一战线"已不复存在，因此没有人提出异议。[12] 然而 1 月 23 日施莱谢尔向兴登堡提出这一建议时，兴登堡却拒绝了。与 1932 年 8 月和 11 月不同，这次他提出建议的理由是：这样做会使国家总统受到破坏宪法的指责。

　　兴登堡此时已经得知帕彭和希特勒前一天又进行了一次会谈，总统的儿子奥斯卡·冯·兴登堡① 和总统办公室国务秘书（原文为 Staatssekretär，维基百科显示其职务为总统办公室主任）奥托·迈斯纳② 也参加了会谈。兴登堡对施莱谢尔的保留态度显然和前些日子随着"东部援助丑闻"（Osthilfeskandal）③ 被揭露，此事细节被公之于众有关——这些细节看起来也连累了兴登堡父子。德国总统显然希望政府与自己——国家元首——团结一致，但这种情况并没有出现，现在倒成了施莱谢尔的负担。

　　1932 年 1 月 28 日，再次请求解散国会无果之后，施莱谢尔辞职卸任。随后，德国总统正式委托帕彭进行试探性谈话以澄清局势。柏林立即谣言四起，传言即将组建帕彭或胡根贝格领导下的德国民族人民党的"战斗内阁"。对民主党派、工会

---

① Oskar von Hindenburg（1883—1960）：德国陆军中将，魏玛共和国总统兴登堡之子。

② Otto Meissner（1880—1953）：德国外交官、政府高级官员，1920—1945 年任总统府办公室主任。

③ Osthilfeskandal：一场发生在德意志帝国的公共财政丑闻，起因是原本用于振兴东普鲁士容克庄园的资金遭到滥用；这笔资金被当地的管理人员中饱私囊并挥霍一空，而没有投入该地区迫切需要的经济重建。丑闻发酵之后的报纸调查和政治危机终结了埃里希·鲁道夫领导的军政府，并进行了十多年来的首次公开大选，推举阿尔弗雷德·冯·蒂尔皮茨（Alfred von Tirpitz）担任总理。

和企业家联合会而言，这样一种政府是所有危机解决方案中最危险的。

实际上，帕彭在和兴登堡协商一致后已经改变了方向：建立一个以希特勒为总理、由保守的部长主导、让纳粹党人保持少数派地位的政府，是当时在兴登堡一派看来危险最小甚至是避免内战的唯一的危机解决方案。按照保守派人士的想法，应该以这种方式束缚和驯服纳粹党人，把他们转变为旧精英实施统治的"受欢迎的道具"。旧精英们需要民众的支持，这是兴登堡周围"具有威廉时代遗风"的人物从德国国家危机初始到目前为止的发展中吸取的教训。和希特勒签订协议是出于与国内大众结盟的考虑：人们需要国内大众，以牵制其他（受国际主义或"马克思主义"影响的）民众，最终摆脱魏玛共和国的民主体系。

兴登堡 1933 年 1 月 30 日任命的"国民集中政府"（Regierung der nationalen Konzentration）符合其设计的构想。除了希特勒，只有两名纳粹党人是政府成员：内政部部长威廉·弗里克 ① 和赫尔曼·戈林（保留国会主席职位，担任不管部长、国家航空专员和负责内政事务的普鲁士副专员）。帕彭任副总理和普鲁士专员；德国民族人民党主席阿尔弗雷德·胡根贝格任德国兼普鲁士经济和粮食部部长；准军事组织"钢盔团"（Stahlhelm）的联邦领导人弗朗茨·塞尔特 ② 任劳动部部长。国防部部长维尔纳·冯·勃洛姆堡将军 ③ 是兴登堡亲自选拔，

①　Wilhelm Frick（1877—1946）：德国纳粹官员，曾任纳粹德国内政部长，1945年德国战败投降后被盟军拘捕，1946 年的纽伦堡审判中以战犯身份被处绞刑。

②　Franz Seldte（1882—1947）：德国政治家、企业家，建立和领导了在魏玛共和国时期颇有政治影响力、名为"钢盔"的右翼国防协会，1933—1945 年任德国劳动部部长。

③　Werner Eduard Fritz von Blomberg（1878—1946）：又译布隆伯格，纳粹德国陆军元帅，曾任纳粹德国国防部部长、德意志国防军总司令，1945 年被盟军拘捕，1946 年 3 月于扣留期间在纽伦堡的监狱中病逝。

甚至违反《魏玛宪法》在希特勒任职之前就任命的。

任命希特勒为总理并不是随着 1930 年 3 月 27 日大联盟的破裂而出现、自 1932 年 5 月 30 日布吕宁被解职以来进一步深化的德国国家危机不可避免的出路。兴登堡尽量避免和施莱谢尔分道扬镳，避免再出现他从前迫不得已用帕彭替换布吕宁的局面。兴登堡本可以在国会不信任案投票之后继续让施莱谢尔担任主持日常工作的政府首脑，或者用一个不走极端、"超越党派"、"无政治立场"的总理取而代之。违反宪法、延迟举行大选无论如何都不是避免希特勒担任总理的唯一选择。而兴登堡到头来决定采取这种方案，将其对希特勒的担忧置于脑后，是受了那些迫使他走这条道路的人的影响。

因此，1933 年 1 月 30 日既不是目前发展的必然结果，也不是偶然现象。希特勒受到的广泛支持使他有可能获得任命，但只有兴登堡的意志和希特勒所代表的小环境有意为之，希特勒才能成为总理。旧精英中的政治强人努力从危机中找到这条出路，这和纳粹党门庭若市一样，是由来已久的社会事实。如果说魏玛共和国这个德国历史上第一个共和国的崩溃有"最后一层"原因的话，那就是 19 世纪德国自由问题的历史累赘（die historische Verschleppung），以及魏玛民主国家是从第一次世界大战的失败中诞生的：在 1930 年之后的世界经济危机中，这个历史负担对年轻的魏玛共和国而言过于沉重。

4　德国的灾难

1933 年 1 月 30 日不仅仅标志着魏玛共和国的终结。随着
权力移交给希特勒，德国开始激进地偏离早在过渡到议会制民
主国家之前就已经具备的国家形态：法治和宪法国家。纳粹党
人决定和德国的这一传统决裂，这在其极端反犹主义中就有体
现。不论"犹太人问题解决方案"（Lösung der Judenfrage）
看起来如何，一旦他们掌权，有一点在 1933 年就很清楚了：
他们将在解放犹太人（Judenemanzipation）的问题上倒行逆
施，从而废除"公民在法律面前一律平等"这个法治国家的基
本原则。

纳粹党在 1930 年代初为选举造势时另有其他主题：发起
斗争反对"言听计从的"《凡尔赛和约》、"扬格计划"和"扬
党派"，反对国际金融资本、布尔什维克主义和马克思主义，
反对魏玛共和国的"体制"（System）。民族社会主义德意志
工人党以强有力的领导应对政党政治的碎片化，以民族共同体
（Volksgemeinschaft）应对阶级斗争，以一种狂热的民族主义
应对国际主义。作为唯一的德国党派，纳粹党 1932 年提出了
相对字斟句酌的《扩充就业面纲领》[①]。"工作和面包"（Arbeit
und Brot）是他们最成功的竞选口号：凭借这一承诺，希特勒
的党派得以在农民、手工业者、公务员和雇员之外争取到大量
的工人和失业者。魏玛共和国末期，从社会学角度观察，纳粹
党比其他任何德国政党都更像一个"全民政党"[②]。

在魏玛共和国的最后几年，希特勒几乎没有提及 1924

---

① Arbeitsbeschaffungsprogramm：旧译为《关于缩减失业人数的法令》。

② Volkspartei：德国政治概念，指原则上对所有社会阶层、不同年龄和世界观的的选
  民和成员都开放的政党。

年被囚禁在兰茨贝格 ① 期间在其自白书《我的奋斗》(*Mein Kampf*)中写下的对外政策目标。如果提及占领东部的生存空间，也就是下一场战争的话，就不会吸引选民，反而会把他们吓跑。但他当时设想的计划无论如何都没有被遗忘或者放弃。1933 年 2 月 3 日，也即被任命为总理 4 天之后，希特勒在对陆军和海军指挥官的一次秘密演讲中提出了他真正的计划："铲除马克思主义，将其连根拔起……对国家实施最严厉的专制统治。铲除民主制度的毒瘤！……建立德意志国防军是实现重新获得政治权力这一目标最重要的前提条件。必须恢复实施普遍兵役制……赢得政治权力后应该如何行使？现在还不好说。或许用于争取新的出口机会，或许——这可能更好——用于占领东部新的生存空间，以及肆无忌惮地对这一地区进行日耳曼化（Germanisierung）。"1

其他一切的前提条件是赢得话语权，甚至在德国垄断话语权：操纵整个国家——也包括那些到目前为止不愿接受纳粹主义的德国人——的思想和感觉的权力。希特勒对这种必要性非常清楚。在这种情况下，其对"帝国"（Reich）的崇拜发挥了突出作用。1941 年 12 月 18 日，上台将近 9 年之后，希特勒在其位于东普鲁士拉斯滕堡（Rastenburg）"狼穴"（Wolfsschanze）② 的元首大本营谈到了当时令他担心的问题。"我告诉自己，1933 年无异于一种存在千年的状态的翻新。帝国这一概念在当时几乎销声匿迹，但今天在我们这里甚至

---

① Landsberg：德国巴伐利亚州上巴伐利亚行政区莱希河畔的一座城市，1923 年希特勒因在慕尼黑参与"啤酒馆暴动"发动政变未遂而被宣判犯有叛国罪，一度被囚禁在兰茨贝格监狱，并在狱中完成了《我的奋斗》一书。

② Wolfsschanze：第二次世界大战期间希特勒的一个军事指挥部的代号，因为希特勒使用狼的绰号而得名；位于当时德国东普鲁士的拉斯滕堡（战后属于波兰），是为 1941 年的"巴巴罗萨计划"而修造的，由一系列地堡和碉堡组成，四周有铁丝网围绕。

在全世界所向披靡：不论在哪儿，人们谈到德国都像在谈论帝国。"[2]

　　希特勒高估了自己的"功劳"（Verdienst）。在民众普遍受过教育的德国，德意志神圣罗马帝国早在1933年之前就已经觉醒为新的——虽然只是想象中的——伟大存在。这是右翼知识分子对魏玛共和国和1919年、1871年两个《凡尔赛和约》的回答。1923年，即法国和比利时占领鲁尔区的那年，"保守革命"的先锋之一亚瑟·穆勒·范登·布鲁克①出版了他被纳粹党人欣然接受的《第三帝国论》（*Das Dritte Reich*）一书。在经历了第一帝国（德意志民族神圣罗马帝国）和第二帝国（俾斯麦建立的"小德意志"帝国，该书把第二帝国归入了不完整的"中间帝国"）之后，"德意志第三帝国"应该是"大德意志"的，也就是说应该包括奥地利在内。穆勒把德国的民族主义称作"终极帝国的斗士"（Streiter für das Endreich）："总是在预告，但从来不会实现。这是只有在不完美中才能实现的完美……只有一个帝国，就像只有一个教会一样。其他要求使用这样的名字的就是国家（Staat），或者是教区（Gemeinde）和教派（Sekte）。只存在'这个帝国'（Das Reich）。"[3]

　　希特勒上台时，从某些方面看可以说为他提供的舞台已经准备好了。这个纳粹元首虽然追求比"保守革命"派的知识分子激进得多的目标，但由于二者的意见多有分歧，后者成了一种对知识没有多少需求的纳粹主义的"知识后备军"（intellektuelle Reservearmee）。在他们的帮助下，帝国的

---

①　Arthur Moeller van den Bruck（1876—1925）：德国文化历史学家和作家，代表作是1923年出版的引起争议的《第三帝国论》，该书促进了德国民族主义的发展，并对保守革命运动和后来的德国社会主义工人党产生了巨大影响。

神话成了希特勒和大部分受过教育的德国人之间的桥梁。帝国观念（die Reichsidee）就是对德国中世纪的强盛和对德国人超民族使命（抵御来自异教东方的危险）的回忆。"帝国"意味着由德国决定的欧洲秩序；它是德国对 1789 年和 1917 年革命的回应。希特勒本能地发现了帝国思想复活中蕴藏的这些可能性，这是他取得"成功"的条件之一。通过这种方式，他得以从一开始就赋予总理职务一种更高的甚至近乎历史神学的意义。

　　国会解散后，总统在 1933 年 2 月 1 日下令于 3 月 5 日重新举行大选，德国历史上一场前所未有的选战也即将开始。这场选战充斥着纳粹的恐怖行径，受害的主要是共产党人和社会民主党人。2 月 17 日，作为普鲁士代理内政部部长的戈林要求警察在不确定的情况下格杀勿论。5 天后，他动用冲锋队、党卫军和"钢盔团"作为志愿"辅警"（Hilfspolizei）。

　　又过了 5 天，也即 2 月 27 日，国会大厦发生火灾。这次纵火不论是荷兰无政府主义者马里努斯·范·德·卢贝 ① 的个人行为（这是史学界的主流观点），还是纳粹党人贼喊捉贼，在今天仍有争议。希特勒政府罔顾事实，声称共产党人是这次罪行的幕后主使，因此在国会纵火案之后禁止共产党的报刊发行，同时暂时禁止发行社会民主党的报刊，关闭德国共产党的党部办公室，并对该党所有议员和官员实施"保护性拘留"（Schutzhaft）。2 月 28 日颁布了保护人民和国家的紧急条例，该条例规定暂时取消最重要的基本权利，引入死刑，用于处罚包括纵火罪在内的恐怖罪行。根据《魏玛宪法》第 48 条制定

---

① Marinus van der Lubbe（1909—1934）：荷兰共产党党员、建筑工人，1933 年 2 月 27 日因在德国国会大厦纵火被判死刑，该事件被称为"国会纵火案"。

的这项紧急条例在某种程度上意味着法治国家在德国的消亡。

1933 年 3 月 5 日的国会选举中，希特勒政府胜出。纳粹党获得了 43.9% 的选票，其执政伙伴德国民族人民党［该党与帕彭、不受党派限制的保守派政治家组成了"黑白红战线"（Kampffront Schwarz-Weiß-Rot）］获得了 8% 的选票。这两个党联合起来在议会中拥有明显多数席位。和其他党派相比，受到纳粹党更加严酷迫害的共产党在选举中损失惨重，社会民主党相比之下损失不大。两个天主教政党，即中央党和巴伐利亚人民党反而取得了好成绩。自由派政党即德国人民党和德国国家党（德国民主党 1930 年后自称"德国国家党"）只获得了 1.1% 和 0.9% 的选票。

希特勒在大选中获胜后发生了纳粹党所谓的"民族革命"（nationale Revolution）。该事件最重要的结果之一是"平等对待"（Gleichhaltung）各州以及夺取城市和乡镇的权力。长期以来，被捕的政敌就没有被尽数移交给警方。冲锋队和党卫军常常自行执法。柏林及其周边地区出现了第一批野蛮的集中营，"布尔什维克"和"马克思主义者"在那里受到无情的打击报复。1933 年 7 月，在冲锋队的恐怖行径接近尾声时，德国还有近 27000 名"保护性囚犯"（Schutzhäftlinge），仅普鲁士一地就有 15000 名。

"民族革命"也包括由冲锋队组织的集体迫害（Pogrome），主要针对犹太律师、法官和具有公务员地位的医生（beamtete Ärzte），以及犹太剧院、卡巴莱①、珠宝店、服装店、银行和百货商店等的暴力行为。相反地，3 月 12 日发布

---

① Kabarett：一种起源于 1880 年代的法国、兼具喜剧、歌曲、舞蹈及话剧等元素的娱乐表演，盛行于欧洲，表演场地主要为设有舞台的餐厅或夜总会，观众在里面用餐并观看表演。

91

的一道违反宪法的总统紧急条例则具有"官方"特征：象征共和国的"黑红金"三色旗被共同升起的德意志帝国"黑白红"三色旗和纳粹党人的"带钩十字旗"替代，国旗问题由此得以解决。

兴登堡的《国旗公告》（Flaggenerlass）是"波茨坦日"（Tag von Potsdam）的前奏。3 月 21 日，在普鲁士的秘密首都波茨坦，在兴登堡、军队领导人和威廉王储（他是在荷兰流亡的原德皇威廉二世的儿子）在场的情况下，在两个大基督教会的祝福中举行了新国会大厦的启用典礼，普鲁士的传统被象征性地用于为"民族革命"服务。庆典活动没有"马克思主义者"参加：共产党议员要么被逮捕，要么销声匿迹；社会民主党人决定不参加新国会的启用仪式。

两天后，即 1933 年 3 月 23 日，首次在克罗尔歌剧院（Krolloper）召开的国会以执政党和资产阶级政党所投的 444 票通过了消除人民和国家苦难的法律，也就是所谓的《授权法》（Ermächtigungsgesetz）。在场的 94 名社会民主党人投了反对票，该党主席奥托·维尔斯 ① 在一场让人印象深刻的演讲中陈述了反对的理由。共产党员没有参加此次会议，他们的议席被国会主席戈林按照"不存在"（nichtexistent）处理，虽然这违反了宪法。资产阶级政党投了赞成票，这是迷惑、自我迷惑和勒索的结果。天主教和自由派议员阵营没有和社会民主党一样投反对票，这再次表了魏玛共和国失败的原因：（社会民主党这个）参与 1918 年建国的党派失去了其资产阶级伙伴，没有了他们，民主国家就无法战胜敌人（gegen ihre

---

① Otto Wels（1873—1939）：德国政治家，1891 年加入德国社会民主党，1919—1939 年担任德国社会民主党主席，1920—1930 年为魏玛共和国议会议员，1923—1938 年为社会主义工人国际执行代表；1933 年纳粹党上台前，在国会发表演说，反对 1933 年的《授权法》，6 月流亡至萨尔盆地地区，8 月被剥夺德国国籍。

Feinde behaupten）。

《授权法》授权政府在 4 年时间内通过偏离德国宪法的法律。唯一的"底线"（Schranken）是这些法律不得涉及国会和全国参议院之设立，不得触及总统的权力。即便法律由于未达到修宪所需的 2/3 多数票而未能通过，纳粹党人也不会再交出权力。但《授权法》的通过为独裁统治的建立提供了极大的便利。合法性的表象要求正当性的表象（Der Schein der Legalität förderte den Schein der Legitimität），并且确保了多数人（包括公务员——这尤其重要）忠于政权。希特勒自 1930 年以来推行的合法性策略（Legalitätstaktik）再次得到了回报：于是，这位德国总理便像是完成了国会分配给他的任务一样，将国会抛在了一边。

《授权法》通过之后发生的事有些留在了德国人的集体记忆之中：1933 年 4 月 1 日首次发生了大规模抵制犹太商店事件；1933 年 4 月 7 日，当局颁布了《重设公职人员法》（Gesetz zur Wiederherstelung des Berufsbeamtentums），允许解雇公职人员中的犹太人、"马克思主义者"和其他政治上不受欢迎的人，包括许多高校教师；4 月 25 日引入对"非雅利安"大学生的录取名额限制；引入新的法定假日，即 5 月 1 日"国家劳动节"；次日分割工会，随后建立了新的纳粹群众组织——德意志劳动阵线（die Deutsche Arbeitsfront）；5 月 10 日，焚烧了德国大学城中许多犹太作者和其他不受欢迎的作者的书籍；5 月 17 日，希特勒在国会发表"和平演讲"，社会民主党人违背了（当时被驱逐到萨尔自治区的）党主席的指示，对该演讲也表示赞同。社会民主党这样做是迫于"政治勒索"的压力：内政部部长弗里克威胁社会民主党的议员，如果抵制这次会议，他们被关押在集中营的同志就将被杀害。

6 个星期后，也即 1933 年 6 月 21 日，弗里克宣布实施全面禁止社会民主党开展政治活动的禁令，禁令于次日生效，结果是出现了大规模迫害和逮捕的浪潮。社会民主党的出局实质上是摧毁政党政治的开始。罗马作出了有关中央党"自行解散"（Selbstauflösung）的决定：7月5日，也就是副总理帕彭草签一项由他主持谈成的宗教协议（该协议承认德国的天主教会有一定的自治权）3天前，中央党自行解散了。1933年7月14日，希特勒政府颁布了一项法律，根据该法，德国只能有一个党派存在，即纳粹党。要想维持其他党派在组织上的完整性，或者建立新的党派，就会受到劳教或监禁的威胁。

纳粹党人实现一党独裁只用了不到半年时间。虽然还有国防军、高级公职人员和大工业家等参与行使权力，但在希特勒被任命为总理那天开始的"夺权"过程中，其他党派被扫地出门是重要的一环。

没有什么比总理希特勒取得的成就更让人相信他了——他的成就立竿见影并且体现在许多领域。经济上，德国的经济形势早在1932年夏末就出现了好转的迹象。1933年，经济复苏表现为失业人口减少，当局将此视为"工作战役"（Arbeitsschlacht），尤其是1933年9月轰动一时的大型项目即国家高速公路的修建。内政上，大多数德国人认为，其他党派出局和"布尔什维克主义""马克思主义"被消灭也是取得的重要成果。在约瑟夫·戈培尔①领导下的4月组建的"国民教育和宣传部"（Reichsministerium für Volksaufklärung und Propaganda）的支持下，纳粹党在几个月内实现了宣传上

94

---

① Joseph Goebbel（1897—1945）：德国政治家，曾任纳粹德国时期的国民教育和宣传部部长，擅长讲演，被称为"宣传的天才"，以铁腕捍卫希特勒政权和维持第三帝国的体制；希特勒自杀后不久，在毒杀了自己的六个孩子后也自杀而亡。

的彻底垄断（Propagandamonopol），剥夺了其政治对手合法发声的可能性。

但1933年秋的"第三帝国"在外交上乏善可陈。自从希特勒担任总理以来，德国就把自己孤立起来。这主要表现在日内瓦裁军会议（Genfer Abrüstungskonferenz）上：德国离1932年12月原则上应该获得的军事平等越来越远。希特勒因此决定中止裁军谈判，退出国际联盟。向凡尔赛体系明确宣战在德国深入人心，正因为如此，希特勒把外交上的失利转变成了内政上的胜利。1933年11月12日，德国获得了通过投票表决退出国际联盟，同时选举新国会的机会。全民公投中，95.1%的民众同意退出国际联盟；国会选举中，92.1%的票投给了纳粹党的"统一名单"（Einheitsliste），这相当于选民的87.8%。

但经过这次全民投票的双重胜利之后，德国政局依然谈不上稳定。虽说纳粹的政治对手已经出局，但纳粹内部却暗流涌动。冲锋队（1933年7月"钢盔团"并入之后，该组织成为拥有至少150万注册成员的大众组织）对"民族革命"目前取得的成果并不满意，要求进行第二次革命——民族社会主义革命（eine nationalsozialistische Revolution）。希特勒公开反对这种无理要求（Ansinnen）。1933年7月6日，在针对各地总督（Reichsstatthalter[①]，国家授权管理各州的官员）的一次演讲中，他要求把"失控的革命潮流引入安全的进化的河床中"。[4]

95

---

①　Reichsstatthalter：也写作"Statthalter des Reiches"，该职务最早设立于1879—1918年的阿尔萨斯—洛林地区，以便德意志帝国政府强化控制新占领的地区，旧译为"邦（州）长"或"邦（州）行政长官"，由于该官员是全国政府派驻各州的统治者，根据德文原意和中文表达习惯，似应译成"总督"（参见郑寅达、陈旸《第三帝国史》，江苏人民出版社，2020年）。

冲锋队参谋长（Stabschef）恩斯特·罗姆①（1933年起兼任不管部长）对希特勒的警告无动于衷。他坚持开展第二次革命的要求，多次在演讲（包括1934年4月18日对外交使团的演讲）中不加掩饰地提及此事。与此同时，冲锋队和国防军之间的冲突日益增加。希特勒认为自己的权威受到了挑战，决定采取行动。1934年6月30日，罗姆和冲锋队的其他高层领导人在巴伐利亚的巴特维塞（Bad Wiessee）被希特勒亲自指挥的军队逮捕，随后被投入慕尼黑－施塔德尔海姆监狱（das Gefängnis München-Stadelheim）；除罗姆外，其余人员当日未经法院判决即遭枪决。第二天，希特勒下令枪决了被革职的参谋长罗姆。

但清除了冲锋队领导人之后事情尚未结束。纳粹领导利用直至今日仍经常被称作"罗姆政变"（Röhm-Putsch）的事件清除异己，包括前纳粹组织部部长格雷戈尔·施特拉塞尔，国防军将军库尔特·冯·施莱谢尔和斐迪南·冯·布雷多②，前巴伐利亚邦务委员（Generalstaatskommissar）古斯塔夫·冯·卡尔③，公教进行会④主席、副部长（Ministerialdirektor）埃里

---

① Ernst Röhm（1887—1934）：德国纳粹运动早期高层成员、冲锋队组织者，在1934年"长刀之夜"被希特勒谋害，希特勒诬陷其有政变图谋，即"罗姆政变"。此后，纳粹越发走上了专制独裁的道路。

② Ferdinand von Bredow（1884—1934）：德国军官，曾任国防军少将，是施莱谢尔的亲信，1932年起任国防部副部长，1934年在"罗姆政变"中被纳粹杀害。

③ Gustav Ritter von Kahr（1862—1934）：骑士，德国右翼政治人物，活跃于巴伐利亚，把巴伐利亚打造成第一次世界大战后德国激进民族主义运动的中心，在1923年镇压了希特勒发动的"啤酒馆政变"，此事使他在纳粹掌权后的1934年的"长刀之夜"中遇害。

④ Katholische Aktion：天主教在俗教友的团体，自19世纪下半叶起活跃于一些由反教权主义政权控制的传统天主教国家，如西班牙、意大利、巴伐利亚、法国和比利时等；第二次世界大战后，该组织的影响逐渐减弱。

希·克劳塞纳①以及同副总理帕彭关系紧密的两名同僚赫伯特·冯·玻色②和埃德加·荣格等。著名的保守派人士也在谋杀行动的至少85名受害者之列，这可能会让希特勒更容易使党内同志相信其行动的必要性。

7月3日，德国政府通过了一项溯及以往的法律，该法 96 律宣布希特勒镇压1934年6月30日和7月1日出于谋反和叛国的攻击行为是"国家的正当防卫"（Staatsnotwehr），因此是合法的。10天后，希特勒在国会发表演说为自己的行为辩护，声称当时"要为德意志民族的命运负责，从而是德意志民族的最高审判官"。⁵德国最著名的法学家之一、宪法专家卡尔·施密特不久之后为希特勒辩护。在题为《元首守护法律》（*Der Führer schützt das Recht*）的文章中，施密特假定希特勒的行为是"真正的审判"（echte Gerichtsbarkeit），"在最紧急的时刻维护了最高权利，体现了最高限度的以司法的实现为权利的复仇（richterlich rächender Verwirklichung des Rechts）。一切权利源自人民的生存权"。⁶

"冲锋队危机"（SA-Krise）的赢家除了希特勒本人外还有国防军和党卫军。国防军为了成为国内唯一的武装力量而为虎作伥。为实现这一目的，国防军甚至不惜牺牲了两名将军，从此以后在道德上被人抓住了把柄。1934年7月20日，希特勒肯定了党卫军清除冲锋队领导层的功劳，将其提升为纳粹党内的独立组织。从1934年4月起，统率德国政治警察的"党卫

---

① Erich Klausener（1885—1934）：德意志帝国天主教代表人物，因批评纳粹政府反对教会的政策而在"罗姆事件"中被杀害。

② Herbert von Bose（1893—1934）：德国军官、情报官员，反对纳粹主义，1934年6月30日被纳粹政府杀害。

军全国首领"海因里希·希姆莱① 在"第三帝国"的等级体系内又前进了一步。他的"党卫军"得以发展成为"国中之国"（Staat im Staat）。

1934 年 8 月 2 日，86 岁的德国总统兴登堡去世。而早在其去世的前一天，政府就决定违反《授权法》的规定和其明确愿望，把总统和总理职位合二为一。国家元首一死，德意志国防军的士兵就在 8 月 2 日当天向"元首和帝国总理"宣誓无条件效忠。希特勒的权力在这一天达到了德国自有专制制度以来的巅峰。1934 年 8 月 19 日，德国人获得了投票决定是否合并总统和总理这两个最高职位的机会。有效选票中 89.9% 是赞成票，这意味着有投票权的人中 84.3% 同意合并。

1934 年 8 月 19 日的全民公投之后，"夺权"的革命结束了。两个星期后的 9 月 4 日，希特勒在纽伦堡举行的纳粹党全国大会上肯定了这一事件。他说真正的革命只能是执行一项由人民的意志赋予的新的历史使命。"我们大家都知道国家委托给了谁！可悲啊，那些不知道或者忘了的人！在德国民众中，革命向来罕见。19 世纪那个躁动不安的时代终于在我们这里画上了一个句号。未来千年之内德国不会再发生革命了。"7

有三个原因使 1935 年被载入德国的编年史：萨尔公投、重新引入普遍义务兵役制和《纽伦堡种族法》。1 月 13 日，根据《凡尔赛和约》的规定，在萨尔这个 1919 年以来由国际联盟管辖的自治地区举行了一次全民公投，结果大多数（91%）

---

① Heinrich Himmler（1900—1945）：纳粹德国的重要政治头目，曾任内政部部长、党卫队首领，被认为对欧洲 600 万犹太人、同性恋者、共产党人和 20 万—50 万名罗姆人的大屠杀以及武装党卫队的许多战争罪行负有主要责任；第二次世界大战末期企图与盟军单独谈和，德国投降后被盟军拘留期间服毒自杀。

萨尔人同意回归德国。3月16日，希特勒重新引入普遍义务兵役制，从而公然撕毁了《凡尔赛和约》。德国只拥有一支10万人的职业陆军和1.5万人的海军的时代就此结束了。作为第一次世界大战的战胜国，"领袖"（Duce）贝尼托·墨索里尼①领导下的法西斯意大利只会提出书面抗议，因此希特勒得以组建新的德意志国防军，这支军队最初将会拥有36个师、共计55万人的"和平力量"。

9月15日，以纳粹党每年举办党代会的地点——纽伦堡命名的国会大会除了宣布以"带钩十字旗"为唯一国旗的《国旗法》之外，还通过了《保护德意志人血统与荣誉法》（das Gesetz zum Schutz des deutschen Blutes）和《帝国公民法》（das Reichsbürgergesetz）②。《纽伦堡种族法》废除了解放犹太人的规定（Judenemanzipation），把是不是德国人缩小为一个生物学问题。这些法律禁止犹太人和德国血统及"有关"（artverwandt）血统公民之间发生婚外性行为和缔结婚姻，不准犹太人雇佣45岁以下的"雅利安"女佣；区分"全犹太人"（Volljuden）、"一等和二等混血犹太人"（Mischlingen ersten und zweiten Grades）与"视为犹太人"（Geltungsjuden），实施不同等级的歧视；在有疑问的情况下由希特勒决定。从此以后，只有"雅利安种"德国人是可以参加选举和投票的"帝国公民"（Reichsbürger）。犹太人被打压成仅被允许客居德国的"国民"（Staatsangehörige）。

受到第一次世界大战战胜国接受德国重新引入普遍义务兵役制的鼓舞，希特勒次年发起了对凡尔赛和洛迦诺体系的第二

---

① Benito Mussolini（1883—1945）：意大利政治家，1925—1943年任意大利王国第40任首相，是法西斯主义的创始人，也是第二次世界大战中的重要人物，后来被意大利共产党领导的游击队俘获后枪决。

② 这两部法律俗称《纽伦堡种族法》。

击，同时也是终极打击：1936 年 3 月 7 日，他命令德意志国防军占领 1919 年以来的莱茵非军事区（die entmilitarisierte Zone des Rheinlands）。西方各国对此再次袖手旁观。

在德国，希特勒由于这次突袭政变取得成功而人气暴涨。"元首"迅速利用赢得的声誉，通过全民公投确认自己的权力：在仓促确定日期之后，于 1936 年 3 月 29 日举行了国会选举；犹太人不再被允许参加此次选举，地方选举委员会根据需要，大力"改善"了选举结果。"元首的名单"（Liste des Führers）获得了 98.8% 的选票。希特勒此时似乎相信自己是不容置疑的。正如英国历史学家伊恩·克肖 ① 评论的那样，他成了"自己神话的信徒"。[8]

从 1937 年 11 月 5 日起，希特勒的长期计划就已昭然若揭。这一天，在对德意志国防军三个兵种（陆军、海军和新组建的空军）的总司令所作的秘密演讲中，希特勒作出了他"不容变更"的决定：最迟在 1943 年或 1945 年，或许也可以更早地用武力解决德国的"空间问题"（Raumfrage）。[9] 关于最早的时间点，希特勒 1936 年 8 月就已经在《"四年计划"备忘录》（Denkschrift zum Vierjahresplan）中公布了："1. 德国军队必须能够在 4 年后投入战斗；2. 德国经济必须在 4 年后足以支持战争。"[10]

通过"德奥合并"（Anschluss），希特勒使德国的经济实力得到了大幅度提升。在其中意的合作伙伴墨索里尼同意的情况下，希特勒于 1938 年 3 月 12 日下令德意志国防军第二天进军奥地利（当时奥地利纳粹党已经在本国全面夺权）。3 月 13 日希特勒就在林茨签署了《奥地利和德国重新统一法》（Das

---

① Ian Kershaw（1943— ）：英国历史学家，以研究德国现代社会史尤其是纳粹主义见长，代表作为《希特勒的神话》（*Der Hitler-Mythos*）。

Gesetz über die Wiedervereinigung Österreichs mit dem Deutschen Reich）。两天后，他在维也纳霍夫堡宫的阳台上对欢呼的人群作了自己一生中"最伟大的执行报告"："作为德意志民族与帝国的元首和总理，我面对历史宣布：从今以后我的家乡并入德意志帝国。"11

"旧帝国"（Altreich）对此一边倒甚至狂热地赞成。天主教主教，甚至连著名的社会民主党党员、前总理卡尔·伦纳①都同意1938年4月10日举行全民公投。这一天，在奥地利和"旧帝国"支持"重新统一"和"我们的元首阿道夫·希特勒的名单"（这是同时举行的新的、从现在开始的"大德意志"国会选举的唯一名单）的票数都超过了99%。1938年4月举行的谈不上是秘密选举，但"德奥合并"的受欢迎程度确实毋庸置疑。希特勒从此被工人阶级视作完成俾斯麦大业的政治家：他弥合了1866年普奥战争的裂痕，在1806年没落的旧德意志帝国和新的"第三帝国"之间建起了一座桥梁。"元首"把在凡尔赛和圣日耳曼（St. Germain）签订的和平条约一笔勾销，维护了德国人和奥地利人的自决权，再次对第一次世界大战的战胜国作出反抗。这是4月10日把票投给希特勒的大多数选民的看法。

然而1938年春人们就发现，希特勒的领土要求远远不止于此。他的下一个目标是1918年建立的德国人居住的捷克斯洛伐克的领土。捷克斯洛伐克与法国结盟，1935年又同苏联结盟。因此，德国对布拉格的威胁立即引发了一场严重的国际危机。实际上，1938年9月是希特勒有意引发的苏台德危机（Sudetenkrise）最严峻的时刻，一场大战似乎一触即发。

① Karl Renner（1870—1950）：奥地利社会民主党政治家，曾任奥地利总理和总统，被称为"奥地利国父"。

但是大战并没有爆发。在与英国保守党首相内维尔·张伯伦 [①] 举行两次会晤且危机再次升级之后，墨索里尼应张伯伦的请求于 1938 年 9 月 28 日建议由意大利调停。希特勒接受了这个建议。9 月 29 日，希特勒、墨索里尼、张伯伦和法国总理爱德华·达拉第 [②] 在慕尼黑会晤。这次会议的结果在很大程度上符合德国的要求。10 月 1 日至 10 日，捷克斯洛伐克让出了"纯德意志民族聚居区"（die rein deutschen Gebiete），德意志国防军旋即进驻该地区，计划在各民族混居区进行表决。英国和法国确保捷克斯洛伐克在无端受到攻击的情况下其余国土的完整。德国和意大利宣布，两国将按照处理波兰和匈牙利少数民族问题的原则参与这一保证。

对没有受邀参加慕尼黑会议的捷克斯洛伐克而言，会议的结果意味着一场灾难。它被西方大国作为祭品送上了对希特勒"绥靖"的祭坛，这主要是因为西方大国在军事和心理上都未对抵抗纳粹德国作好准备，这些国家的政府寄希望于希特勒的扩张欲望得到满足，使欧洲的和平暂时得到保证。

除了法国，捷克斯洛伐克最重要的盟友苏联同样没有受邀参加慕尼黑会议。苏联从欧洲的"秋季危机"中得出结论，认为资本主义国家可以轻松地克服民主制度和法西斯主义的对立，以共同应对苏联。实际上，和苏联这个东方革命大国的对立是把参加慕尼黑会议的国家联合起来的结果。伦敦和巴黎政府的反布尔什维克主义是防御性的，但德国和意大利却并非如

---

① Neville Chamberlain（1869—1940）：英国保守党政治人物，1937 年 5 月至 1940 年 5 月任英国首相，其绥靖主义外交政策闻名，于 1938 年签署《慕尼黑协定》，将捷克斯洛伐克苏台德意志语区割让给德国；此后希特勒入侵波兰，英国被迫于 1939 年 9 月 3 日对德国宣战。

② Édouard Daladier（1884—1970）：法国政治家，激进共和党人，1930 年代两次短暂组阁，担任法国总理时为避免战争而与德国签定《慕尼黑协定》，第二次世界大战中法国被德国攻陷后被捕，被德国人囚禁至 1945 年。

此。德国在 1936 年 11 月和日本结成了一个意识形态同盟，即
《反共产国际协定》（Antikominternpakt）；意大利在一年后
也即 1937 年 11 月加入了该条约。不管 1924 年初以来掌权的
斯大林 ① 如何认识这个条约的意义，他都有理由认为自己受到
了威胁。

慕尼黑会议之后的 6 个星期，德国发生了 1348—1350 年
欧洲黑死病期间犹太人惨遭杀害以来最严重的反犹暴动。纳粹
当局以德国外交官恩斯特·冯·拉特参赞 ② 在巴黎被无国籍的
犹太青年赫歇尔·格林斯潘刺杀身亡为由纵容纳粹的暴行。在
被轻描淡写的 1938 年 11 月 9 日至 10 日的所谓"帝国水晶之
夜"（Reichskristallnacht），全国的犹太会堂陷入了火海。犹
太会堂被摧毁，大约 7500 家犹太商店成为废墟，至少 91 名犹
太人遇害。

在戈培尔操纵的迫害之后，犹太人还被迫赔偿高达 10
亿帝国马克的"赎罪费"（Sühneleistung）；同时颁布了禁
止犹太人从事经济活动的有关规定，这导致犹太人的财产彻
底"雅利安化"（Arisierung）；还出台了一系列刁难措施
（Schikanemaßnahmen）：禁止犹太人光顾游泳池、电影院、
剧院、音乐会和博物馆及拥有收音机，命令犹太人统一住进
"犹太之家"（Judenhäuser）。1939 年 1 月 1 日，一项新的规
定生效：没有"典型犹太"名字的犹太人必须在名字里加上
"以色列"（Israel）或"撒拉"（Sara）。

---

① Joseph Vissarionovich Stalin（1878—1953）：全名为约瑟夫·维萨里奥诺维奇·
斯大林，格鲁吉亚人，俄国革命家，也是苏联法定第三任（实际上为第二任）最
高领导人。从 1920 年代中期起统治苏联，执政近 30 年，直至 1953 年去世；曾任
全联盟共产党（布尔什维克）中央委员会总书记、苏联人民委员会主席、部长会
议主席、国防委员会主席、苏联大元帅等，对 20 世纪的苏联和世界影响深远。

② Ernst vom Rath（1909—1938）：德国驻法国大使馆三等秘书。

根据 1939 年 5 月的人口统计，应该如何处置"大德意志"境内居住的 21.4 万犹太人尚未有定论。没有一个国家准备接收被剥夺了财产的（verarmt）犹太人，因此不能再考虑强制犹太人外迁。1939 年 1 月 30 日，希特勒在"掌权"6 周年之际未卜先知般地宣告："如果欧洲和欧洲以外的国际'财政犹太人'（Finanzjudentum）① 将使各国民众再次陷入一场世界大战，那么结果不会是全球布尔什维克化，由此也不会是犹太人取得胜利，而是欧洲的犹太种族将被消灭。"[12]

发表这一演说时，希特勒已经确定了下一步扩张的目标。1938 年 10 月 21 日，他作出"解决剩余的捷克共和国问题"、占领（1923 年被立陶宛吞并、1924 年开始自治的）梅梅尔地区 ② 的指示，11 月 24 日下令作好占领《凡尔赛和约》规定的自 1920 年起处于国际联盟保护下的但泽自由市（die Freie Stadt Danzig）的准备。[13]

但泽问题使纳粹领导层盯上了一个国家，1934 年 1 月，德国与该国签订了为期 10 年的《互不侵犯条约》：这个国家就是波兰。外交部部长约阿希姆·冯·里宾特洛甫 ③1938 年 10 月和希特勒 1939 年 1 月初向波兰提出建议的目的是使这个邻国变成东部生存空间之战（Lebensraumkrieg）的"小伙伴"（Juniorpartner），从而成为德国的一个附庸国（Satellite）：波兰应当同意但泽回归德意志帝国，允许东普鲁士与帝国其他

---

① 或译作"金融犹太人"，意指犹太人高度参与、控制了全球经济，尤其是全球货币体系，是有强烈贬义色彩的宣传用语。

② Memellandes：又称"克莱佩达区"（Klaipēdos kraštas），是国际联盟在 1920 年划出的一块区域，该区域在第一次世界大战之前属于德国，战后和萨尔以及但泽自由市一样由国际联盟管理，留待公投决定是否由德国统治；1923 年，这一地区发生叛乱后被立陶宛占领；1939 年 3 月，该区域被纳粹德国占领，重新划入东普鲁士。

③ Joachim von Ribbentrop（1893—1946）：纳粹德国外交部部长，二战后被英军拘捕，1946 年 10 月 1 日被纽伦堡国际军事法庭判处绞刑。

地区之间的境外交通联系，把《互不侵犯条约》延长至 25 年，并加入《反共产国际协定》。由于华沙没有表示愿意接受为其安排的角色，1939 年初，德国和波兰之间的战争开始了。

1939 年 2 月 10 日，希特勒在对军队指挥官发表讲话时构建了其政策的更大框架：德国必须弥补数百年来所"错过的"（versäumt）。"自《威斯特伐利亚和平条约》签订以来，我们的人民走了一条越来越把我们从世界大国引向贫困和政治无能的道路。"他认为，德国自 1933 年革新以来并未走到穷途末路，而是刚刚起步。希特勒也确信一点："下一场战争将是一场世界观之战（Weltanschauungskrieg），这就是说将是蓄意挑起的民族和种族之战。"14

秘密发表纲领性讲话两天之后，希特勒开始在幕后"解决捷克共和国剩余领土问题"。大约 4 个星期后，他达到了目的。1939 年 3 月 14 日，斯洛伐克宣布独立，成为德国的附庸国。第二天，应约前往柏林的捷克领导人迫于希特勒施加的"勒索式压力"（erpresserischer Druck）投降，"深信不疑地把捷克人民和国家的命运交到了德意志帝国元首的手中"。15 随后，德意志国防军立即进驻"剩余的捷克共和国领土"。3 月 16 日，希特勒在布拉格赫拉德钦大教堂（Prager Hradschin）宣布建立"波希米亚和摩拉维亚保护国"（Protektorat Böhmen und Mähren）：德意志帝国通过这种暴力行为占据了一个工业高度发达的后方。

"布拉格事件"在不止一个方面成为重大转折。希特勒在国家边界问题上采取新行动的同时也突破了德意志民族国家概念的边界：属于德意志民族的边界。"剩余的捷克共和国领土"事实上并入了德国，德国由此不同于其他民族国家，成了自觉肩负领导欧洲使命的跨民族"帝国"。但是对西方大国来说，

"罗马历 3 月 15 日"① 也是个分水岭。纳粹德国残酷地撕毁了《慕尼黑协定》，以致没有哪个政府还能继续冒"绥靖"的风险。1939 年 3 月 26 日，波兰断然拒绝了德国 5 天前由里宾特洛甫以无限期最后通牒形式提出的要求。3 月 31 日，英国首相张伯伦承诺，如果波兰遭受直接或间接进攻，英国将确保其领土完整。4 月 3 日，希特勒命令德意志国防军最高统帅部作好 9 月 1 日进攻波兰的准备。

与此同时，莫斯科传来了引起柏林重视的信号。斯大林早在 3 月 10 日的一次党代会讲话中就已经告知西方大国，如果他们和纳粹德国发生战争冲突，别指望苏联会出手相助。德国在 4 月和 5 月通过外交途径获知，苏联有意改善两国关系。同时，莫斯科在 1939 年 4 月到 8 月期间与西方大国谈判。然而由于波兰不允许苏联军队在自己的国土上通行，各国未能达成包括波兰、波罗的海国家、芬兰、罗马尼亚、希腊、土耳其和比利时在内的全面互助协议。

希特勒向斯大林开出的条件比向西方民主国家开出的更多，这起了决定性作用。8 月 23 日，得知德国外长里宾特洛甫和苏联外长莫洛托夫② 在莫斯科签订为期 10 年的《德苏互不侵犯条约》（deutsch-sowjetisches Nichtangriffspakt）时，世界舆论一片哗然，很多人甚至感到震惊。国际社会被蒙在鼓里的是，德苏两国同时还签订了一份秘密的补充协议。该补充协议计划把波罗的海国家（连同芬兰在内）和波兰瓜分并纳入德国和苏联的利益范围。

---

① Iden des März：公元前 44 年，尤里乌斯·恺撒（Julius Caesar）在 3 月 15 日遇刺，这一天成为罗马历史的转折点，罗马人从此视 3 月 15 日为不祥之日。

② Wjatscheslaw Molotow（1890—1986）：苏联政治家，曾任苏联人民委员会主席（政府总理）、苏联人民委员会（1946 年后改称部长会议）第一副主席和外交人民委员（1946 年后改称外交部部长）。

《德苏互不侵犯条约》简直就是向希特勒发出了进攻波兰的邀请——这个前景恐吓不了斯大林。他不仅赢得了一大块西方大国不可能给他的疆土，也赢得了时间，以便进一步扩军备战，好应对希特勒再度以牺牲苏联领土扩大德国生存空间的企图。在此期间，他可以坐观资本主义列强自相残杀，彼此削弱。

从意识形态角度很难解释苏联为何与不共戴天的法西斯敌国相互配合。但是如果认为国际工人阶级的明确诉求和苏联的利益之间不可能存在矛盾，那么8月23日签署的协定也可以被理解为对世界无产阶级和世界和平的贡献。希特勒不得不同样非常"辩证"地向他的追随者表明，有必要和"犹太世界布尔什维克主义"（jüdischer Weltbolschewismus）结盟。希特勒和戈培尔夫妇相信斯大林领导下的苏联偏离了马克思主义的国际主义并且压制了犹太人的影响，甚至向民族社会主义方向发展。这种情况下，无数包含着不同信息的宣传鼓动性文字成了废纸；反布尔什维克的电影也被禁映。

希特勒计划8月26日进攻波兰，但8月25日不得不注意到墨索里尼（5月22日与其签订了一个互助协议即《钢铁条约》①）打算使意大利从与波兰的战争中脱身。希特勒因此临时撤回了进攻波兰的命令。9月1日，时机已经成熟。当天一早，德意志国防军就开始进军波兰。两天后，英国和法国履行对波兰的盟国义务对德宣战。希特勒把发动第二次世界大战的责任推给谁，从一开始就很明了：正如1939年9月3日他号召德国民众时所说的那样，发动战争的是"犹太财阀和民主

---

① Stahlpakt：全称为《德意友好同盟条约》，由法西斯意大利和纳粹德国于1939年5月22日缔结；意大利外长齐亚诺与德国外长里宾特洛甫代表各自的国家签署该协议，不过包括齐亚诺在内的数位意大利官员反对此项条约；根据该条约，两国在国际威胁或战争中应互相提供军事支援，并加强军事与战时生产。

统治阶级"（die jüdisch-plutokratische und demokratische Herrenschicht），"他们只希望在世界上的所有民族中看见顺从的奴隶，他们憎恨我们的新帝国，因为他们知道新帝国里有一种社会工作的先驱（Vorkämpfer einer sozialen Arbeit）；他们害怕被这种工作'传染'，害怕它会在自己的国家也产生影响"。16

如同一年前发生苏台德危机时那样，1939年9月在德国感受不到1914年夏天那种"对战争的热情"。相反，亲当局的观察家普遍认为民众不希望发生战争。9月末波兰战败时，这种担心被新的信心取代。"民意"（Volksmeinung）不在乎波兰人民的命运。德国战胜之后，波兰再次被瓜分：德国得到了波兰西部和北部的大片土地，苏联得到了东部的土地。其余土地即包括华沙在内的"波兰总督府"（Generalgouvernement）① 从此成为德意志帝国的"附属地"（Nebenland）。党卫军特别行动队在被占领的波兰大肆杀害犹太人和知识分子，包括牧师、律师、医生和地主。来自波罗的海地区、乌克兰和比萨拉比亚②的德裔（Volksdeutsche）被迁移到这些帝国的新地区；犹太人和"吉卜赛人"（也就是"辛提人和罗姆人"③），包括许多被认为未被同化的波兰人被逐出自己的住处，流放至"波兰总督府"。波兰战争和德国在波兰

---

① Generalgouvernement：指1939年9月波兰战役之后，被德国军队占领的波兰领土中未直接与德国合并的部分。

② Bessarabien：也写作Basarabia，又译"巴萨拉比"，是普鲁特河、德涅斯特河、黑海和基利亚河（Chilia）之间的三角地带，从1814年到1842年，有大约9000人从德国的巴登、符腾堡、巴伐利亚地区，法国的阿尔萨斯及今天的波兰移居至此。

③ Sinti und Roma：关于这两个族群的地理源头目前仍存在很大争议，有研究认为，辛提人约于中世纪从印度次大陆迁移到欧洲，为罗姆人的一支，名称衍生自"信德"（Sindhi），被发现多生活于德国；罗姆人很可能起源于印度次大陆今拉贾斯坦邦一带，可能自11世纪起陆续向西迁移，长期以来使用"罗姆"一词指称自己的族群和所使用的语言；德语中常同时提及二者，用以指作为少数族群的罗姆人及其一众分支。

的统治从一开始就带有种族主义甚至种族灭绝的色彩。

1939 年欧洲西部尚未发生战争。英国和法国如果进攻德国就能减轻波兰的压力，但是两国没有这样做。1940 年 4 月，希特勒向欧洲北部发起进攻。占领了丹麦并且经过激战占领了挪威之后，5 月爆发了"法国战役"①。战役从占领荷兰、卢森堡和比利时开始，直至 6 月 22 日法国在贡比涅（Compiègne）投降才暂告一段落。1940 年夏天，希特勒在德国的威望如日中天。他看起来像是把 1918 年的失败变成了德国的胜利：这也是一场给部分纳粹主义反对者留下深刻印象的胜利。

英国自然未被战胜，在其"战争首相"（Kriegspremier）、1940 年 5 月 10 日起担任包括工党在内的国民联合政府首脑的温斯顿·丘吉尔②的领导下，英国不愿屈服于希特勒。德国的登陆计划不得不一再推迟，德国空军的狂轰滥炸虽然给英国带来了重大损失，但没有使英国人士气低落。富兰克林·德拉诺·罗斯福③领导下的美国在物质和军事上大力支持英国的抵抗，因此希特勒从 1940 年夏天起就无法指望快速征服英国了，但是他相信，除了美国还有另外一个让丘吉尔寄予希望并考虑结盟的大国：苏联。因此，1940 年 7 月以来，希特勒开始让军队高层宣誓与 1939 年 8 月《德苏互不侵犯条约》签订之前他一直视为纳粹德国死敌的大国作战：布尔什维克俄国（das

---

① Westfeldzug：德国方面称为"西方战役"或"西线战役"，指第二次世界大战期间德国入侵法国和荷兰的军事行动，自 1940 年 5 月 10 日战役爆发开始，直到 1944 年 6 月 6 日诺曼底登陆为止。

② Winston Churchill（1874—1965）：20 世纪初期至中期的英国保守党政治家、演说家、外交家、军事家和作家。

③ Franklin Delano Roosevelt（1882—1945）：美国民主党政治人物，第 32 任美国总统，荷兰裔美国人，是美国 1920—1930 年代经济危机和第二次世界大战的核心人物之一，1933—1945 年连续出任四届美国总统，是唯一连任超过两届的美国总统。

bolschewistische Russland）。

对苏联的进攻始于 1941 年 7 月 22 日。此前几个月，希特勒对国防军领导层明确表示，这场战争将与西线战役大不相同。他认为对"犹太布尔什维克主义"（der jüdische Bolschewismus）的战争将会是一场种族灭绝战。根据陆军总参谋长弗朗茨·哈尔德①的记录，"元首"3 月 30 日对大约 200 名高级军官说道："我们必须从全体士兵的立场出发。""同俄国作战：消灭布尔什维克政治委员（bolschewistische Kommissare）和共产主义知识分子……必须对'腐蚀之毒'发动战争。这不是战争法庭的问题……在东部，强硬就是对未来的温柔。"[17] 第二天，臭名昭著的《政治委员令》（Kommissarbefehl）第一版颁布，5 月 12 日颁布了最终版本。其中关键的一句话是："务必清除政治当权者和领导者（政治委员）。"[18]

除了立即清除（据希特勒估计几乎全是犹太人的）政治委员外，战争从一开始就计划肆无忌惮地利用征服的土地为国防军供给粮食；这意味着就像很快会有数以百万计的红军战俘死亡一样，数百万平民将饿死的事实也被认可和接受了。德国农民和手工业者将在新赢得的"生存空间"定居，乌克兰和伏尔加河地区将成为德国的粮仓，巴库的油田将属于德意志帝国，俄国的土地将成为"我们的印度"。[19]

但东线战争没有成为希特勒 1940—1941 年计划的"闪电战"。俄国的冬天比预想中来得早很多。莫斯科从未被征服，战争的转折点在 1941 年末至 1942 年初的冬季就已经出现了。斯大林格勒战役之后，德国一蹶不振：遭受最惨重的损失后，

---

① Franz Halder（1884—1972）：德国陆军将领，1938 年至 1942 年 9 月在德国国防军担任陆军总参谋长，由于在战略上与希特勒频繁发生冲突而遭解职；在其任期中，德国陆军事业达到巅峰，哈尔德反对希特勒和纳粹政权，但始终未直接参与政变行动。

第 6 集团军投降。这次失败使德军再也无法恢复元气。

随着对苏联的开战，"犹太问题的解决办法"也进入新的决定性阶段。战争初期，党卫军特别行动队就开始大规模射杀通常被作为游击队对待的犹太人。国防军的军官经常在组织上提供帮助，偶尔也有士兵参与杀害行动，但 1941 年 6 月尚未决定从肉体上全面消灭犹太人。（希特勒也一度考虑过的）把所有犹太人强制迁至马达加斯加的"领土式"解决方案无法通过英国这一关，仅仅因为这一点，此种方案就只是个空想。另一种"领土式"解决方案是把犹太人驱逐至西伯利亚或苏联的北极海岸。这也无法实现，因为德国军队从未到达这些目标区域。相反地，用毒气大规模杀死犹太人在技术上越来越有说服力：这是一种自战争初期就用于杀戮希特勒授权屠杀的精神病人的手段。1941 年 10 月，党卫军在卢布林（Lublin）附近属于波兰总督府的贝乌热茨（Belzec）建立了第一个"纯粹的"灭绝营（reines Vernichtungslager）。11 月以来，那里建起了第一批"固定的"毒气室。这是个明显的迹象，说明此时已经作出灭绝"东部犹太人"的决定。

但在被希特勒视为犹太人最重要的保护国——美国——尚未参战时，他显然还想把德国和西欧的犹太人作为人质处理。1941 年 12 月 7 日日本偷袭珍珠港之后，这个理由便不复存在了。12 月 11 日，德国和意大利这两个"轴心国"为确保和日本稳固的同盟关系而向美国宣战。希特勒在珍珠港事件后肯定立即作出了杀死德国势力范围内全部犹太人的决定。从希姆莱、戈培尔和波兰总督汉斯·弗兰克 ① 的记录中可以得知这一

110

---

①　Hans Frank（1900—1946）：1920 年代至 1930 年代纳粹党专用辩护律师，后来成为纳粹德国领导人之一，曾任波兰总督；德国投降后，因战时之纳粹大屠杀罪行，被纽伦堡国际军事法庭判处绞刑。

点。1941 年 12 月 18 日，希姆莱在和希特勒的一次谈话后简要总结道："犹太人问题。当作游击队员斩尽杀绝。"[20]

把欧洲的犹太人斩尽杀绝不是纳粹党唯一的反人类罪行。纳粹的这类罪行也包括杀害了无数"辛提人"和"罗姆人"，杀害精神病人、同性恋者和"反社会人士"，杀害大批波兰精英，使被围困的列宁格勒居民断粮和投降，使数以百万计的苏军战俘以及俄罗斯、白俄罗斯和乌克兰平民活活饿死，在占领区杀害了数以千计的平民等。但"水晶之夜"是历史上最系统的，甚至像工厂一样运作的种族灭绝事件。据估计，受害的犹太人总数少则 530 万，多则 610 万。在犹太人大屠杀最重要的象征之地——奥斯威辛集中营，至少有 96 万犹太人被害。丘吉尔 1944 年 7 月 11 日给外交大臣安东尼·艾登①的信中写道："这很可能是整个世界历史上最大、最恐怖的罪行，这是所谓文明人以一个大国和欧洲先进民族的名义用科学手段实施的罪行。"[21]

写完这封信 9 天后，也即 1944 年 7 月 20 日，东普鲁士拉斯腾堡（Rastenburg）的元首大本营遭到了炸弹袭击，"元首"躲过了这次袭击，只受了轻伤。由陆军上校克劳斯·申克·冯·施陶芬贝格伯爵②实施的这次暗杀比 1939 年 11 月 8 日来自符腾堡的木匠格奥尔格·艾尔泽③在慕尼黑的市民酒窖

---

① Anthony Eden（1897—1977）：英国政治家，第二次世界大战时担任英国外交大臣，1950 年代出任英国首相。

② Claus Schenk Graf von Stauffenberg（1907—1944）：纳粹德国陆军上校，是国防军内抵抗组织的核心人员，也是 1944 年 7 月 20 日暗杀希特勒行动的主要执行人之一，刺杀行动失败后被希特勒处死。

③ Georg Elser（1903—1945）：木匠、反纳粹人士。1939 年他试图凭一己之力在慕尼黑市民酒窖举行一年一度的"啤酒馆政变纪念演说"时暗杀希特勒。他花了 30 个晚上的时间，设置好埋藏在演讲台后方的定时炸弹。但由于当日天气状况极差，希特勒原本返回柏林的飞机停飞，使其临时更改行程，提早结束演讲以赶上一班特别班车。结果艾尔泽在炸弹爆炸前 13 分钟离开，暗杀行动失败。艾尔泽 1945 年 4 月 9 日在达豪集中营被纳粹杀害。

（Bürgerbräukeller）实施的刺杀更接近目标。施陶芬贝格的刺杀行动也不是单打独斗之举，而是德国上层和受教育阶层（高级军官、公职人员和普鲁士贵族在其中占有重要地位）密谋的一部分。他们中的许多人曾经反对魏玛共和国，长期同情希特勒，甚至把第二次世界大战视为自己的战争。

后来他们转而反对"元首"，原因之一是他们认识到了败局已定；屠杀犹太人令他们恐惧也是一个重要原因，有些情况下甚至是决定性原因。保守派的希特勒反对者不是民主党人，但可能是法治国家的坚定捍卫者。他们公开表明拥护法治，从而架起了与一道致力于摧毁纳粹政权的社会民主党人和工会人士之间的桥梁。刺杀行动失败时，大多数同谋者在劫难逃：希特勒的报复行动就像他 7 月 20 日宣布的那样令人不寒而栗。

即便希特勒遇刺身亡，也不意味着密谋政变者取胜。他们的群众基础很薄弱。官方报告显示，大多数德国人对刺杀行动感到愤怒，为他们的"元首"死里逃生而欢欣鼓舞。当然，他们不知道自己还将面临什么。从 1944 年 7 月 20 日到 1945 年 5 月 8 日欧洲战事结束的近 9 个月时间里，死于战争的人数比战争前 5 年丧生的人数还多。对犹太人的屠杀还在继续，死亡人数有增无减。

直到 1945 年春，德国的失败和纳粹政权的崩溃毋庸置疑时，许多一直相信希特勒甚至将其奉若神明者才感觉到自己是希特勒的牺牲品。保安局 ① 的工作人员在其报告中记录了"第三帝国"的最后几个星期里人们的普遍看法："是上帝把元首派给我们的，但不是为了拯救德国，而是为了毁灭德国。天意已经注定要灭绝德意志民族，希特勒是这一意志的执行者。"[22]

----

① Sicherheitsdienst：全称为"帝国元首党卫队保安局"，德文缩写为"SD"，通称"保安局"，是党卫队下属的一个情报机构，也是纳粹党成立的第一个情报机构，与秘密警察关系密切；1939 年，保安局与纳粹德国内政部下属的治安警察合并为党卫队国家安全部。

5 自由高于统一

和 1918 年相比，1945 年是德国历史上更重要的转折点。与第一次世界大战之后不同，二战后德意志帝国的全部领土都被战胜国占领。同盟国共同对德国行使最高权力；很多年内都不再有"德国"这个国家，德意志帝国事实上寿终正寝了。奥得河（Oder）和尼斯河（Görlitzer Neiße）东部地区由波兰治理，包括柯尼斯堡在内的东普鲁士北部地区由苏联治理。德国其他地区被分为 4 个占领区，首都柏林被分为 4 个区域。除了美国、苏联和英国，法国也获得一个占领区，这主要是"自由法国运动"（France libre）的流亡领导人夏尔·戴高乐将军①的杰作：1944 年他在军队的支持下为解放祖国作出了卓越贡献，从那年 9 月起就建立了位于巴黎的临时政府。

从社会史角度看，1945 年对德国来说也不同寻常。失去东部地区意味着在魏玛共和国解体和希特勒夺权过程中最卖力的那些精英——易北河东岸的大地主们失去了权力。1945 年秋天，苏联占领区进行了"土地改革"（Bodenreform），大地主的土地被剥夺，且不予赔偿。这一措施的直接受益者也包含被逐出东部地区的农民。

德国西部的贵族大地主比易北河、威拉河与富尔达（Werra und Fulda）东部少得多：这个事实对日后联邦德国的政治发展起了根本性作用。1947 年 2 月，同盟国"管控委员会"（Kontrollrat）宣布普鲁士邦国解散，这对后来联邦德国的政治发展也至关重要；引人注目且过于笼统的解散理由是"普鲁

---

① Generals Charles de Gaulle（1890—1970）：法国军事家、政治家，曾在第二次世界大战期间领导"自由法国"运动，战后短暂出任临时总统，后由于左派政党反对他加强总统权力的宪法而被迫辞职；1958 年成立法兰西第五共和国并出任第一任总统兼安道尔大公。

士历来是德国军国主义和反动势力的载体"。正如战胜国所指出的那样，一度是德国最强大邦国的普鲁士实际上在希特勒统治下就已经"不复存在了"。[1]

和 1918 年后不同，德意志帝国在 20 世纪的第二次投降之后，出现了类似于"和最近的历史进行道德决裂"（Bruch mit der jüngsten Vergangenheit）的东西。纳粹德国的战争罪行和纳粹政权的罪恶本质大白于天下。城市被摧毁、遭受轰炸和驱逐者痛苦不堪、物资匮乏、粮食短缺等事实导致"战争无罪传说"（Kriegsunschuldlegend）、"刀刺在背传说"或者纳粹的复仇口号（Revancheparolen）再也无法动员大众。1945 年 10 月，德国基督教教会临时委员会（der Vorläufige Rat der evangelischen Kirche in Deutschland）在《斯图加特宣言》（Stuttgarter Schuldbekenntnis）中号召进行"国家的自我批判"（nationale Selbstkritik）。其中关键的一句话是"我们给许多民族和国家造成了无尽的痛苦"。[2]

一年后，哲学家卡尔·雅斯贝尔斯 ① 在其论文《罪行问题》（*Die Schuldfrage*）、历史学家弗里德里希·迈内克 ② 在其著作《德国的灾难》（*Die deutsche Katastrophe*）中都表达了类似观点：这两部作品面向的主要是受过教育的资产阶级读者。《斯图加特宣言》和雅斯贝尔斯、迈内克都不曾明确提及欧洲犹太人遭到灭绝的问题。这两位哲学家和历史学家关于德国反犹主义的描述听起来无伤大雅，迈内克甚至为其辩护。雅斯贝尔斯对西方同盟国指责德国犯下"集体罪行"（Kollektivschuld）保持着距离，他提出了一个虽然不是法律

¹¹⁵

---

① Karl Jaspers（1883—1969）：旧译雅斯培，德国哲学家和精神病学家，基督教存在主义的代表人物。

② Friedrich Meinecke（1862—1954）：德国历史学家，持民族自由主义和反犹太主义的观点。

上的但是道德上的"集体罪行"或"共同罪行"，指出德国人对1933—1945年的政治状况，即对"屈从的氛围"（Atmosphäre der Unterwerfung）负有责任。对保守的德国人而言，雅斯贝尔斯论文中与此相关的段落最不可能获得认同。[3]

纳粹主义被同盟国打败为幸存的魏玛共和国的政治家们（他们在德国或流亡地经历了"第三帝国"而死里逃生）提供了重建或新建政党体系的机会。最为坚持不懈的是左翼党。经过苏联占领军有目的的准备和批准，1945年6月11日，第一个政党即德国共产党在柏林重建。将近4个星期后，即1945年5月6日美军占领汉诺威后，前国会议员、经受了近10年折磨后从达豪集中营释放的库尔特·舒马赫[①]同样在柏林建立了第一批社会民主党地方组织。

舒马赫从魏玛共和国的经验中得出了三个结论：一是社会民主党再也不得质疑其民族情感（nationale Gesinnung），二是社会民主党必须争取中间阶层，三是要和完全依赖于莫斯科的共产党人明确划清界限。舒马赫虽然无法阻止社会民主党人和共产党人1946年4月迫于苏联的强大压力在苏占区合并为"德国统一社会党"（SED），但社会民主党在3个西方占领区仍然是独立、民主、反专制的政党，这是他的功劳。在舒马赫的思想中，政治首先要解决的是民族问题。"德意志帝国必须作为整体的国家和民族予以保留"——这是1945年8月中旬"舒马赫博士办公室"[②]（das Büro Dr. Schumacher，事实上是

116

---

① Kurt Schuhmacher（1895—1952）：德国社会民主党政治家，1946年起担任德国社会民主党主席，1949年起一直担任联邦德国议会反对党领袖，同时也是总理康拉德·阿登纳政府的反对者，民主德国统一社会党和共产主义的反对者，是二战后德国民主的建设者之一。

② Büro Dr. Schumacher：也称"Büro Schumacher"，后来更名为"Büro der Westzonen"，指由舒马赫博士领导的建立于纳粹主义终结之前的旨在重建德国社会民主党的办公机构，办公地点位于今天的汉诺威。

重建的社会民主党）向公众发出号召的关键理念。⁴

前科隆市市长康拉德·阿登纳①成了舒马赫的"资产阶级"政敌。和社会民主党领导人不同，阿登纳在经过初期的犹豫之后不想重建他的旧党派——天主教中央党。从魏玛共和国政党政治的分裂和纳粹独裁的教训中，他最终得出了这样的结论：天主教徒和新教徒应该联合在一个基督教的共同政党里。其他"魏玛人"（Weinarer）比阿登纳更早地得出了这个结论。1945 年，在柏林、科隆和法兰克福，几乎同时诞生了德国基督教民主联盟——基民盟（CDU）：这是个真正的新建的政党，从中诞生了德国第一个"全民政党"。1946 年 3 月，阿登纳被选为英国占领区的基民盟主席。他的立场明显有别于舒马赫强调的"民族立场"。1945 年 10 月 9 日，在一次和外国媒体代表的谈话中，阿登纳谈到了一个他认定的简单事实："对德国来说，被苏联占领的地区在一段无法估计的时间内回不来了。"⁵

基民盟和社会民主党人在道德上共同拒绝了希特勒的政权。划出这道明确的界限无须等到位于纽伦堡的国际军事法庭揭露纳粹的罪行，以及西方占领区内纳粹官员和党员的数百万军队的"去纳粹化"（Entnazifizierung）。相反，抛弃 117 1933—1945 年的"不当政权"（Unrechtsregime）是战争结束后最初几个月内重建或新建政党的信条。在争取纳粹主义的"随大流者"［Mitläufer，人们小心地把他们与其"诱骗者"（Verführer）希特勒、希姆莱和戈培尔区分开来］方面，这些党派自然都一样。与此同时，他们有目的地争取原来的德国士兵，这很快导致从前的国防军在总体上得到宽大处理，甚至得

---

① Konrad Adenauer（1876—1967）：德国政治家、法学家，第二次世界大战前曾以天主教中央党党员的身份担任科隆市市长十九年，二战后在联邦德国担任第一任德国总理、基督教民主联盟领袖，并以其工作习惯和非凡的政治本能著称。

到尊重：和在纽伦堡审判中被宣布为犯罪组织的党卫军完全不同，这些士兵被视为总体上是"干净的"（sauber）。

1946 年，四个同盟国在德国未来发展问题上的矛盾越发突出。各国意见的不一致首先表现在赔偿问题上：苏联从其占领区正在进行的生产中获取赔偿，这违背了 1945 年 7 月和 8 月波茨坦会议上作出的同盟国之间的约定；此外，这也违背了为被占领的德国提供区域间粮食供应（interzonale Versorgung）的约定，从而加重了美国、英国和法国纳税人的负担。但 1946 年德国之外的情况也有所恶化，原因是共产主义统治在中东欧和东南欧地区的扩大、希腊发生内战以及西方民主国家和苏联之间的关系等。

四个同盟国在对德政策问题上达成一致的可能性越小，1946 年之后在战后德国的西部和东部分别建国的可能性就越大。这条道路上的几个重要节点是：1946 年和 1947 年交替之际美国和英国占领区合并为"统一经济区"；三个西方占领区的货币改革和价格的放开，即 1948 年 6 月计划经济向市场经济的过渡，苏联对柏林西部的封锁，以及西方对封锁的回应——架设"空中桥梁"（1948 年 6 月至 1949 年 5 月几乎长达一年的时间里，西方盟军通过空投物资确保了西柏林居民的幸存）。

1948 年 2 月到 6 月，美、英、法三个西方大国与比利时、荷兰、卢森堡三国在伦敦举行的会议上作了一个决定：建立一个中央政府权力小、各联邦州权力大的联邦制国家。1948 年 9 月 1 日，由选出的联邦德国参议院（Landtage）代表以及西柏林众议院（Abgeordnetenhaus）有咨询表决权的代表组成的议会委员会召开了会议。议会委员会的任务是为计划成立的联邦德国起草一部宪法，即《基本法》（Grundgesetz）。

由康拉德·阿登纳担任主席的议会委员会所做的工作是努力从德意志第一共和国的失败中系统性地吸取教训，再也不能允许正式、合法地以多数决议来颠覆一个民主国家。所以对吃一堑长一智的"魏玛人"而言，重要的是建立一个新的、防御型的民主国家。因此，当"主体委员会"（Hauptausschuss）主席、社会民主党议员卡洛·施密特①9月8日要求"不要宽容那些想以民主杀死民主者"时，获得了人们的广泛赞成。6

《基本法》的立法者列出了以下捍卫民主、防御敌人的手段：使其丧失基本权利，由宪法的"司法监护人"——联邦宪法法院——取缔敌视宪法的党派，以及确立第79条第3款的"永久条款"②。从此，即便多数席位支持修改宪法，民主的法律和联邦国家的规范性与制度性核心内容，包括从人的尊严原则引申出来的基本权利不容侵犯的本质，也不得被废除。和其他任何一个西方国家的宪法相比，通过这种制衡，德国《基本法》的多数原则受到了更严格的限制。

就像重视其保卫民主的能力一样，《基本法》的"父母们"也高度重视其可操作性。今后议会中的多数不得再将责任推给国家元首。联邦总统由一个独立的宪法机构——联邦大会（Bundesversammlung）——而非民众直接选举产生。总统的职责主要是代表性的。联邦总理只有通过"建设性不信任投票"（konstruktives Misstrauensvotum），通过选举继任者才能下台。议会委员会为防止联邦议会和人民"竞争性立法"（eine konkurrierende Gesetzgebung）设置了一个屏

119

---

① Carlo Schmid（1896—1979）：德国社会民主党政治家、宪法学家，是德国《基本法》和《哥德斯堡纲领》的主要起草者，致力于欧洲融合与德法两国和解。

② 《基本法》第79条第3款：本基本法之修正案凡影响联邦之体制、各邦共同参与立法或第1条与第20条之基本原则者，不得成立。

障：只有在重组联邦领土和通过最终的德国宪法时才能进行全民公投。迫于同盟国（尤其是法国）的压力，以及在巴伐利亚的敦促下，《基本法》比 30 年前的《魏玛共和国宪法》赋予联邦州更加重要的参与联邦立法的权力。1949 年 5 月 8 日，德意志帝国无条件投降 4 周年的当天，议会委员会以 53 票赞成、12 票反对［包括基民盟在巴伐利亚的姊妹党基督教社会联盟（Christlich-Soziale Union）的反对票］通过了《基本法》。该法于 5 月 23 日隆重颁行。

1949 年 8 月 14 日的首次联邦议会选举在很大程度上是一次就"计划经济还是社会市场经济"问题进行的全民公决，从而也是针对坚定的市场经济学家路德维希·艾哈德①的政策进行的全民公决。到目前为止，艾哈德是"统一经济领域"经济委员会负责经济事务的主任（Direktors für Wirtschaft im Wirtschaftsrat des Vereinigten Wirtschaftsgebietes）和基民盟的候选人。阿登纳和艾哈德的政党和基社盟一起获得了 31% 的选票；他们未来的联合执政伙伴——自由民主党（die liberale Freie Demokratische Partei）和德国保守党（die konservative Deutsche Partei）分别获得了 11.9% 和 4% 的选票。舒马赫的社会民主党和德国共产党的得票率分别为 29.2% 和 5.7%。9 月 12 日，由联邦议会议员和相同人数的各联邦州议员组成的联邦大会选举自民党主席特奥多尔·豪斯②为联邦总统。3 天后，联邦议会（和联邦总统及使各州得以参

---

① Ludwig Erhard（1897—1977）：德国政治人物、经济学家，被称为"社会市场经济之父"；1949—1963 年任德意志联邦共和国经济劳动部部长，1963—1966 年任德国联邦总理。

② Theodor Heuss（1884—1963）：德国政治家、作家，第二次世界大战后协助创立了德国自由民主党，并任党主席；1948—1949 年在议会任职，参与了德意志联邦共和国《基本法》的起草；1949 年 9 月当选为联邦德国第一任总统，1959 年卸任；一生著作颇多，其中包括 1932 年出版的《希特勒的道路》。

与联邦立法的联邦参议院一样，所在地也设在联邦临时首都波
恩）选举阿登纳为联邦总理，他仅比对手多一票。一个新的时
代也从此拉开帷幕——当时还没有人知道这个时代将持续 14
年，和魏玛共和国的存在时间一样长。

联邦德国建立之后，民主德国也紧随其后。1949 年 9 月
27 日，斯大林同意建立德意志民主共和国。10 月 7 日，德国
人民会议（das Deutsche Volksrat，德国人民代表大会运动
的执行机构，苏联占领区的所有党派和群众组织在其中都有代
表）宣布成为临时人民议院（Provisorische Volkskammer）。
临时人民议院当天就通过了一部宪法草案。

民主德国的宪法没有传统法治国家意义上有关三权分立
的规定。人民议院名义上是最高国家机构。党派和群众组织的
议席分配从一开始就根据"联盟体系"（Blocksystem）确定；
德国统一社会党的优势得以确保，有超过 3/4 的议员来自该
党。1949 年 10 月 11 日，斯巴达克同盟和德国共产党的创始
人之一威廉·皮克① 当选德意志民主共和国总统。前社会民主
党党员奥托·格罗提渥② 成为总理。他的副手大多来自资产阶
级"联盟党"③，但最重要的一位副手是德国统一社会党副主席
和"强人"瓦尔特·乌布利希④。内政部、司法部及人民教育部

121

---

① Wilhelm Pieck（1876—1960）：民主德国共产主义政治家，曾任德国统一社会党
主席和德意志民主共和国总统。

② Otto Grotewohl（1894—1964）：德国政治家，第二次世界大战前在德国社会民
主党出任要职，自 1949 年至去世担任德意志民主共和国部长会议主席与德国统一
社会党主席。

③ Blockparteien：也称附庸党、花瓶党或尾巴党，指主要政党（通常是执政党）以
外的其他一些规模不大的政党；一般直接或间接受主要政党的控制而缺乏独立性，
并用于对外营造民主氛围或彰显多党合作体制，被视为政治花瓶。

④ Walter Ulbricht（1893—1973）：德国政治家、共产主义者，曾任民主德国统一社
会党第一书记、主席等。

部长和他同属一个党派。统一社会党由此确保了占据政府中的关键职位。

议会委员会从刚刚过去的德国历史中吸取了教训。德国人民会议只允许得出"反法西斯"的结论。反法西斯主义成为民主德国的"建国传奇"（Gründungslegende）。德国的分裂并未随着联邦德国和民主德国的建立而结束，但1949年秋发生的事件使区分西方民主阵营和东方社会主义阵营的冷战边界从此确定下来：这条边界线贯穿德国中部（亦贯穿欧洲中部），完全符合"雅尔塔逻辑"（美国、英国和苏联三国1945年2月在雅尔塔会议上签订了关于把旧大陆划分为东部和西部势力范围的协议）。

联邦德国1949年还远远不是一个主权国家。主权始终由三个西方占领国的高级委员组成的"高级委员会"（Hohe Kommission）行使——阿登纳对这种状况极其不满。他对于可预见的未来的最高目标是：尽快使联邦德国成为独立自主、与西方紧密联系的国家。为了实现这一目标，他对西方大国推行一种加深对联邦德国信任的"履约政策"（Erfüllungspolitik）。1949年11月末，阿登纳和高级委员会签订了《彼得斯贝格协议》①，该协议虽然未能实现德国方面强烈希望的立即停止"拆除"［Demontagen，出于赔偿目的和"去军事化"（Entmilitarisierung）原因拆除德国的工业设施和机器］，但是带来了同盟国的承诺：仅拆除剩余的纯粹的军工企业，并且要迅速完成（1951年中期也确实完成了）。

阿登纳的"回礼"是承诺联邦德国加入鲁尔国际管制局

① das Petersberger Abkommen：1949年11月22日签署的一项在英国、法国、美国占领下旨在扩大联邦德国权力的国际协议，被视为联邦德国走向主权国家的第一步；协议由联邦德国总理阿登纳和盟军最高委员会在今德国波恩附近的彼得斯贝格饭店签署。

（Internationale Ruhrbehörde）：1949 年 4 月，西方三大国和比利时、荷兰、卢森堡根据鲁尔区的情况，对这个位于莱茵 – 威斯特法伦工业区的煤炭和钢铁的生产与分配实施管控。尽管可提供数万工作岗位的德国最大的钢铁厂通过这种方式得到了拯救，但社会民主党主席库尔特·舒马赫对此结果不满，以至于他在联邦议会 1949 年 11 月 24 日到 25 日举行的极具戏剧性的夜间会议上不由自主地喊出了一句被载入联邦德国编年史的话，即称阿登纳是"同盟国的联邦总理"（Bundeskanzler der Alliierten）。[7]

联邦德国受到平等对待的下一个重要步骤是加入法国推动成立的"欧洲煤钢共同体"。除法国和联邦德国外，也包括意大利、荷兰、比利时和卢森堡等国在内的"欧洲煤钢联营"（Montanunion）恰恰就是 1957 年建立的欧洲经济共同体和今天的欧洲联盟的"胚细胞"。1952 年 1 月 11 日，联邦议会在社会民主党反对的情况下通过了《欧洲煤钢共同体条约》。

相比关于阿登纳要求重新武装联邦德国的持续争论，就欧洲煤钢共同体展开的讨论只不过是小打小闹。"融入西方"（Westbindung）的政策也包括联邦德国在军事上作出贡献，联邦总理阿登纳对这一点从来没有疑问。1949 年之后美国也追求同样的目标——试图借助联邦德国的国防军削弱苏联军队在欧洲的优势，以制衡 1948 年以来建立的民主德国准军事化组织——驻营人民警察[①]。1950 年 6 月，朝鲜战争爆发，这也在很大程度上加剧了欧洲对苏联入侵的恐惧。但联邦德国国内，任何形式的"再军事化"（Remilitarisierung）都遭遇了强大阻力，反对力量主要来自工会、社会民主党人和大部分基督教会。这些反对派认为，将联邦德国纳入某个西方军事联盟

123

---

① Kasernierte Volkspolizei：民主德国国家人民军的前身，隶属于民主德国内政部。

与德国重新统一的目标不符，甚至可以说是联邦政府背弃了德国统一的理想。

1952 年 3 月 10 日，斯大林在一份给美国、英国和法国政府的照会中建议直接允许德国参与起草和平协议，联邦政府没有采取行动促使西方大国对此作出积极答复；此时，对阿登纳总理的指责也更加强烈，但是阿登纳毫不怀疑苏联领导人的战略意图：对他们而言，首先要在联邦德国和西方盟国之间制造紧张关系，阻止重新武装联邦德国。此外，在这位来自波恩的总理看来，以整个德国的中立为前导信号的两德重新统一只不过是苏联在整个欧洲建立霸权的其中一步，这给人们不被斯大林在德国问题上看似友好的举动蒙蔽提供了又一个理由。

1952 年，以满足苏联条件为前提的德国统一方案还面临着另一个代价，但它很少被提及，即最终承认奥得—尼斯线为东部边界。但联邦德国对此毫无准备。所有民主党派都坚持"德国"这一概念意味着他们都承认 1937 年边界内的德意志帝国领土。1955 年 8 月，一份问卷选出了一些较有代表性的德国公民作为访问对象，就阿登纳是否应该接受莫斯科假设的提议询问意见，即是否应在彻底放弃西里西亚、波美拉尼亚和东普鲁士的情况下实现德国统一并举行自由选举。2/3（67%）的被调查者表示反对，只有 1/10（10%）表示接受。对联邦德国而言，1950 年代按照 1945 年边界实现德国统一显然不是现实的选择。[8]

联邦德国作出军事贡献的第一种可能性方案是建立由 6 个煤钢共同体成员国组成的"欧洲防务共同体"（Europäische Verteidigungsgemeinschaft）。在这一框架内，未来的军队将以师以上建制并入共同的西欧军队。《欧洲防务集团条约》和另一个结束占领区政权、显著扩大联邦德国主权的《德国条约》（Deutschlandvertrag）① 相互关联。1953 年 3 月 19 日，经过激烈辩论，联邦议会在社会民主党反对的情况下通过了这两项协议。但《欧洲防务集团条约》从未付诸实施。在法国，这个最初即由之提出的计划从一开始就备受争议。1954 年 8 月 30 日，戴高乐的支持者和共产党人同其他议会党团的议员一起推翻了《欧洲防务集团条约》。阿登纳认为这个结果是一场灾难，他在 1966 年出版的《回忆录》② 第二卷中称这一天"对欧洲来说是黑暗的一天"。[9]

　　但联邦德国在防御方面的贡献并未就此结束。西方盟国和联邦德国 1954 年秋达成一致的替代方案是：德国直接加入 1949 年 4 月成立的西方防御联盟——北大西洋公约组织。从欧洲融合视角出发，这个解决方案其实是具有退步性的，从联邦德国作为国家受到平等对待的角度看则是具有进步性的。1954 年 10 月的《巴黎协定》对《德国条约》再次作了修订：新版的《德国条约》赋予德国"对其内政和外交事务的全部权力"。[10] 但同盟国保留了对作为整体的柏林和德国的控制权，联邦德国有权在国内出现紧急状况时制定相应的法律规范，也有义务放弃原子、生物和化学武器（所谓"ABC 武器"）。1955 年 2 月 27 日，联邦议会以大多数赞成票通过了《巴黎协定》。此前，与工会和知名基督教神学家组织议会外的抗议活动来反对该条约的社会民主党人投了反对票。

　　1955 年 5 月 5 日，《巴黎协定》生效，联邦德国从此成为受到限制的主权国家。4 天后，联邦德国加入了北约。苏联几

---

① 1952 年 5 月 26 日由美、英、法三国外长与联邦德国总理兼外长阿登纳在波恩签订的有关德国问题的若干专约和协定的总称，又称《波恩条约》《波恩专约》《一般性专约》。

② *Erinnerungen*（*1945—1963*）：阿登纳 1963 年退出政坛后开始撰写的回忆录，主要记载了 1945—1963 年所经历的国内外主要历史事件及其主要观点。

个月前还坚决反对西方大国让联邦德国加入北约的计划，但此时木已成舟，苏联只能无奈地接受。1955 年 5 月 14 日，"华沙条约组织"正式成立。其成员包括苏联、波兰、民主德国、捷克斯洛伐克、匈牙利、罗马尼亚和保加利亚（阿尔巴尼亚也加入了该组织，直至 1968 年）。6 月，阿登纳收到访问莫斯科的邀请并于 1955 年 9 月访问苏联。这次访问的主要成果是就幸存的德国战俘和被捕平民返回祖国，以及苏联和联邦德国建立外交关系达成了协议。9 月 20 日，民主德国因为莫斯科和波恩的协议而"得到补偿"：苏联确认民主德国拥有全部主权。

与此同时，德国的分裂加剧了。联邦德国发展为实行议会制、资产阶级色彩浓厚的社会；而民主德国实行"社会主义"制度，在这个"工人和农民的国家"，心有不满的公民还可以越过东西柏林的边界，在某种程度上安全地离开民主德国；除资产阶级知识分子和自雇人士外，还有许多技术工人这样做，1952 年实行农业集体化以来，越来越多的农民开始前往联邦德国。1953 年 6 月，苏联军队镇压了一场席卷民主德国各地的工人运动，联邦德国对此进行了不痛不痒的抗议。从此以后，6 月 17 日被定为"德国统一日"（Tag der deutschen Einheit）。这一天象征着德国分裂为两个极端不同的国家和社会体系。

社会民主党（Sozialdemokratie）对联邦德国民主制度的稳定发挥着重要作用。1950 年代，社会民主党是一种"民族主义反对力量"（eine nationale Opposition）。当然，这与 1930 年代初魏玛共和国的右翼（die Weimarer Rechte）是大不相同的。魏玛共和国的左翼人士是国际主义者，右翼人士是民族主义者。而在德意志联邦共和国，中右政党推行一种超民族的① 融合政策，以奉行民主的社会民主党为典型的温和

127

---

① supranational：也常译作"超国家的"。

左翼则坚持以德国统一为重，由此增添了民族主义色彩。这就是德意志第一共和国与第二共和国之间的显著差别。1956年，瑞士时政评论家弗里茨·勒内·阿勒曼 [①] 在其《波恩不是魏玛》（*Bonn ist nicht Weimar*）一书中首先指出了这种差别。[11]

1950 年代的持续繁荣，即所谓的"经济奇迹"和德国的迅速复兴（Rehabilitierung）（更准确地说是西方盟国为联邦德国进行的复兴）同样使阿登纳获得了成功。1953 年的联邦议会选举中，联盟党获得的议席达到微弱多数，4 年后甚至获得了 50.2% 的绝对多数。取得这一胜利，起领导作用的执政党首先要归功于大选当年社会政策的成功：引入与税前工资挂钩的富有活力的养老金制度。阿登纳时代发生的变化比"第三帝国"存续的 12 年和战后最初那段时间的变化都要大。阶级结构、圈层关系（也包括与教会的联系）逐渐瓦解，农业就业人口持续减少，服务业从业人员数量增加，社会学家赫尔穆特·谢尔斯基 [②] 使用的"被拉平的中产阶级社会"（nivellierte Mittelstandsgesellschaft）一词也许过于淡化尚且存在的社会差别，但本质上是对的。[12]

随着生活水平的提高，对西方民主的接受程度也有所提高。阿登纳在任时期形成的是一种保守的民主制度：这种制度不是建立在积极参与的基础上，而是建立在对既有成果的认可上。对纳粹历史的反思留给了知识分子和历史研究。对于数百万德国人卷入了 1945 年惨败的希特勒体制，有一种观点

---

① Fritz René Allemann（1910—1996）：瑞士记者、时政批评家。

② Helmut Schelsky（1912—1984）：德国社会学家，是二战后德国社会学的代表人物之一。

成为主流，那就是哲学家赫尔曼·吕贝 ① 所称的"交际沉默"（kommunikatives Beschweigen）："这样一种沉默是战后我们的民众转变为德意志联邦共和国公民在社会心理和政治上的必要媒介。" 13

1957 年，阿登纳在选举中取得的辉煌胜利使社会民主党中的改革派力图对德国这个最古老的党派进行彻底变革，并成功地说服其相信市场经济的优势，以及打造一个对中间阶层友好的社会的必要性。随着 1959 年 11 月《哥德斯堡纲领》② 的通过，社会民主党摒弃了计划经济思维及其维护的"大众马克思主义"（Volksmarxismus）和阶级斗争的语言，开始把自身定位为中左的全民政党，并且有意识地争取知识分子、高级官员、手工业者和其他自雇人士的支持。1960 年6 月 30 日，社会民主党议会党团主席赫伯特·魏纳 ③ 在联邦议会发表演说，认可阿登纳的西方政策是未来该党一切对外政策的基础；这一演讲是对《哥德斯堡纲领》的补充。魏纳由此扫除了一个令许多德国公民不敢把票投给社会民主党的障碍。

129

魏纳演说的战略目的很明确：试图增加其党派在 1961 年联邦议会大选中的机会，使其有可能参与执政，甚至崛起为联邦德国最强大的政治力量。社会民主党首次正式推出了一位"总理候选人"：1913 年生于吕贝克、被认为强烈"亲西方"、

---

① Hermann Lübbe（1926— ）：德国哲学家，里特学派（Ritter-Schule）代表人物之一。

② Godesberger Programm：德国社会民主党的纲领，于 1959 年 11 月 15 日在德国哥德斯堡举行的社会民主党大会上批准通过；该纲领最引人注目的地方是社会民主党首次放弃了马克思主义观点。

③ Herbert Wehner（1906—1990）：德国政治家，1966—1969 年任联邦德国全德事务部部长，此后至 1983 年任社会民主党联邦会议党团主席。

颇具个人魅力的柏林市市长维利·勃兰特①。然而，选战的最后阶段完全被 1949 年德国分裂以来最重大的转折性事件蒙上了阴影：1961 年 8 月 13 日，民主德国关闭了东西柏林之间的边界。

考虑到苏联的党和政府领导人尼基塔·赫鲁晓夫②把西柏林变成一座去军事化的"自由城市"的威胁，建造柏林墙便是一种防御措施。赫鲁晓夫和德国统一社会党第一书记、民主德国国务委员会主席瓦尔特·乌布利希无须担心西方国家对此作出强烈反应。因为 1961 年 7 月 25 日，美国总统约翰·肯尼迪③在一次广播电视讲话中就柏林问题提出了西方国家的条件：西方盟国在柏林存在的权利、自由通往西柏林的权利和 200 万西柏林人政治自决的权利。保持东西柏林边界的开放不是这些条件之一。

对民主德国的民众而言，修建柏林墙并严密封锁两个德国的边界意味着任何从民主德国进入"另一个德国"即联邦德国的尝试都会有生命危险。

1970 年代，民主德国的政权已不再是斯大林时代的政权——这个时代随着斯大林 1953 年 3 月的去世而终结。正如西柏林政治学家理查德·洛文塔尔 1965 年注意到的那样，随着赫鲁晓夫开始"去斯大林化"，持续革命和群众恐怖的动力已消失殆尽。[14]从此以后，民主德国在治国方面越来越倚重技术官僚。其执政党在经济上设立了超过联邦德国的目标，暂时容忍了文

130

---

①　Willy Brandt（1913—1992）：德国政治家，社会民主党领导人之一，联邦德国第四任总理，是 1930 年后德国首位社会民主党总理。

②　Nikita Chruschtschow（1894—1971）：苏联政治家，曾任苏联最高领导人、苏联共产党中央委员会第一书记及苏联部长会议主席等重要职务。

③　John F. Kennedy（1917—1963）：美国政治家，第 35 任总统。

化多样性的增强。同时，国家安全部的权限扩大了，对民众的控制也随之加强。统一社会党自认为掌握了了解历史进程及其结果的唯一理论。要解决"国家问题"（nationale Frage），这一理论就必须先在全德国取得胜利。因此，不能与"资本主义"和"帝国主义"的联邦德国重新统一。

　　1961 年 8 月 13 日之后，联邦德国的选战也不受影响地继续进行。联邦总理阿登纳丝毫不惮在东西柏林边界关闭次日以诽谤性的影射对其竞选对手维利·勃兰特进行人身攻击，说他是私生子，曾经流亡挪威和瑞典。[①]85 岁的阿登纳口无遮拦，这也是联盟党在 1961 年 9 月 17 日的大选中不可避免地遭受重大损失的原因之一。和 1957 年大选相比，联盟党的得票减少了几乎 5 个百分点，得票率为 45.3%。相反，社会民主党的得票率增加了 4.4 个百分点，得票率为 36.2%。但得票增加最多的是 1956 年以来作为反对党的自由民主党（下文简称"自民党"），该党得票率由 7.7% 上升至 12.8%。为了重新组建一个"资产阶级"联盟，自民党人从此变得不可或缺。自民党虽然很想用经济部部长路德维希·艾哈德替代总理阿登纳，但是无法遂愿。年迈的总理仍旧稳居其位，只是对内不得不承诺任期过半时退位，以便继任者在下一届选举之前能在新的岗位上证明自己。

　　第二年，联邦德国发生了有史以来最严重的内政危机。1962 年 10 月，主要在联邦国防部部长、基社盟主席弗朗茨·

---

① 维利·勃兰特是非婚生子，原名赫伯特·恩斯特·卡尔·弗拉姆（Herbert Ernst Karl Frahm），1932 年考入大学，1933 年因纳粹上台而流亡国外，化名维利·勃兰特。最初在挪威从事新闻工作，德国占领挪威后，他逃往瑞典，居留至二战结束。战后，他以挪威公民身份返回德国，一度任挪威驻柏林使馆新闻专员，于1948 年恢复德国公民身份。

131

约瑟夫·施特劳斯 ① 的推动下，警方占领并搜查了汉堡新闻杂志《明镜》的出版室，发行人鲁道夫·奥格斯坦 ② 和多名编辑被捕。他们被指控叛国（阿登纳也参与了指控），起因是该杂志刊载了一篇有关北约军事演习的封面主题文章，但无法以任何方式证明他们叛国。施特劳斯因欺骗了联邦议会而不得不辞职。联邦德国组织了大批大学生参加的要求新闻自由的群众游行：这是人们对被认为越发专制的阿登纳统治风格日益不满的表现。11 月，自民党部长辞职之后破裂的"基督教—自民党执政联盟"改组；施特劳斯退出了政府。联邦德国的首位总理再次保住了自己的职位，但已威望扫地。

132

1963 年 10 月 15 日，阿登纳时代结束了。接替阿登纳的是路德维希·艾哈德，首任联邦总理认为此人完全不适合制定政治路线。尽管在其漫长的执政生涯的最后几年威望受损，但阿登纳的政治成就在当时受到了各党派的一致肯定。他使联邦德国牢牢地扎根在西方国家之列，在使保守的德国适应民主制度方面，他所作的贡献大于其他任何一位政治家。1963 年前后，德国的内政亟待改革。和纳粹的历史相比，联邦德国不能停留于 1950 年代形成的舒适的、一半与历史保持距离一半为自己辩解的制度设计层面。但当时已存在一个基础，阿登纳的继任者得以继续建设，这个基础也被证明经得起考验。

艾哈德担任总理成了短暂的插曲。作为政府首脑，这位"经济奇迹之父"的作为正如阿登纳担心的那样不幸。1966 年10 月末，自民党的部长们因为提高税收引发的冲突离开了政府。随后举行了与社会民主党组建大联盟的谈判，谈判最终取

---

① Franz Josef Strauß（1915—1988）：联邦德国右翼政治家，基社盟重要成员。

② Rudolf Augstein（1923—2002）：德国新闻从业者、出版家，《明镜》周刊创始人。

得了成功。1966 年 12 月 1 日，巴登－符腾堡州的基民盟州长库尔特·格奥尔格·基辛格①当选为政府总理。维利·勃兰特任副总理兼外交部部长。经济部部长由社会民主党的卡尔·席勒②担任，财政部部长由基社盟主席施特劳斯担任。担任全德事务部部长的是时任社会民主党议会党团主席的赫伯特·魏纳。

大联盟也只是昙花一现。大联盟政府使联邦德国成功摆脱了严重的经济危机，实行了一系列经济和财政的结构性改革；在全球学生抗议活动风起云涌的 1968 年，在院外组织强烈反对的情况下通过了修正宪法、符合法治国家要求的《紧急状态法》（Notstandsgesetze），但在德国和东方政策上乏善可陈。联盟党不愿以任何形式承认民主德国的合法性，社会民主党则在柏林墙建成之后终于认识到这一点：如果不与另外一个德国及其保护国苏联和解，德国的内部情况将不会改善。"以接触促改变"（Wandel durch Annäherung）——这是勃兰特最亲密的顾问埃贡·巴尔③1963 年 7 月提出的口号。在政治实践中，贯彻这一座右铭的第一次有效尝试是西柏林市政府 1963 年末至 1964 年初的冬天和民主德国签订的《柏林边界跨越许可协议》（die Berliner Passierscheinabkommen），以便西柏林人能够到东柏林探亲。[15]

---

① Kurt Georg Kiesinger（1904—1988）：德国政治家，1958—1966 年任巴登－符腾堡州州长，1966—1969 年任联邦德国政府总理，1967—1971 年任基督教民主联盟主席；支持阿登纳和勃兰特的亲西方政策。

② Karl Schiller（1911—1994）：德国著名经济学家、政治学家，推行凯恩斯主义。

③ Egon Bahr（1922—2015）：联邦德国政治人物，在勃兰特任总理期间，与其他人共同制定了口号为"以接触促改变"的东方政策，旨在使联邦德国和东方集团国家（尤其是苏联和民主德国）的关系正常化。

在联邦层面，作为执政党的社会民主党作好了与华沙条约成员国建立外交关系的准备，为其缓和东西柏林关系的政策助力：基民盟以其推行的、以曾任外交部国务秘书的瓦尔特·哈尔斯坦①命名的"哈尔斯坦主义"②反对这种立场。该主义认为，除苏联外，联邦德国不得承认任何与民主德国保持外交关系的国家。社会民主党致力于使德国—波兰的奥得—尼斯线边界获得承认，或者至少获得尊重，联合执政的基民盟对这一努力则不以为然。社会民主党的这一想法得到了部分新教教会人士以及《明镜》、《时代周报》（*Zeit*）、《法兰克福评论报》（*Frankfurter Rundschau*）和《南德意志报》等左翼自由派媒体的支持。

134

1969 年权力交替之后，联邦德国和民主德国的政策才取得了突破。当年 9 月 28 日的联邦议会选举中，基民盟和基社盟虽然再次成为最强大的政治力量，但社会民主党和自民党联合起来占了微弱多数。自民党虽然在大联盟政府推行的社会政策和德国政策上明显左倾，但在 1969 年 3 月和社会民主党一起选举司法部部长古斯塔夫·海涅曼③为联邦总统。他曾经是基民盟成员，1950 年 10 月因反对阿登纳重新武装德国的政策而辞去内政部部长职务。9 月 28 日深夜，自民党主席瓦尔特·

---

① Walter Hallstein（1901—1982）：德国法学家、政治家，曾任联邦德国外交部国务秘书、欧洲经济共同体委员会首任主席。

② Hallstein-Doktrin：也译作"哈尔斯坦学说"，是联邦德国首任总理阿登纳推行的，由其外交部部长瓦尔特·哈尔斯坦提出的针对民主德国和东方阵营的外交政策；该主义压缩了联邦德国的外交活动空间，使其被孤立，后来被勃兰特政府推行的"新东方政策"所取代。

③ Gustav Heinemann（1899—1976）：德国政治家，1949—1950 年任联邦德国内政部部长，1966—1969 年任司法部部长，1969—1974 年任联邦总统。

谢尔^①同意与社会民主党就组成执政联盟进行谈判。谈判的结果是在联邦德国产生了第一个由社会民主党和自民党联合执政的政府，勃兰特担任联邦总理，谢尔任副总理兼外交部部长。

1969 年 10 月 28 日，勃兰特政府宣言中有关德国政策的部分引起了全世界的极大关注。该宣言提出，联邦德国和民主德国成立 20 年之后要防止德意志民族进一步分裂，也就是说要通过有序"共处"（Nebeneinander）实现"共存"（Miteinander）。同时认为，民主德国自然不可能在国际法上获得承认。"即便德国存在两个国家，但它们彼此不是外国；它们之间的相互关系只能是一种特殊的关系。"¹⁶

社会民主党和自由党联合政府推行的东方政策的机会在于，最终与美苏两个世界大国的重要利益达成一致。赫鲁晓夫的接班人、苏共总书记列昂尼德·勃列日涅夫^②领导下的苏联首先关心的是在欧洲势力范围内的安全。美国 1963 年在肯尼迪领导下启动了对苏联的缓和政策；理查德·尼克松^③任总统期间，美国继续实施该政策。要说服尼克松的安全顾问亨利·基辛格^④相信缓和美苏关系符合美国和联邦德国的利益颇费周折，但埃贡·巴尔早在 1969 年 10 月 21 日勃兰特当选联邦总理之前就在总理府激烈的讨论中说服了被指定担任国家安全事务顾问（后担任国务卿）的基辛格，从而在很大程度上打消了华盛顿的顾虑。

---

① Walter Scheel（1919—2016）：德国自民党政治家，1961—1966 年任联邦经济合作部部长，1969—1974 年任外交部部长和联邦副总理，1974—1979 年任联邦总统。

② Leonid Breschnew（1906—1982）：苏联领导人、元帅，长期担任苏联共产党中央委员会第一书记（1966 年改为总书记）、苏联最高苏维埃主席团主席，掌权 18 年，是苏联第五位和第四代领导人。

③ Richard Nixon（1913—1994）：美国政治家，1969—1974 年任第 37 任美国总统。

④ Henry Kissinger（1923—2023）：美国政治学家和政治家，曾任国家安全事务顾问、国务卿。

巴尔也是东方政策的基础协议——1970 年 8 月《莫斯科条约》（Moskauer Vertrag）[①]的设计师；该条约考虑到了苏联对维持现状的兴趣，同样也考虑到了［在附件《关于德国统一的信》（Brief zur deutschen Einheit）中坚持的］联邦德国的意愿，即"谋求欧洲的和平状态；在这种状态下，德国人民在自由自决中重新实现统一"。[17]内政上更有争议的是 1970 年 12 月 7 日勃兰特和谢尔与波兰签订的《华沙条约》（Warschauer Vertrag）[②]。该条约确认了波兰的奥得—尼斯线西部边界，强调联邦德国和波兰人民共和国彼此没有领土诉求。这虽然不是对奥得—尼斯线在国际法上的最终认可（根据德国联邦法律，只有通过和平条约才能认可），但遭到了"被驱逐者联合会"（Vertriebenenverbände）和反对派联盟党中大部分人的强烈反对。

和东方国家签订的第三个条约（《莫斯科条约》和《华沙条约》的批准正是基于该条约的议定）是四个盟国谈判达成的《柏林协定》（Berlin-Abkommen）[③]。该条约确保了联邦德国和西柏林之间畅通无阻，使西柏林人能更方便地访问东柏林和民主德国，以维持和发展联邦德国与西柏林之间的联系，但也考虑到主要由苏联主张的政策，即西柏林不是联邦德国的组成部分，不由联邦德国管辖。

议会批准《莫斯科条约》和《华沙条约》的机会在外交谈判期间明显变得渺茫了。多名对新的东方政策不满的自民党和

---

① 即《德意志联邦共和国和苏联互不侵犯条约》。

② 即《波兰和德意志联邦共和国关系正常化协定》。

③ 即《法国、苏联、英国、美国关于柏林的协定》，也称《四方协定》。最初四国于 1970 年 3 月 26 日就柏林西区问题开始谈判，1971 年 9 月 3 日在柏林美占区签订此协定，同年 12 月 17 日东柏林和西柏林参加该协定，20 日民主德国和联邦德国参加该协定，1972 年 6 月 3 日协定开始生效。

社会民主党议员在此期间改换阵营，投身联盟党的议会党团，以至于执政联盟无法在议会中确保多数。1972 年 4 月 25 日，基民盟和基社盟的议会党团提出了一项对联邦总理勃兰特进行建设性不信任投票的申请：接替勃兰特当选联邦总理的本该是议会党团主席赖纳·巴泽尔 ①，但 4 月 27 日投票表决时出人意料地少了两票，以至于不信任案未能通过。至少两名基民盟议员收了国家安全部的钱来投票反对巴泽尔，这一点早就确定无疑。其中一名议员另外收受了社会民主党的钱，这可能也起了作用。

此后，政府和反对派之间在议会表决上陷入了僵局。尽管如此，《莫斯科条约》和《华沙条约》还是获得了批准，原因在于联邦议会与莫斯科协商后作出了一项再次表明德国政策和外交政策目标的决定。1972 年 5 月 17 日对这两个条约进行表决时，大多数联盟党议员投了弃权票，确保了条约的批准。

不久，波恩和东柏林开始就联邦德国和民主德国之间的"基础条约"（Grundlagenvertrag）② 展开谈判，谈判得以在 11 月 6 日完成。在这一条约中，民主德国和联邦德国都强调要相互平等对待，放弃威胁或使用武力，双方之间的既有边界不可侵犯，尊重领土完整，但也强调了持续存在的意见分歧以及在国家问题上的法律概念分歧。联邦德国和民主德国都想在对方的政府所在地设立"常驻代表处"（而非像东柏林要求的那样设立"大使馆"）。四个盟国的保留权利得到了确认，该条约由此保留了国际法层面的权利。11 月 9 日，四个大国确认了保留的这些内容，同时声明将支持两个德国加入联合国。

① Rainer Barzel（1924—2006）：德国基民盟政治家，曾任德国联邦议会主席。

② 即《德意志联邦共和国和德意志民主共和国之间关于两国关系的基础的条约》，于 1972 年 12 月 21 日签订。

此时，社会民主党和自民党共同执政的联邦政府只是代行职责。勃兰特 9 月 20 日在由他提出的信任投票中未能获得多数票支持，联邦总统海涅曼与反对派达成一致后解散了联邦议会。新的大选日期定为 1972 年 11 月 19 日。《两德基础条约》在选战的最后阶段发挥了重要的可能也是决定性的作用。联合执政党在大选中脱颖而出。社会民主党获得了 45.8% 的选票，和 1969 年相比增加了 3.1%。自民党的得票增加了 2.6%，得票率达 8.4%。联盟党得票率为 44.9%，减少了 1.2 个百分点。

联合执政党赢得大选即勃兰特个人大获全胜，但还不能确保《两德基础条约》生效。在德国民族问题上始终主张联邦德国"唯一代表要求"（Alleinvertretungsanspruch）的联盟党在 1972 年 11 月 8 日该条约草签之后就对之宣战了，并且一直坚持否定态度。联盟党虽然无法阻止 1973 年 5 月 11 日联邦议会批准该条约，但在此 3 天前，由施特劳斯领导的巴伐利亚州政府请求联邦宪法法院审查该条约是否符合《基本法》。宪法法院拒绝了同时提出的发布临时条例的申请，该条约得以在 6 月 21 日生效。

138

1973 年 7 月 31 日作出最终判决。判决认为《两德基础条约》符合《基本法》，但确认了宪法法院的一个法律观点："德意志国"（das Deutsche Reich）继续存在，而联邦德国作为国家存在，哪怕其空间范围与"德意志国"不一致。根据判决，联邦德国的宪法机构有义务保持德国统一这一目标，停止一切可能阻碍两德重新统一的事务。对联盟党而言，这一决定至少意味着某种程度的成功：联邦德国由此确立了一个目前在社会民主党和自民党联合政府和广大公众中绝对有争议的目标。

社会民主党和自民党联合政府的最后一份东方条约引起的争议最少：1973 年 12 月，和捷克斯洛伐克签订的《布拉格条约》结束了旷日持久的有关《慕尼黑协定》国际法评价问题的争论。5 个月后，也即 1974 年 5 月 6 日，勃兰特辞任联邦总理，正如他写给联邦总统海涅曼的信中声明的那样，这样做是为了"承担纪尧姆间谍丑闻①中的过失责任"（纪尧姆是民主德国国家安全部门安插在联邦总理府、与勃兰特关系密切的工作人员）。[18]

139　　黯然离场并不能抹杀勃兰特作为第四任联邦总理的历史功绩。勃兰特借其东方政策使德国的分裂稍微变得"可容忍"，在国家长期分裂的情况下增强了民族的凝聚力。新的东方政策甚至以某种方式使联邦德国"更加西化"。波恩此前满腹疑虑地遵循西方大国的缓和政策，现在则建设性地对这一政策施加影响。政治学家理查德·洛文塔尔 1974 年对此作出恰如其分的判断："联邦德国和苏联以及苏联阵营的特殊冲突"成了历史。[19]

接替勃兰特的赫尔穆特·施密特②此前曾任社会民主党议会党团主席，1969 年起任国防部部长，担任总理前任财政部部长；施密特执政期间，联邦德国继续实施缓和东西方关系的政策。这项政策的高潮是 1975 年 8 月 1 日由全体北约和华约成员国，以及除阿尔巴尼亚外的欧洲所有不结盟国家的国家元首和政府首脑签署的有关欧洲安全与合作会议的最终法案——

---

①　Die Guillaume-Affäre：联邦德国与民主德国历史上最著名的间谍案，1974 年 4 月 24 日，曾在联邦德国总理府任职 4 年之久，时任勃兰特私人秘书的君特·纪尧姆及其夫人被发现是民主德国国家安全部（史塔西）的间谍，勃兰特因为这一事件于 5 月 7 日引咎辞职；纪尧姆间谍丑闻很可能不是勃兰特辞职的唯一原因，因为纪尧姆向联邦提供的情报价值不大。

②　Helmut Schmidt（1918—2015）：德国社会民主党政治家，联邦德国前社会民主党主席，曾任联邦德国国防部部长、财政部部长、经济部部长、总理、外交部部长，在任期间奉行凯恩斯主义经济政策。

《赫尔辛基协议》①。在这份文件里，与会各国同意既有边界不容侵犯、各民族有权自决、各国可以自行选择联盟体系并采取增强信任的措施，但也同意尊重人权和思想自由、良心自由、宗教自由和信仰自由等基本自由。

东方阵营国家的异见人士和民权活动家从此反复引以为据的《赫尔辛基协议》是社会民主党和自民党推行的东方政策的辉煌结局。联盟党曾在联邦议会中要求施密特政府不要在《赫尔辛基协议》上签字，现在他们也不得不面对协议达成这一现实。如果联盟党坚持其否定态度，1982 年 10 月 1 日就无法在赫尔穆特·施密特领导的社会民主党和自民党联合政府解散之后组成新政府——一个由基民盟和基社盟以及自民党部长组成、由基民盟主席赫尔穆特·科尔②领导的内阁。汉斯-迪特里希·根舍③（1974—1992 年任外交部部长）领导的自民党坚持德国内政和外交政策的连续性，并为之提供担保。科尔本人成了与民主德国紧密合作的一位重要人物。他执政期间，东柏林于 1983—1984 年获得了两笔（由施特劳斯促成的）数十亿元马克的贷款，这笔资金使民主德国度过了经济难关。1987 年 9 月，民主共和国国务委员会主席、德国统一社会党总书

---

① 又称《赫尔辛基最终法案》、《赫尔辛基宣言》或《欧洲安全与合作会议赫尔辛基最后文件》，指 1975 年 7 月 30 日—8 月 1 日在芬兰首都赫尔辛基举行的关于国际安全与欧洲合作的首脑会议上签署的"最后文件"，共有 35 个国家（包括美国、加拿大与除阿尔巴尼亚、安道尔外的全部欧洲国家）签署了这项协议。

② Helmut Kohl（1930—2017）：德国政治家，曾任莱茵兰-普法尔茨州州长、德国基督教民主联盟主席、德国总理；科尔在两德统一进程中起到关键作用，同时也对欧洲一体化进程作出很大贡献，但由于晚年卷入非法政治献金丑闻，对他的历史评价尚有争议。

③ Hans-Dietrich Genscher（1927—2016）：德国自民党政治家，曾任联邦德国内政部部长、联邦德国及统一后德国的副总理兼外交部部长，是德国历史上任职时间最长的外交部部长，也是两德统一进程中的重要领导人之一。

记埃里希·昂纳克 ① 对联邦德国进行了国事访问。从礼宾方面看，这是两德关系的高潮。

1987 年秋天，谁也想不到这段历史在 3 年之后会以德国重新统一告终。但有一点在当时就能确定：德国已经不再是世界政治的祸根或危机的根源。联邦德国和民主西方紧密相关，成了共产主义东方的伙伴。联邦德国之所以这样发展而没有走其他的道路，首先要归功于阿登纳和勃兰特——他们优先追求自由而非统一。正是他们的这种做法对 1989 年 11 月 9 日发生的国际性事件——柏林墙倒塌 11 个月之后在自由中实现德国统一发挥了决定性作用。

---

① Erich Honecker（1912—1994）：德国政治家，民主德国最后一位正式领导人，曾经担任德国统一社会党第一书记和德意志民主共和国国务委员会主席。

6 一条后民族特殊道路

1948 年 10 月 20 日，一位保守派基民盟成员——阿道
夫·苏斯特尔亨 ① 在议会委员会第六次会议上借着一次讨论未
来联邦德国国家名称的机会对"帝国思想"（Reichsgedanken）
作了一些原则性说明。他认为，"帝国"（Reich）这一历史概
念被"俾斯麦帝国、魏玛共和国——第三帝国他根本就不想说
了——错误地使用了"。"正如它在德国历史中存在了 1000 年
那样，这个概念是跨民族的、欧洲的东西。它是基督教西方的
名称。如果我想把'帝国'这个概念翻译成当代政治的现代语
言，那么当时人们称为'帝国'的东西，我今天就必须称作欧
洲联盟（europäische Union）或者欧洲联邦（europäische
Föderation）。"¹

第二次世界大战后，把跨民族的帝国理念套用于欧洲
是天主教保守派人士的一种"专利"。它远离了俾斯麦帝
国的"小德意志"理念，而复兴了"大德意志文化民族"
（großdeutsch Kulturnation）；对基督教之西方，本质上即
加洛林时代之西方的尊崇，伴随着对旧帝国的神化。因此人们
时不时就得明确拒绝重建德意志民族国家，因为这到头来又会
变成对 1866—1871 年的"小德意志"方案的认同。来自波恩
的《莱茵水星报》（*Rheinischer Merkur*）编辑保罗·威廉·
温格 ② 在其 1959 年出版的《谁赢得德国？》（*Wer gewinnt*　142
Deutschland?）一书中特别明确地阐述了这一观点。他将"小
普鲁士的自我孤立"和一个"中欧联邦"进行对比：在这种局

---

① Adolf Süsterhenn（1905—1974）：德国宪法学家、政治家，被视为莱茵兰－普法
尔茨州宪法的"精神父亲"。

② Paul Wilhelm Wenger（1912—1983）：德国记者、时政评论家。

势下，德国东部即民主德国地区作为苏联的势力范围与德国其他部分分离，波兰同样也会成为一个经过重新组合的、当然不再属于共产主义阵营的中欧的一部分。[2] 温格的论点之所以引起巨大关注，也是因为他被视为"总理派"的。但阿登纳对温格绝对持批判态度。在 1960 年的一次背景访谈中，阿登纳称温格是"异想天开者"之一，有时做些对他来说不可理喻的"自作主张之事"。[3]

1950 年代末，天主教保守派人士与 1871 年的小德意志民族国家保持距离。1958 年 9 月 28 日，哲学家雅斯贝尔斯在法兰克福圣保罗大教堂举行的德国书业和平奖（der Friedenspreis des deutschen Buchhandels）颁奖典礼上当着联邦总统特奥多尔·豪斯的面说："我们有过一个普鲁士的小德国，即俾斯麦的德国，它罔顾事实地和中世纪的第一个（德意志神圣罗马）帝国扯上了关系。"他认为俾斯麦的德国已经完全成为历史了。"如果我们就这样生活，仿佛那个国家还可能再次成为现实，那我们就是在让幽灵吸食当代的血液，阻止我们理解未来真正的危险和巨大的可能性。"鉴于"有色人种反对白人的种族意识"，重要的只有"西方国家翘首以盼的邦联（Konföderation）"。[4]

1960 年代，越来越多学者对德意志民族国家历史进行自我批判性回顾。1961 年，汉堡历史学家弗里茨·费舍尔①推出其著作《争雄世界》(*Griff nach der Weltmacht*)：这本书研究德意志帝国 1914—1918 年的战争目标政策，并产生了解放思想的效果，即从学术依据上驳斥了对德意志民族的主流解读方式（这种解读认为德意志帝国对第一次世界大战没有特别的罪行）。[5] 5 年后的 1966 年，年轻一代的历史学家出版了一本论文合集。在这本合集中，作者们对反对希特勒的保守反对派的外交和内政思想

143

---

① Fritz Fischer（1908—1999）：德国历史学家。

进行了批判。他们这样做不仅一反长期以来的历史学主流观点，而且动摇了联邦德国的一个"建国神话"（Gründungsmythos），即"1944 年 7 月 20 日 ① 精神"——以往人们不过是为了证明新国家之合法性而片面解读了这一事件。[6]

1965 年，自由派社会学家拉尔夫·达伦多夫 ②（社会民主党抵抗战士古斯塔夫·达伦多夫 ③ 的儿子）在其《德国的社会与民主》（*Gesellschaft und Demokratie in Deutschland*）一书中得出了类似结论："7 月 20 日密谋案以及由于政变失败导致的迫害行动标志着一代德国政治精英的终结。对许多人来说，普鲁士之名所代表的思想也走向了末路……被用以反对纳粹独裁的主要是道德价值（往往也包括其在德国历史上实现的意义）；旧政权实际上从道德方面看创造了一个更好的世界；但其起义失败了，通往现代化的残酷道路继续延伸。"[7]

不止达伦多夫一个人认为，为了保住自己的政权，纳粹主义不仅向德国的民主和法治遗产宣战，而且向德国的专制国家遗产和起支柱作用的贵族阶层宣战。美国历史学家大卫·肖恩鲍姆 ④1966 年在《希特勒的社会革命》（*Hitler's Social Revolution*）中对此作了进一步的阐释；该书一经出版，就在德国被迅速接受并引起广泛讨论。他认为，联邦德国的民主得益于"拉平效应"（nivellierende Wirkungen），并证明，纳

---

① 指第二次世界大战后期，1944 年 7 月 20 日由德国抵抗运动主导的刺杀希特勒的行动，该行动密谋推翻以纳粹党为首的德国政府，进而与西方同盟国达成和平协议。刺杀行动以失败告终，史称"7 月 20 日密谋案"。

② Ralf Dahrendorf（1929—2009）：德裔英国社会学家、哲学家、政治学家、自由派政治家，冲突理论的代表人物之一；反对结构功能主义对共识、秩序和均衡的片面强调，关注社会中变迁、冲突的方面，致力于建立冲突的社会分析模式。

③ Gustav Dahrendorf（1901—1954）：德国社会民主党政治家、记者、国会议员。

④ David Schoenbaum（1935— ）：美国历史学家，艾奥瓦大学历史学教授，研究重点为国际关系、19—20 世纪欧洲史、德国军事史、音乐社会史。

粹党人以制造"民众共同体"（Volksgemeinschaft）为目的的措施及其平均主义言论都具有这种效应。在肖恩鲍姆看来，"第三帝国"之彻底失败以及 1945 年后西方盟国和联邦德国建立者之共同作用，叠加成了一场社会革命中的"热月政变"，而那场革命最初就是 1933 年由希特勒开启的。[8]

同一时期还有两位精神分析学家——亚历山大·米切利希 [①] 和玛格丽特·米切利希 [②] 夫妇也在他们的著作《无力悲伤：集体行为的原理》（*Die Unfähigkeit zu trauern*）中认为纳粹主义摧毁了传统。但仅仅因为西格蒙德·弗洛伊德 [③] 所谓的"应对伤痛"（Trauerarbeit）在德国几乎尚未开始，他们就不能把这种摧毁的结果视为"意料之外的现代化"。米切利希夫妇的结论是：德国人和希特勒处于一种"自恋关系"中，他们对偶像跌落神坛的反应是幼稚的，即把罪责推给一手遮天的"元首"。"集体防御"（kollektive Abwehr）让大家松了一口气，避免了 1945 年之后出现"一场严重的忧郁（Melancholie）"，但要得到解放还需要一些挣扎，这少不免触碰到回忆的痛苦，也就是需要"应对伤痛"。只有这项工作结束时，"改变了的个体，就是说终于成熟、有更强的能力接受现实的个体"才会从中出现。[9]

米切利希夫妇的著作在 1967 年出版，彼时"无力悲伤"的假设还只适用于少数德国人，即"经历（二战）的一代"和"犯罪者一代"，这部分人拒绝对自己的思想——1933—1945

---

① Alexander Mitscherlich（1908—1982）：德国医生、精神分析学家、作家，代表作为与妻子合著的《无力悲伤：集体行为的原理》。

② Margarete Mitscherlich（1917—2012）：德国精神分析学家，常被称为"德国精神分析学贵妇"，研究重点是女权主义、女性性行为和战后德国的民族心理学等。

③ Sigmund Freud（1856—1939）：奥地利心理学家、精神分析学家、哲学家，精神分析学的创始人，20 世纪最有影响力的思想家之一。

年是作为还是不作为——进行自我批评式的审视。对联邦德国
的公共意识而言，这种拒绝态度渐渐不再那么典型，这不仅仅
是由于代际更替以及知识分子、作家、记者和科学家开展了启
蒙工作。1960 年代也是对还活着的杀害欧洲犹太人的刽子手
进行大审判的年代。1961 年 4 月，在耶路撒冷开始了对"纳
粹大屠杀"（Holocaust）中最重要的组织者之一、原党卫军一 145
级突击队大队长阿道夫·艾希曼 ① 的审判。随后，1963—1965
年在法兰克福陪审团面前进行了奥斯威辛审判（Auschwitz-
Prozess），1964—1965 年在杜塞尔多夫进行了特雷布林卡审
判（Treblinka-Prozess）。对"犹太人问题最终解决方案"不
能再无动于衷或者大事化小了。这个方案开始以其原本的样子
印入德国人的意识：它是 20 世纪德国历史的核心事实，甚至可
以说是"文明的断裂"（Zivilisationsbruch）。[10]

　　自我批判的历史文化（Geschichtskultur）② 形成了，这是
1960 年代联邦德国的一个标识。另一个标识是修建柏林墙所
引起的意识变化（Bewusstseinswandel）。阿登纳的"实力政
治"（Politik der Stärke）③ 导致联邦德国成为西方的一部分，
但这一政策无法阻止德国分裂的加深。如果民主德国的存在得

---

① Adolf Eichmann（1906—1962）：纳粹德国奥地利前纳粹党卫军中校，二战中针
　　对犹太人大屠杀的主要责任人和组织者之一，以组织和执行"犹太人问题最终解
　　决方案"（Endlösung der Judenfrage）而闻名，战后定居阿根廷，后来被以色列情
　　报机构逮捕，公开审判后被绞死。

② 指社会对待过去、对待历史的态度与方式。

③ 阿登纳认为，当苏联看到西方是既强大又能建立对话的伙伴时，才会愿意与联邦
　　德国谈判，故长远看来，"实力政治"是东西方关系缓和、实现互利的必要前提。
　　而从德意志联邦共和国的角度看，只有当联邦政府树立可靠形象时，西方才会愿
　　意在与东方阵营的交往中，将德国视为伙伴并将其利益纳入考虑，由此才能阻止
　　苏联挑拨离间，并对抗其扩张战略。在此框架下，阿登纳主张建立包括联邦德国
　　在内的西方共同防御阵线并让德国获得主权，从而实现联邦德国与苏联的直接谈
　　判，最终建立外交关系。

不到承认的话，那么（在西方依然被称作"苏占区"的）民主德国的现实就无法改变——1961 年 8 月 13 日之后，这种观点才开始依次在西柏林、联邦德国被人们接受。长期以来，联邦共和国都宣称自己只是一种"临时解决方案"（Provisorium）。直到 1961 年两德分离被名副其实地"水泥硬化"①了，这种自我定位才由此失去了依据。这时要做的是，从两个德国的事实中得出确保超越两德边界、把德国人凝聚在一起的结论：正是这种认识使 1969 年的权力变更成为可能。

1966 年，谁也没有料到基社盟主席施特劳斯是第一个撼动两德重新统一的国家目标的联邦德国政治家。在其《欧洲草案》（*Entwurf für Europa*）一书中，施特劳斯采纳了 1959—1969 年任法国总统的戴高乐的思想，主张"德国问题欧洲化"。施特劳斯提及，他不再相信"德意志民族国家的重建"，"在四个占领区内也不可能"。相反，他认为重要的是在欧洲创造条件，"允许人们充分吸收一个统一的德国所拥有的潜力，使其不可避免的优势不至于给各国共处造成负担。但这最终只有在联邦框架内削弱民族国家主权才有可能实现"。[11]

施特劳斯无法在联盟党内部推行这种观念，在社会民主党和自民党组成联合政府之后他也迅速改变了主张。但在联邦德国的公共舆论中，"德国问题欧洲化"的口号得到了压倒性的积极回应。还有一种常被提到的主张也得到了积极的反响，即认为联邦德国应该承认自己的地位、脱离《基本法》的"临时解决方案保留条件"（Provisoriumsvorbehalt）了——根据起草者的意愿，这部《基本法》原本只是为国家统一前的过渡时期设计的。

1967 年夏天，天主教杂志《高原》（*Hochland*）发表了时政评论家布格哈特·弗洛伊登费尔德（Burghard Freudenfeld）撰

---

① Zementierung：指柏林墙的修建。

写的文章《完美的临时解决方案》（*Das perfekte Provisorium*），由此开启了一场有关这个问题的原则性辩论。这篇文章的主要论点是：联邦德国对德意志帝国的认同排除了对其自身的认同。文章还认为，联邦德国缺乏作为"国家民族"（Staatsnation）的质量，是一个物质上而非地理上的"半成品"（Torso）。必须取消"临时解决方案"，因为这种状态存在危险。"因为人们生活在这种'替代品'（Surrogaten）中受的伤害更大；公然的弥天大谎对集体的危害不亚于对个体的危害。"[12]

联盟党和社会民主党这两个当时的执政党提出了异议。联邦议会主席、基民盟副主席欧根·格斯坦迈尔①（曾是1944年7月20日密谋政变的外围成员）号召坚持德意志民族和祖国的理念，以及"共同自决"的意愿。[13] 时任社会民主党联邦议会党团主席的赫尔穆特·施密特告诫人们要警惕这样的幻觉："仿佛德国的历史从1945年或1949年才开始，仿佛能够轻而易举地使德国人摆脱过去的纠缠，以及对整个国家的责任……在联邦德国强化国家意识是有必要且合法的，但如果想把民族意识也限定在这种国家意识的适用范围内，那就是在冒险强奸我们民族的历史。因此，我反对躲进德意志民族的'田园牧歌'里。"[14]

相反，弗洛伊登费尔德获得了自民党反对派的支持。1968年1月起担任自民党主席的瓦尔特·谢尔对《基本法》"临时解决方案"的解读完全不同于议会委员会在《基本法》序言部分的解读。谢尔主张，颠覆从"兼并和传教'（annexionistisch-missionarisch）的角度理解临时解决方案的做法。我们必须学习在考虑欧洲的情况下看待联邦德国的临时解决方案。从两个德国（deutsch-deutsch）的视角出发，这意味着我们不能再把联邦德国临时解决方案的特征理解为对民

①　Eugen Gerstenmaier（1906—1986）：德国基督教神学家和政治家。

主德国的战斗宣言，而是要理解为宪法中预设的对所有德国人的要求"。[15]

1968 年的学生运动中，德国问题没有发挥突出作用。学生运动关注的重点是越南战争、紧急状态法、"普通大学"（Ordinarien-Universität），以及"法西斯主义"在"晚期资本主义"联邦德国的永生。在 1968 年展开的关于法西斯主义的讨论中，很少有人提及纳粹主义的反人类罪行。用马克思主义理论来分析，"法西斯主义"是从资本主义中衍生出来的，它被解读为资本主义体系固有的发展可能，并且局限于其对资本主义的功能方面。意大利法西斯主义和德国纳粹主义之间的区别没有引起多少注意。学生叛乱者批评父母一代充其量只是不情愿地与纳粹主义保持距离，这种批判完全有道理，但对德国历史上最恐怖一章的批判性反思早在 1968 年就已经开始了。这不是学生运动的功劳。

乍一看，民主德国似乎已经更坚决地与一直被称作"法西斯主义"的纳粹主义决裂了。"去纳粹化"在苏联占领区的进程比在西方占领区激进得多。结构性改革是重点。1945 年 7 月，银行国有化之后，当年秋天便进行了"土地改革"（大多数贵族大地主占有的土地转变为农民的土地）和"工业改革"（大型工业企业转为公共财产）。

这样一来，根据 1933 年 12 月共产国际的传统说法（即法西斯主义掌握的权力是"最反动的、沙文主义的、大多属于帝国主义的金融资本要素的公然恐怖独裁"），支撑纳粹政权的最重要阶层被剥夺了权力。[16] 有罪的纳粹骨干被拘押在"特殊营"（Speziallagern）里；纯粹"随大流者"则被纳入 1948 年 5 月专门为他们和当时的军官创立的德国民族民主党（Nationaldemokratische Partei Deutschland）。经过相应的

"再教育"之后，曾经的纳粹"党内同志"（Parteigenossen）很快又能在统一社会党内谋职了。当然，和在联邦德国不同，他们很少能够获得社会和国家的最高职位。

有关纳粹历史、罪责与耻辱的公开和颇具争议的社会辩论既没有在苏联占领区，也没有在民主德国展开。"驱逐"（Vertreibung）这一话题在民主德国是重大禁忌；单单提到这个话题就会被视为修正主义或复仇主义。民主德国的"反法西斯主义"是高层规定的国家和党的教义，容不得从意识形态角度对其进行批判性追问。要是认可这种教义，也就意味着接受了统一社会党的领导要求，即把自己视作苏联的盟友，算作"历史的胜利者"。在这种情况下，民主德国未能发展出一种像联邦德国那样在激烈的、持续数十年的讨论过程中形成的自我批判的历史文化。与此相反，在被"官方"认可和教导的东西里，沿袭下来的以"民族辩护"（nationale Apologie）和对西方的怨恨为特点进行书写的德国历史在部分民众中很有市场。

随着联邦德国在军事上融入西方，统一社会党也发起了一场全国运动。很快就进入了包括所有党派和各个工会在内的联合组织"民主德国民族阵线"（Nationale Front des demokratischen Deutschland）高层的阿尔贝特·诺登 [①] 于1952年出版了一本题为《1813年的旗帜》（*Das Banner von 1813*）的书。他在书中召唤"斯坦因和格奈森瑙 [②]，沙恩霍斯

①　Albert Norden（1904—1982）：德国记者、政治家，曾任民主德国统一社会党政治局委员，部长会议第一副主席。

②　Gneisenau（1760—1831）：全名奥古斯特·威廉·安东尼乌斯·奈德哈特·冯·格奈森瑙伯爵（August Wilhelm Antonius Graf Neidhardt von Gneisenau），普鲁士陆军元帅，普鲁士军事改革和第六次反法同盟战争中的重要人物；曾与格哈德·冯·沙恩霍斯特一起在普鲁士进行军事改革，组建总参谋部，实行征兵制，更新武器装备，加强部队训练，对普鲁士和德国的军事制度产生了巨大影响。

特 ① 和克劳塞维茨 ②，阿恩特以及费希特的影子，……那些拯救了德国的人，因为他们相信他们的人民，与俄国结盟战斗"。[17]两年后，民族出版社（Verlag "Die Nation"）出版了一卷题为《为自由而战》（*Kampf um Freiheit*）的书，书中收录了"1789—1815 年民族起义期间的文献"，主要包括费希特、雅恩和阿恩特的文章。很多文章用的是"第三帝国"时期出版的新版本，其中雅恩的《德意志民族》（*Deutsches Volkstum*）的选段就采用了战争时期 1940 年的版本。[18]

150 　　联邦德国加入北约后，重新统一德国的呼声很快就偃旗息鼓了。"资本主义"联邦德国和"社会主义"民主德国之间的对立被认为是不可消除的，但人们依然坚持"一个德意志民族"（eine deutsche Nation）的概念。1969 年 10 月，社会民主党和自民党联合执政的政府在波恩成立之后，这种情况发生了改变。从此以后，苏联采取了一种"双重策略"：在外交上，苏联和联邦德国接近，同时又强化两者在社会政治和意识形态上的区别。1970 年 8 月，苏共总书记勃列日涅夫有一次与民主德国的领导人埃里希·昂纳克会谈时甚至怀疑统一社会党第一书记瓦尔特·乌布利希（此人自 1960 年 9 月起也担任民主德国国务委员会主席），认为他致力于一种"民主德国的社会民主化"——克里姆林宫的领导者以有必要在政治上加深两个德国之间的隔阂为由反对这种计划。[19]

---

① Scharnhorst（1755—1813）：全名格哈德·约翰·大卫·冯·沙恩霍斯特（Gerhard Johann David von Scharnhorst），普鲁士军事改革家、将军，1808—1813 年任普鲁士军队总监，1810 年于柏林创建了普鲁士军事学院；主张实行法国式的"全民皆兵"式征兵制，把普鲁士兵役制度改为短期的轮役制度，和格奈森瑙一同被认为是普鲁士总参谋部的奠基人。

② Clausewitz（1780—1831）：全名卡尔·菲利普·戈特弗里德·冯·克劳塞维茨（Carl Philipp Gottfried von Clausewitz），普鲁士将军、军事理论家，代表作为《战争论》（*Vom Kriege*），被后人尊称为"兵圣"。

　　在强大的压力下，乌布利希1970年12月最终接受了在民主德国建立一个"社会主义国家"的设想（These）。[20]但他无法再以此挽救自己的权力地位。1971年5月3日，他被昂纳克解除了1958年以来担任的统一社会党第一书记、政治局委员等职务。1972年1月，昂纳克在一次对国家人民军成员的演讲中又迈出了越过乌布利希的重要一步。他说，联邦德国是"外国，甚至不只是外国：它是帝国主义外国（imperialistisches Ausland）"。[21]随后进行了一系列示范性的重命名。"德意志电台"更名为"民主德国之声"，"德意志科学院"改称"民主德国科学院"。民主德国的国歌［歌词提及"统一的祖国德意志"（Deutschland einig Vaterland）］从此以后只能演奏，但不得再演唱。1974年9月，人民议会修改了1968年的宪法。民主德国从此不再是"德意志民族的社会主义国家"，而是"工人和农民的社会主义国家"。"两个民族理论"（Zwei-Nationen-Theorie）由此获得了宪法地位。

151

　　在民众中，这种意识形态构想得不到任何支持。统一社会党成员（包括社会主义知识界许多新成员，尤其是教师）是否相信这次路线变更也尚不明确。1968年"布拉格之春"后，执政党内部也对彻底改革、可能实现像捷克共产党（KSČ）领导人亚历山大·杜布切克①那样的"人性化的社会主义"（Sozialismus mit menschlichem Antlitz）抱有希望。捷克斯洛伐克的"更新运动"（Erneuerungsbewegung）在1968年8月被华约组织的军队镇压之后，民主德国的年轻一代尤其是大学生中弥漫着政治上听天由命的消极情绪。在可预见的未来，人们不再指望民主德国进行改革。

---

①　Alexander Dubčeks（1921—1992）：捷克斯洛伐克政治家，1968年1月到1969年4月担任捷克斯洛伐克共产党第一书记。

1970 年代是全球政治和经济动荡的时期。受越南战争的影响，西方世界的主导货币——美元陷入了危机，1944 年建立的世界货币体系——布雷顿森林体系也土崩瓦解。1973—1974 年的第一次石油危机结束了漫长的、持续近 30 年的战后繁荣时期，一个经济持续衰退和增长率下降的阶段随之开始了，人们也越来越怀疑技术进步和经济增长的局限性。危机缓和的黄金时代过后，1970 年代末，东西方之间的局势更加紧张，这是苏联单方面在欧洲扩军备战、部署中程导弹，以及苏联红军入侵阿富汗的结果。随着伊斯兰革命 1979 年在伊朗的发生，"政治伊斯兰"（der politische Islamismus）先是以什叶派形式宣布了其全球政治主张。

在社会民主党和自民党联合政府的几份"东方条约"的实施过程中，联邦德国的政治权重大大提高。1973 年 9 月之后，民主德国和联邦德国都是联合国成员。在第二位社会民主党总理施密特任内，联邦德国终于成为"全球参与者"（global player）。和接替戴高乐成为法兰西第五共和国总统的瓦莱里·吉斯卡尔·德斯坦 ① 一样，施密特是"世界经济峰会"的两位发起人之一；第一次峰会于 1975 年 11 月以美国、英国、法国、联邦德国、意大利和日本的国家元首和政府首脑会晤的形式在巴黎附近的朗布依埃城堡（Schloss Rambouillet）举行。从 1976 年 6 月在波多黎各举行的第二次会晤起，加拿大政府首脑也参加了每年召开的峰会。"六国峰会"（G6）成了"七国峰会"（G7）。

在欧洲层面，施密特是波恩和巴黎加强合作的"设计师"之一。1959—1969 年戴高乐总统执政期间，法国和德国的

---

① Valéry Giscard d'Estaing（1926—2020）：法国经济学家、政治家，曾任法国总统兼安道尔大公，被誉为欧盟宪法之父、现代欧元之父。

立场多次发生冲突。法国总统坚持"国家的欧洲"（Europa der Staaten，法语为"Europe des états"）和法国的"全面主权"；德国则更相信欧洲共同体（欧洲经济共同体1967年并入欧洲共同体）必须朝尚未进一步定义的"欧洲联邦"（Europäische Föderation）方向继续发展。22 戴高乐的继任者乔治·蓬皮杜 ① 任内，法国也对英国加入欧洲共同体坚决说"不"。1973年1月1日，不仅英国，爱尔兰和丹麦也加入了越来越频繁地以单数形式出现的"欧洲共同体"（Europäische Gemeinschaft）②。

153

1974年5月蓬皮杜去世之后，吉斯卡尔当选法国总统；施密特和他共同推进欧共体国家在货币政策上的合作。1976年7月，施密特在欧共体内部促使吉斯卡尔及其同僚在欧洲融合方面又迈出了一步：位于斯特拉斯堡、自1958年欧洲货币经济共同体成立以来由成员国议会派代表参加的欧洲议会从1979年起将通过直接选举产生。但这种旨在为欧共体"民主化"作出贡献的举措是以一种不民主的选举权为代价换取的：为了帮助较小的国家也能当选，参与不仅仅具有象征性作用的欧洲议会，这些小国在议席分配上和大国相比也享有极大的特权。

与此同时，欧共体的执行机关——欧洲委员会的地位越来越重要，但各国元首和政府首脑仍起决定性作用。由他们组成的欧洲理事会是欧共体实际上的操纵机构。欧共体对第一任欧

---

① Georges Pompidou（1911—1974）：法国政治家，曾任法国总理、总统。

② 1965年4月8日签订《布鲁塞尔条约》（1967年7月1日生效）后，以复数形式出现的 Europäische Gemeinschaften（欧洲共同体）是欧洲煤钢共同体、欧洲原子能共同体和欧洲经济共同体三大机构的正式统称；但单数形式 Europäische Gemeinschaft 也越发频繁地出现在日常用语中，用以指称欧洲政治一体化的发展进程和相关的一系列条约、法案，或特指欧洲经济共同体。

洲委员会主席、德国人瓦尔特·哈尔斯坦而言还是一个"未完成的联邦国家"（unvollendeter Bundesstaat）；而到了此时，1957 年的《罗马条约》①中主张的欧洲各民族越发紧密合作的理念很少从联邦主义角度得到阐释。[23]"超民族一体化"（Die supranationale Integration）向前推进，但是各成员国还是继续把自己视为条约的主人——法律上他们也是如此。

154

内政上，对联邦德国来说，1970 年代的后 5 年仍然笼罩在"红色军团"（die Rote Armee Fraktion，RAF）②的恐怖阴影之下。恐怖浪潮在 1977 年的"德国之秋"（deutscher Herbst）达到高潮：被"红色军团"绑架的德国工业联合会及德国雇主协会联合会主席汉斯·马丁·施莱尔③遇害；此前，汉莎航空公司一架原计划从马略卡帕尔马飞往法兰克福的飞机遭到劫持，经阿拉伯半岛飞往了索马里。1977 年 10 月 18 日，德国联邦边防警察的一支特遣队在摩加迪沙解救了被劫持客机上的乘客，施密特的声望由此如日中天。联邦德国经受了自成立以来最严峻的考验。这个德国历史上的第二个民主国家④再次证明了自己是经得住危机考验的。

整个 1970 年代，对刚刚过去的德国历史的反思一直没有停止。第三任联邦总统，曾经是基民盟成员、后来加入社会民主党的古斯塔夫·海涅曼在其就职演说中号召德国人批判性地

---

① Die Römischen Verträge：即《欧洲经济共同体条约》和《欧洲原子能共同体条约》，由比利时、法国、意大利、卢森堡、荷兰、联邦德国在 1957 年 3 月 25 日签署通过，于 1958 年 1 月 1 日生效。

② 联邦德国的恐怖组织，源于 1960 年代后期，活跃于 1970 年代至 1998 年。

③ Hanns Martin Schleyer（1915—1977）：德国企业主，1973—1977 年任德国雇主联合会主席，1977 年起任德国工业联合会主席。

④ 德国历史上的第一个民主国家指 1919—1933 年的魏玛共和国。

回顾其威权国家的传统。"不是减弱，而是增强民主——这是对我们所有人，尤其是对年轻人的要求，以及我们要实现的宏伟目标。有些祖国麻烦不断。德国就是其中之一。可她是我们的祖国。"[24]

原本是资产阶级民主主义者的海涅曼在演讲中反复回忆德国历史的自由传统——从 16 世纪的德国农民战争到 1832 年的汉巴赫庆典①，再到 1848 年革命，尤其是 1849 年的巴登起义②。1871 年德意志帝国成立 100 周年纪念日当天，他在电视讲话中说，当时的德国只实现了表面上的统一，并未实现内部民众的自由。"德意志帝国成立一百年——但这并不意味着一次《凡尔赛和约》，而是两次《凡尔赛和约》——1871 年和 1919 年；这也意味着奥斯威辛、斯大林格勒和 1945 年的无条件投降。"[25] 但德国的历史也包括俾斯麦的自由派、天主教和社会民主党对手们，以及他们被魏玛共和国继承的政治遗产。他们，也只有他们代表着在海涅曼看来"还有未来"的德国。

1976 年，波恩当代史学家和政治学家卡尔·迪特里希·布拉赫③创造了一个应被纳入德意志联邦共和国政治语言的概念：在其 1969 年首次出版的有关纳粹德国历史的《德国的独裁》（*Die deutsche Diktatur*）一书第 5 版的后记中，他称联邦德国是一个"民族国家中的后民族民主国家"（postnationale Demokratie unter Nationalstaaten）。布拉赫以这种定性表

155

---

① das Hambacher Fest：德意志资产阶级民主派为争取德意志的统一和自由所召开的政治集会，于 1832 年 5 月 27 日至 5 月 30 日在德国莱茵兰－普法尔茨州附近的汉巴赫城堡举行，该事件被伪装成非政治性的博览会，是"三月革命前时期"支持德国统一、自由和民主的重大示威活动之一。

② der badische Aufstand：也称"巴登革命"，是德意志维护帝国宪法运动中的一次起义。

③ Karl Dietrich Bracher（1922—2016）：德国政治学家、历史学家，研究重点是魏玛共和国与纳粹德国的历史。

达了和时政评论家布格哈特·弗洛伊登费尔德 9 年前的随笔《完美的临时解决方案》类似的希望："1949 年的'临时解决方案'放下了未能实现的民族国家命题的包袱，这样就能够对'追求自由和社会福祉的民主国家（freiheitlich-soziale Demokratie）'作出定义——这种民主国家有意识地让自己从 1870 年、1918 年、1933 年和 1945 年的困境解脱出来……德国的特殊道路受到驳斥，似乎已走到尽头。"[26]

布拉赫提出这一概念 3 年后，也即 1979 年 5 月，时政评论家和政治学家多尔夫·斯特恩伯格①在《基本法》实施 30 年之际在《法兰克福汇报》上发表了一篇社论，向联邦德国人推荐一种"宪政爱国主义"（Verfassungspatriotismus）："民族感（Nationalgefühl）受伤未愈，我们并不生活在一个完整的德国中。但我们生活在一部完整的宪法、一个完整的宪法国家中，这本身就是一种祖国。"[27] 3 年后，在 1982 年 6 月的一次演讲中，作者再次举瑞士和美国为例，称它们是以宪法为"爱国情感对象"（Gegenstand patriotischer Gefühle）的典型国家。[28]与布拉赫或弗洛伊登费尔德不同的是，在斯特恩伯格那里，"全德国的视野"（der gesamtdeutsche Horizont）始终存在。在他看来，德意志民族本就包括民主德国的德国人。对他来说，德国的爱国主义并未与"宪政爱国主义"融为一体。因此"宪政爱国主义"这一概念不是"无关历史的构想"；斯特恩伯格只是想以这一概念强调，《基本法》设立的自由秩序应该是当代德国爱国主义形式的重点。

北约对苏联在欧洲部署导弹的回应不是理所当然地扩大军备，而是根据联邦德国总理赫尔穆特·科尔的建议于 1979 年

---

① Dolf Sternberger（1907—1989）：德国政治学家、记者、时政评论家。

12月作出"双重决议"（Doppelbeschluss）：如果有关苏联削减中程核导弹的谈判未能成功，则北约同样将在欧洲部署中程导弹和巡航导弹。施密特坚持认为西方应当作出适当的反应，这主要是为了在旧大陆恢复受到破坏的军事平衡，避免欧洲和美国在安全政策上脱钩，也同样是为了防范联邦德国将来在政治上任由苏联敲诈的危险。

为了反对西方大国的计划，一场广泛的"和平运动"正在酝酿，它在联邦共和国尤其活跃，在民主德国也不只有宣传造势。除了大部分政治新教徒（politischer Protestantismus）和许多社会民主党成员，1980年1月新成立的绿党（die Grünen）也参加了反对扩充军备的大规模示威游行。绿党成立之初成分复杂，其政治光谱从最左到最右，从原先共产主义"K集团"①的活动家和1968年运动的"自主分子"②到早期基民盟议员，到畅销书《星球遭劫》（*Ein Planet wird geplündert*）的作者赫伯特·格鲁尔③，再到保守的"有机农夫"（Biobauer）和前右翼派系的政治家，应有尽有。早期的绿党人士注重基层民主，他们宣扬议员的"强制委任制"④，鼓动民众反对国家的权力垄断，活动重点是开展反对核能的斗争；反对西方国家加强核装备的斗争顺理成章地进入了他们优

157

---

① K-Gruppe：指社会主义学生联合会（Sozialistischer Deutscher Studentenbund）解散后以及1960年代学生运动进入低潮时出现的（大多以毛泽东思想为指导的）小党派和团体；这些组织在1970年代初期主要在联邦德国的新左翼中发挥作用；使用"K集团"这一概念的主要是与其竞争的左翼团体和媒体。

② Spontis：指1970年代至1980年代的左翼政治活动人士，他们自视为议会外反对派（APO）和"1968年运动"的接班人。

③ Herbert Gruhl（1921—1993）：德国政治家、作家，代表作为《星球遭劫——我们政策的可怕结果》（*Ein Planet wird geplündert – Die Schreckensbilanz unserer Politik*）。

④ imperatives Mandat：也译作"命令委任""委任代表制"等，指被选出的议员应代表其选区的意见，在议会内的言论和表决皆应遵守对选区的承诺。

先办理的事项清单。

西方民主国家加强军备之际，波兰发生了闻所未闻的事件：1980 年 9 月，罢工在全国蔓延之后，格但斯克的列宁造船厂成立了独立的、自我管理的"团结工会"（Solidarność）；该组织在与国家及波兰共产党的领导层艰难谈判之后被"登记在册"，也就是获得了许可。西方国家对波兰这种自由化或多元化的迹象表示祝贺，但联邦德国的有些社会民主党人则从和平政策的视角出发，忧心忡忡地观察事态的发展。1981 年秋，社会民主党和自民党联合政府东方政策的总设计师埃贡·巴尔回答了罗沃尔特出版社（Rowohlt-Verlag）两名工作人员提出的问题，供出版社制作采访录音带。在问及如果波兰考虑退出《华沙条约》，苏联是否有权对波兰进行武装干涉时，他的回答是："那当然。"他这样回答的理由是德国对和平的重视胜过一切国际野心。[29] 当这个题为《德国人会怎样？》（*Was wird aus den Deutschen*）的录音带在 1982 年 3 月发布时，波兰已经实施了戒严。1981 年 12 月 13 日，华沙领导层迫于苏联的强大压力发表声明，粗暴中止了"团结工会"的活动。

1982 年秋天，自民党和社会民主党联合政府执政末期，总理所在的自民党在议会上拥有相当大比例的议席。以勃兰特为党首，许多社会民主党人从一开始就对扩充军备的政策或多或少有些疑虑；赫尔穆特·科尔接替赫尔穆特·施密特执政后，自民党转移到了反对扩充军备的阵营。基督教和自由党联合政府坚持施密特的政策；1984 年 1 月，经联邦议会表决通过，在联邦德国的领土上部署了第一批美国的中程导弹。

苏联由此在争取联邦德国人"灵魂"（Seele）的斗争中失利了。近 10 年来，苏联经济明显滑坡。苏联在和美国的军备竞赛中再也无法取胜，这在 1981—1989 年罗纳德·里根担任总统期间就已经显而易见了。1985 年 3 月 11 日，一个

改变历史方向的人物成为苏联共产党的领导人，那就是决定
对苏联的体制进行彻底革新、时年 54 岁的米哈伊尔·戈尔巴
乔夫①。1987 年 7 月，他和里根就一项《双零方案》②达成一
致：美苏两个超级大国在全球范围内削减中程核导弹。科尔
和施密特的强硬政策取得了成效。欧洲因为他们的政策变得
更加安全了。

　　1980 年代，对所谓"解决德国历史问题"（Bewältigung
der deutschen Vergangenheit）的讨论越发激烈。1979 年 1
月末，联邦德国公共广播联盟的第 3 套节目在 4 个晚上的同一
时段播出了美国电视连续剧《纳粹大屠杀》（Holocaust）。在
此之前，没有哪部有关纳粹杀害欧洲犹太人的电影、广播剧或
者图书像这部连续剧一样起到广泛的启蒙作用；据统计，超过
1600 万观众收看了该节目。

　　1985 年 5 月 8 日，曾经担任基民盟联邦议会议员和柏林
市市长的联邦总统里夏德·冯·魏茨泽克就第二次世界大战
在欧洲结束 40 周年在联邦议会发表演讲。他把 1945 年 5 月 8
日称作"解放日"（Tag der Befreiung）。"这一天把我们所
有人从纳粹暴力统治的非人道体制中解放了出来。"魏茨泽克
呼吁德国人不要把战争结束视为逃跑、驱逐和束缚（Flucht,
Vertreibung und Unfreiheit）的原因。"我们不能把 1945 年
5 月 8 日和 1933 年 1 月 30 日分开。我们确实没有理由在今天
参加胜利庆典。但我们有充分的理由认识到 1945 年 5 月 8 日

159

---

①　Michail Gorbatschow（1931—2022）：苏联政治家，苏联共产党最后一任总书记，
　　历史上唯一一位苏联总统，1990 年获诺贝尔和平奖；担任苏联总统期间，苏联因
　　为多种因素解体。

②　Die doppelte Nulllösung：由美国提出的，美苏双方从欧洲撤出所有中程弹道导弹
　　的提案，后来发展为《中程导弹条约》。

是德国历史歧途的终结，这种终结背后，对更美好未来的希望在萌芽。"[30]

魏茨泽克的演讲之所以引起关注，是因为讲话的是一位来自联盟党阵营的国家元首。批评联邦总统的保守派人士也迅速发声，尤其是以在《法兰克福汇报》发表评论、文章和特约稿件的形式发声。1986 年 6 月 6 日，《法兰克福汇报》还刊登了柏林历史学家恩斯特·诺尔特 ① 的一篇文章。文章中，这位写过《法西斯主义时代》（*Der Faschismus in seiner Epoche*）和《马克思主义与工业革命》（*Marxismus und Industrielle Revolution*）等重要书籍的作者提出了一种主张，认为斯大林的劳改营制度，即古拉格群岛是比奥斯威辛"更古老的根源"。他称布尔什维克的"阶级谋杀"是纳粹"种族谋杀"在"逻辑上和事实上的前身（Prius）"。[31] 纳粹大屠杀在诺尔特笔下是一种"假想正当防卫"（Putativnotwehr）情形：因此，希特勒下令杀害犹太人是为了使自己不遭受布尔什维克为其对手假设并强加给其中许多人的命运。

许多年轻的历史学家强烈反对诺尔特为国家和阶级辩护的构想，但这位柏林历史学家的对手中，没有谁像哲学家于尔根·哈贝马斯 ② 那样在公众中产生了那么大的影响。哈贝马斯在 1986 年 7 月 11 日的《时代周报》上指责诺尔特和一些保守派历史学家，认为他们所做的归根结底是使联邦德国在精神上远离西方。哈贝马斯一度是阿登纳西方政策的尖锐批评者，他答辩的言辞使他看起来恰恰像是个"遗腹的阿登纳式左翼"创立者："联邦德国毫无保留地向西方的政治文化开放，这是我

---

① Ernst Nolte（1923—2016）：德国历史学家和哲学家，开展法西斯主义和共产主义的比较研究。

② Jürgen Habermas（1929—　）：德国当代最重要的哲学家、社会学家，西方马克思主义法兰克福学派第二代的中坚人物，被公认为"当代最有影响力的思想家"。

们战后时代伟大的知识成就，正是我这一代人可以为此而自豪……唯一不令我们与西方疏远的爱国主义是一种宪政爱国主义。遗憾的是，一种扎根信念的、对普适主义宪政原则的坚守只有在奥斯威辛之后，并且只有通过奥斯威辛才能在德国人的'文化民族'（Kulturnation der Deutschen）中形成。谁要是想让德国人回到其民族身份（nationale Identität）的传统形式，他就摧毁了我们和西方联系的唯一可靠的基础。"[32]

1986 年的"历史学家之争"也常常提及纳粹历史与当代德国问题之间的联系。对重建德意志主权民族国家持怀疑态度的历史学家指出德国挑起了两次世界大战，而且德国的霸权政策（Hegemonialpolitik）在 20 世纪上半叶带来了灾难性的后果。民主德国的一些人权人士，尤其是其中的新教人士也持类似观点。他们认为德国分裂是在为德国历史刚刚过去的共同篇章——纳粹时代赎罪。"如果我们今天寻找一种德国身份认同（deutsche Identität），那么就会发现它只存在于对两个德国共同的罪恶历史的背负以及对两个德国的承认之中"，这是马丁·古采特[①]和马库斯·梅克尔[②]在二战结束 40 周年纪念日所作的声明。[33] 4 年后，两人在建立民主德国社会民主党的过程中发挥了重要作用。

新一个十年伊始，1981 年 1 月，即将离任的民主德国常驻联邦德国代表君特·高斯[③]在一次接受《时代周报》采访时建议放弃使用"民族"（Nation）这一概念，以避免与民主德国的关系变得紧张。[34] 他的建议引发了一场辩论，辩论过程

161

---

① Martin Gutzeit（1952— ）：德国神职人员、政治家，民主德国社会民主党创始人之一，曾任民主德国人民议会和德国联邦议会议员。

② Markus Meckel（1952— ）：德国政治家，民主德国社会民主党创始人之一，曾任德国联邦议会议员。

③ Günter Gaus（1929—2004）：德国记者、时政评论家、外交官、政治家。

中他既得到了历史学家的支持，也遭到了他们的反对。在此之前，德国历史学界和政治学界就有越来越多的人提及德国正在进行"双民族化"（Binationalisierung）。[35] 这种提法没有引起什么反响。相比之下，布拉赫把联邦德国称为"民族国家中的后民族民主国家"的说法更受欢迎［他在 1986 年为《德意志联邦共和国史》（*Geschichte der Bundesrepublik Deutschland*）第 5 卷撰写的一篇文章再次对此作了说明］。[36]尤其对绿党和部分社会民主党党员来说，重新统一德国的要求在 1980 年代后半期越来越被视为"走回头路"的不现实之举。同时，人们又寄希望于彻底的改革，甚至期望在民主德国进一步扩大自由化（Liberalisierung）——从戈尔巴乔夫时代开始，这种展望和此前几十年相比不再像是痴心妄想了。

1988 年，知名的社会民主党成员——社会民主党联邦副主席、萨尔州州长奥斯卡·拉方丹① 出版了著作《未来的社会》（*Die Gesellschaft der Zukunft*）。拉方丹在施密特执政期间是最猛烈地抨击总理的人之一，他想以此书作出"当代坚决的左翼定位"（linke Ortsbestimmung der Gegenwart）。他可能也想借此加强其在 1990 年大选之年作为社会民主党总理候选人的宣传攻势。

在"克服民族国家"（Die Überwindung des Nationalstaats）一章中，作者宣称"民族国家的政治观念"实际上被各种问题的"跨民族属性"（Transnationalität）否决了。这种说法是专门针对德国人的。"正因为我们德国人始终未能完成、在可预见的未来也将无法完成民族国家的统一，正因为我们德国人

162

---

① Oskar Lafontaine（1943—　）：德国左翼政治家，1995—1999 年任德国社会民主党主席，1998 年任联邦财政部部长；1999 年 3 月，因不同意施罗德走"第三条道路"的右倾倾向而辞去社会民主党主席和财政部部长职务。

由于歪曲的（pervertiert）民族主义有过最可怕的经历，所以我们绝对应该比其他那些已经能够把民主社会秩序的发展与民族国家的出现联系在一起，并且还能继续联系在一起的国家更容易放弃'民族国家性'（Nationalstaatlichkeit）。而基于其最近的历史，德国人恰恰注定（prädestiniert）就适合在欧洲超民族统一的进程中发挥推动作用。"[37]

从"歪曲"（Perversion）到"注定"（Prädestination）：随着拉方丹抛出这种大胆的辩证手法，一种40年前由阿道夫·苏斯特尔亨等基督教保守派主张的、德国人的特殊的"超民族使命"（übernationale Sendung）观念完成了其从右到中再到左的变迁。在拉方丹看来，纳粹的罪行恰恰具有拉丁教父盎博罗削① 所谓"带来福祉的罪过"（felix culpa）② 的特点。由此看来，德国人以其激进的转变在欧洲赢得了新的领导地位。拉方丹从德国人摧毁了他们的民族国家这个事实得出结论，认为民族国家彻底失去了其"存在权"（Daseinsrecht）。至于其他民族，包括那些早就被德国质疑其构建身份认同、建立主权国家之权利的民族，是否已经作好遵循这种逻辑的准备，作者没有提出追问。

但拉方丹对历史的解读在内政问题上同样适用。作者批评德国的"新保守派"（Neokonservativen），认为他们不愿承认"联邦德国的根在奥斯威辛"。而遗忘或者消解这一点是不道德和危险的。"因为如果我们联邦德国的民族认同不再及于奥斯威辛，而是仅仅回到1949年，我们就失去了对此前10年以德意志民族之名所做之事的责任感。"[38] 因此，正如拉方丹

163

---

① Sanctus Ambrosius（339—397年）：也译作"安布罗修斯"，4世纪基督教著名的拉丁教父之一，曾任米兰总主教，也是天主教会公认的四大教会圣师之一。

② 指亚当的罪过被认为是幸运的，因为它也带来了救赎的幸福。

所言，从德国历史得出了正确的结论是德国左翼的一个标志，甚至是他们的专利和要求获得政治权力的道德理由。

1980 年代，不仅仅是政治精英对"德意志民族"概念和"德意志民族国家"观念颇有微词。1986 年 7 月的一份调查显示，37% 的联邦德国民众把"民族"理解为联邦德国，35% 理解为联邦德国和民主德国。在回答"民主德国的德国人和联邦德国的德国人是一个民族还是两个民族"这个问题时，1987 年春 78% 的民众选择了前者，21% 选择了后者。1/3 的联邦德国公民认为民主德国是外国，2/3 的人不这么认为。

但调查结果中，联邦德国年轻一代的意见比例与整体比例大不相同。14—29 岁的联邦德国公民中只有 65% 认为自己属于一个单一的德意志民族。毕竟还有 34% 的年轻公民认为存在两个德意志民族。60 岁以上的人群中，1976 年和 1987 年间平均只有 15% 的人觉得民主德国是外国，而在年轻的联邦德国人中这个比例却占将近一半。经过对《德国档案》（*Deutschland Archiv*）中相关数据的评估，人们得出了清晰的结论：民主德国被年轻一代中的大部分认为是"具有另一种社会秩序的外国"，不再是德国的一部分。"这导致民族共同性（nationale Gemeinsamkeit）意识削弱，疏离感（Entfremdung）越来越强。"[39] 这项调查报告于 1989 年 10 月，也就是柏林墙倒塌前一个月被发布。

7　从德国问题到欧洲问题

1985 年起，戈尔巴乔夫领导下的苏联进行的"彻底转型"在两个东方阵营国家引发了自由化进程：在匈牙利是以一种"自上而下"的形式由共产党领导层的一群改革者实施的；在波兰则是以党和国家领导层与被打压至底层、但始终极度活跃的"团结工会"之间达成和解的形式进行的。1989 年上半年，匈牙利经历了多党制的重生；在波兰，"圆桌会议"商定了半自由选举，7 月，"团结工会"政治分支"市民委员会"（Bürgerkomitee）胜选。8 月末，波兰进入了一种新型的"共处"（Kohabitation）阶段：沃伊切赫·雅鲁泽尔斯基将军[①]继续担任国家总统；"团结工会"领导人莱赫·瓦文萨[②]最重要的顾问之一、天主教时政评论家塔德乌什·马佐维耶茨基[③]成为总理，领导由市民委员会和共产党员代表组成的联合政府。

德国统一社会党自 1985 年以来坚决同看起来哪怕只是与戈尔巴乔夫所说的"Perestrojka"（转型）和"Glasnost"（透明），或者与具有匈牙利或波兰特色的自由化稍微相似的一切保持距离。1989 年 8 月 19 日，统一社会党中央委员会社会科学院院长奥托·莱茵霍尔德[④]说明民主德国何以坚决不偏离

---

①　General Wojciech Jaruzelski（1923—2014）：波兰政治和军事人物，曾任波兰统一工人党中央委员会第一书记、部长会议主席、国防部长、国务委员会主席等，1989 年当选为总统，1990 年 12 月 21 日在波兰民主化之后将总统职位交给了瓦文萨。

②　Lech Wałęsa（1943—　）：波兰政治家、人权运动家、前团结工会领导人，1990—1995 年任波兰总统。

③　Tadeusz Mazowiecki（1927—2013）：波兰作家、记者、慈善家和政治家，前波兰团结工会运动的领导人之一，二战后中欧和东欧第一个非共产党人政府首脑。

④　Otto Reinhold（1925—2016）：德国经济学家，曾任民主德国统一社会党社会科学院院长、统一社会党中央委员会委员，对民主德国的意识形态发挥了决定性作用。

这一路线。"核心问题是……什么可以称得上民主德国的'社会主义认同'。在这个问题上，民主德国和其他社会主义国家之间显然有个原则性的区别。其他所有国家都在转型为社会主义国家之前作为具有资本主义秩序或半封建秩序的国家而存在。因此，它们的国家性（Staatlichkeit）首先不取决于社会秩序。民主德国则不然。只能把它想象为反法西斯的、联邦德国的社会主义替代品。资本主义的民主德国应该和资本主义的联邦德国一起拥有怎样的生存权（Existenzberechtigung）呢？自然是无权拥有的……那里容不下草率玩弄社会主义的游戏。"[1]

莱茵霍尔德恰如其分地把民主德国描述为一个"意识形态国家"（Ideologiestaat）。民主德国开辟的国际主义特殊道路以某种方式成为"旧的"联邦德国后民族特殊道路的对立物，但这两条战后德国特殊道路之间的区别非常明显。联邦德国要成为国家，除了未具备"是一个国家"（eine Nation zu sein）的官方意识，什么也不缺；而民主德国要成为国家，除了官方要求"代表这样一个国家"（eine solche zu vertreten）之外，什么都缺。1989年夏，试图通过外交使团前往"另一个德国"的民主德国公民人数激增。面对日益高涨的"我们要出去！"（Wir wollen raus!）的呼声，从1989年9月初起，其他东德人异口同声地回答："我们不走！"随着1980年8月"团结工会"建立而在波兰开始的和平革命降临民主德国了。

党和国家领导层乱了阵脚。统一社会党不会再相信当遇到像1953年6月17日工人起义那种紧急情况时可以寄希望于苏联动用坦克。在自身阵营内部也有人赞同戈尔巴乔夫的政策。1989年10月9日，在莱比锡和平地举行了民主德国历史上最大的非国家示威活动（nichtstaatliche Demonstration），它是由以"新论坛"（das Neue Forum）为首的新成立的反对派团体发起的。9 天后，统一社会党总书记埃里希·昂纳克被据传不那么"刻板"的埃贡·克伦茨①取代。11 月 1 日起，民主德国公民又可以像 10 月 3 日之前一样，无需签证就可进入捷克斯洛伐克；11 月 3 日起，根据布拉格和波恩的一项协议，出示身份证件即可从捷克斯洛伐克进入联邦德国。柏林墙由此失去了作用。1989 年 11 月 9 日，柏林墙倒塌。民主德国的解体进入了决定性阶段。

　　随着柏林墙的倒塌，德国问题再次被提上国际政治的议事日程。民主德国各个城市的示威游行中，要求"德国，统一的祖国"（Deutschland einig Vaterland）的呼声日益高涨，仅仅要求彻底改革民主德国的民权团体日益受到冷落。1989 年 11 月 17 日，民主德国新任总理、统一社会党德累斯顿地区书记汉斯·莫德罗②建议两个德国成立"合约共同体"（Vertragsgemeinschaft）。[2] 11 天后，也即 11 月 28 日，联邦总理科尔在联邦议会采纳了这种想法并将其扩展为向"联盟结构"（konföderative Strukturen）发展的《十点声明》③，目标是为德国建立一种联邦国家秩序，也就是重新实现德国的国家统一。[3]

　　科尔可以确定，他由此说出了大多数德国人的想法。联邦德国的民意调查机构 11 月 20 日至 23 日一致得出如下结论：60% 的民主德国公民赞成德国重新统一。联邦德国公民的态度与此类似。11 月 20 日，德国电视二台在《政治晴雨表》（*Polit-*

168

---

① Egon Krenz（1937—　）：民主德国执政党统一社会党原领导人，最后一任第一书记；1989 年在原第一书记昂纳克辞职后曾任民主德国领导人数周；两德统一后，被控谋杀罪而被判处 6 年半有期徒刑，刑期于 2003 年结束。

② Hans Modrow（1928—2023）：德国政治家，曾任民主共和国部长会议主席（总理），德国统一后先后担任德国国会和欧洲议会议员。

③ Zehn-Punkte-Erklärung：也称《十点纲领》（Zehn-Punkte-Programm）。

Barometer）节目中称，70% 的受访者赞成两德重新统一。[4]

此时只有一个党派明确反对这一目标：绿党。11 月 16 日，柏林的《日报》（*Tageszeitung*）发表了实用主义党派代言人约施卡·菲舍尔[①]有关"绿色德国政策"的论文。菲舍尔在文中提醒人们警惕俾斯麦创立的、两次使世界陷入战争的小德意志民族国家死灰复燃。"我们作为左翼在这个国家生活和从政；这个国家曾经建造和启动奥斯威辛－比克瑙毒气室与焚尸炉，并忠心耿耿地追随其元首希特勒，直至自我毁灭……在德国，奥斯威辛 45 年之后，对一切'民族的'事物诚惶诚恐并不值得羞愧和批判，相反这是未来至少 45 年内民主派生存所必需的义务。"[5]

科尔的《十点声明》在外交上引起的反响大都是消极的。不仅戈尔巴乔夫和苏联外长爱德华·谢瓦尔德纳泽[②]，就连英国首相玛格丽特·撒切尔[③]和法国总统弗朗索瓦·密特朗[④]也在幕后严词拒绝该声明。相反，美国总统乔治·布什[⑤]则向科尔保证将给予他全力支持，同时让国务卿詹姆斯·贝克[⑥]作出暗

---

① Joschka Fischer（1948— ）：德国政治家，1998—2005 年任联邦德国外交部部长、副总理，1999 年任欧盟议会主席，曾经是德国"联盟 90/ 绿党"（Bündnis 90/ Die Grüne）的重要领导人，2005 年德国联邦议院选举之后退出政治舞台。

② Eduard Schewardnadse（1928—2014）：苏联和格鲁吉亚政治家，在前苏共总书记戈尔巴乔夫执政期间担任苏联外交部部长，格鲁吉亚独立后，成为第二任总统；由于其在 2003 年选举期间舞弊，在国会议员休会抗议及群众压力下，于 2003 年11 月 23 日辞职。

③ Margaret Thatcher（1925—2013）：英国政治家，1975—1990 年任保守党党魁，1979—1990 年任英国首相，是英国第一位女首相，也是 20 世纪英国连任时间最长的首相。

④ François Mitterrand（1916—1996）：法国政治家，曾任法国总统兼安道尔大公和法国社会党第一书记。

⑤ George H. W. Bush（1924—2018）：美国政治家，第 41 任美国总统。

⑥ James Baker（1930— ）：美国政治家，曾任白宫幕僚长、财政部部长、国务卿和商务部次长。

示：重新统一的德国也必须属于北约。

对科尔而言，关键是不能使德法意见不一的负担影响德国统一。因此，柏林墙倒塌之后的几个月内，他在很大程度上迎合密特朗。在法国总统看来，联邦德国经济的强大建立在其稳定的货币——德国马克的基础之上。因此密特朗敦促德国总理加速原则上已经决定的引入欧洲共同货币的进程。实践中，这意味着使西欧的货币统一优先于政治统一。联邦德国到目前为止一直坚持"货币和政治联盟一体化"，科尔则同意分别举行政府会议，处理货币和政治问题，从而放松了二者之间的联系。由此，他为 1991 年底通过的《马斯特里赫特条约》①铺平了道路。该条约为引入欧元提供了准确的时间表，但在政治统一方面和波恩的期望相去甚远。

在民主德国逐渐崩溃的影响下，苏联超出波恩或其他任何一个西方国家首都的预料，迅速停止了反对德国重新统一的做法。1990 年 5 月末，戈尔巴乔夫在华盛顿和布什总统的一次会晤中甚至声称已经作好了让德国人自行决定未来加入哪个联盟的准备，也就是说必要时将接受统一的德国加入北约。7 月中旬，他同联邦总理科尔和外长根舍先后在莫斯科、高加索举行谈判时确认了这一保证。联邦德国提供慷慨经济援助的承诺使克里姆林宫的主人更容易作出摒弃 40 多年来苏联对德政策的决定。

1990 年 5 月中旬起，两德的外长和其来自华盛顿、莫斯

①　Vertrag von Maastricht：即《欧洲联盟条约》(Verträge der Europäischen Union)，1991 年 12 月 9 日至 10 日在荷兰的马斯特里赫特举行的第 46 届欧洲共同体首脑会议中，经过两天的辩论，最终通过并草签了《欧洲经济与货币联盟条约》和《政治联盟条约》，合称《欧洲联盟条约》，正式条约于 1992 年 2 月 7 日签订；这一条约是对《罗马条约》的修订，它为欧共体建立政治联盟和经济与货币联盟确立了目标与步骤，于 1993 年 11 月 1 日生效。

科、伦敦和巴黎的同人们在"2+4 谈判"中界定了德国统一的国际法框架。波兰外长斯库比谢夫斯基①也参加了 7 月 17 日在巴黎举行的第三次会晤。到这时为止，波兰一直坚持先签订一份《德波边界条约》，然后再签订适用于德国的"总体规则"；但在巴黎，波兰宣称作好了在德国主权统一和重建之后的最短期限内签订边界协议的准备。重新实现德国国家统一关涉原先的四个占领区和柏林；也就是说德国的东部边界将是奥得一尼斯线。1990 年 9 月 12 日在莫斯科举行的最后一次"2+4 会谈"中，有关民主德国地区军事地位的争议点被扫清：根据联邦总理科尔的一项承诺，北约军队不得"迁移"（verlegen）到那里。而如何在军事演习的背景下理解"迁移"一词，应由德国政府根据具体情况负责任地确定。

重新统一的内政之路在 1990 年 3 月 18 日第一次也是最后一次自由选举人民议会之后就基本固定了：民主德国将根据《基本法》第 23 条加入联邦德国；在此之前，根据该条，1957 年萨尔州在与德国其他部分分离 12 年之后，成为联邦德国的一部分。引用第 23 条比引用第 146 条（该条要求就一部"全德国的宪法"进行全民公决）便捷得多。如果让民主德国的社会民主党人和联邦德国的大多数社会民主党人选择，他们将优先援引第 146 条。但"德国联盟"（die Allianz für Deutschland）赢得了人民议会的选举。这个联盟的成员有受其在联邦德国的姊妹党大力支持的"东部基民盟"（Ost-CDU），有受巴伐利亚基社盟支持的"德国社会联盟"（Deutsche Soziale Union），还有民权组织"民主觉醒"（Demokratischer Aufbruch）。明确主张根据《基本法》

---

① Krzysztof Skubiszewski（1926—2010）：波兰政治家、国际法学家，曾任波兰外长。

第 23 条迅速加入联邦德国的"德国联盟"赢得了 48% 的选票，社会民主党仅获取了 21.9% 的选票。更名为"民主社会主义党"（Partei des Demokratischen Sozialismus）的统一社会党紧随其后，得票率为 16.4%；自由民主联盟（der Bund freier Demokraten）获得了 5.3% 的选票；由民权团体联合而成的"联盟 90"党得票率为 2.9%；绿党获得了 2% 的选票。

　　为使"民主的民主德国"（demokratische DDR）在与联邦德国的谈判中具有尽可能大的影响力，社会民主党人和自民党人表示愿意组建由东部基民盟主席、律师洛塔尔·德梅齐埃 ① 领导的大联盟政府。这个政府和联邦德国政府之间就两德货币联盟协议和统一协议进行了谈判。关于货币、经济和社会联盟的协议在 1990 年 7 月 1 日生效，让民主德国的公民使用起期盼已久的德国马克；统一协议于 1990 年 10 月 3 日，即"德国统一日"生效。

　　两德重新统一是个重大的历史事件。"德国问题"——如果只讨论统一与自由问题的话——由此得以解决。这个问题也不再带来领土困扰，因为 1990 年 10 月 3 日以后，"德国在哪里""哪些地区属于德国""哪些地区不属于德国"等问题都一劳永逸地解决了。1990 年 11 月 14 日的《德波边界条约》加强了对具有国际法效力的德国和波兰奥得—尼斯线边界的承认，这种承认同时意味着另一个"世纪问题"（Jahrhundertproblem）——波兰问题——得到解决。最终，由于德国成为北约组织成员，它便不再是欧洲安全的争论点。德国又成为一个民族国家了——当然不是孤立的、传统意义上的德意志帝国式的主权民族国家，而是一

---

① Lothar de Maizière（1940— ）：德国政治家；1990 年 3 月，民主德国举行首次自由选举，德梅齐埃所在的基督教民主联盟在选举中获胜，德梅齐埃出任总理直至两德统一。

个像欧洲共同体其他成员国一样的后传统民族国家：它和其他国家一起行使自己的部分主权，把另一部分主权让渡给超民族机构。

构建解决德国问题的国际框架是 1990 年 11 月 21 日参加欧洲安全与合作会议的国家元首和政府首脑签署《巴黎宪章》（Charta von Paris）的目的。《赫尔辛基最终法案》签订 15 年后，34 个签署国再次强调了民族主权和领土完整、和平解决争端以及联盟体系的自由选举权等原则。此外，各国还有义务"建设、巩固和加强作为我们这些国家之唯一政府形式的民主制度"。各国认为"欧洲处于一个新时代的开端"，大胆构想着从温哥华到符拉迪沃斯托克的"三大洲和平区"。[6] 会议期间，北约和华约组织的国家元首与政府首脑签订了有关常规武装力量的条约，针对削减主战坦克、火炮武器和战斗机等作了规定。联邦德国和民主德国此前就减少两德武装力量总人数达成的协议虽然提前为裁军作出了贡献，但并不意味着德国的"单一化"（Singularisierung）。

巴黎安全与合作会议召开约两周后，1990 年 12 月 2 日举行了首次全德联邦议会选举——这是 1932 年 11 月 6 日国会选举之后在全德国举行的第一次自由选举。"波恩联盟"（die Bonner Koalition）以明显优势赢得大选：基民盟 / 基社盟获得了 43.8% 的选票，自民党获得 11% 的选票。以拉方丹为总理候选人的社会民主党得票率仅为 33.5%，被远远甩在了后面。拉方丹在选举期间毫不掩饰其对德国统一的怀疑，他把"民族主义者角色"（der nationale Part）留给了 76 岁的社会民主党名誉主席勃兰特。

大选当日，社会民主党主席团内拉方丹和勃兰特发生了激烈争执。这场冲突明显暴露了社会民主党内部的分歧：老一代的民主德国社会民主党人站在勃兰特一边，年轻的联邦德国主席团成员紧随拉方丹的脚步。[7] 这种分歧体现为代理人之间的辩论，暴露了在民族和民族国家问题上不仅贯穿社会民主党，而且贯穿整个联邦德国社会的裂痕。没有迹象表明这种裂痕将随着两德重新统一的实现而迅速消失。

1991 年 11 月，随着《马斯特里赫特条约》的签订，西欧的统一进入了进一步融合的新阶段。希腊、西班牙和葡萄牙在 1981—1986 年加入之后，拥有 12 个成员国的欧洲共同体成了欧洲联盟（die Europäische Union）。它成为欧洲共同体、共同外交与安全政策、司法与内政合作三大支柱的共同的上级机构。超民族合作只是要构建最广义共同市场的第一个支柱的特征，第二个和第三个支柱则涉及政府间合作。欧洲议会被赋予在"共同表决程序"中对欧洲理事会（Europäischer Rat）的倡议行使"否决权"的权利。此外，欧洲委员会的任命从此须经欧洲议会同意。这是向政治统一迈进的重要一步，但并不接近德国联邦主义者（Föderalisten）对政治联盟（Politische Union）的理解。

经济和货币联盟的阶段性成果具有至关重要的意义。以资本流动自由化和经济政策趋同为重点的第一阶段从 1990 年 1 月 1 日就已经开始了。致力于设立独立的欧洲中央银行的第二阶段将于 1994 年 1 月 1 日开始；第三阶段，即创立共同货币阶段，将最迟于 1999 年 1 月 1 日开始。这个时间表是联邦总理科尔的一种政治妥协，由此，他与德国联邦银行（Bundesbank）的考虑背道而驰，使货币联盟的建立在事实上不可逆转。

鉴于欧洲中央银行的独立性，联邦德国可以继续贯彻其想法。对于各成员国不论其财力如何，在中央银行委员会（Zentralbankrat）中都只有一票的规定，波恩没有提出异议。"马斯特里赫特标准"符合德国的想法：计划和实际的预算赤字

174

原则上不得超过国内生产总值的 3%，公共债务水平原则上不得超过国内生产总值的 60%。只有更好地达到 1979 年约定的欧洲货币体系在通货膨胀率、利率和国家赤字等方面的"趋同标准"（Konvergenzkriterien）时，第三阶段才可生效。"主权债务"（sovereign debt）和由此引申出的"不得援助"（no-bail-out）原则也将适用，即每个成员国必须自行承担支付违约的风险。其中一个成员国提出不参与第三阶段（即货币联盟）：英国。

美国经济学家巴里·艾肯格林①早在 1992 年就指出，欧洲货币联盟是一个"极度异质"的经济区，在这个经济区内，表现出色、传统上财政管理较好、币值高度稳定的国家需要面对那些表现逊色、比其他国家更习惯通货膨胀和负债的国家。[8] 引入共同的欧洲货币意味着降低利率，而这使得国家和非国家经济主体更加试图提高债务水平。与此同时，一个价格稳定的欧洲货币联盟势必会增加竞争压力，使企业错误决策的后果更为严重。为了有效应对这些风险，有必要对欧洲的银行实施严格监管，建立真正的财政联盟，最终建立紧急情况下能以自动制裁迫使各成员国的财政和经济政策同化的有效的政治联盟。但是这种"一揽子方案"并不存在：1989—1990 年，为寻求法国对两德重新统一的支持，联邦德国同意与货币和政治联盟脱钩，由此放弃了这一方案。以纲领式的语言来表述就是：为了和谐地解决德国问题，欧洲问题继续被束之高阁。

德国尤其难以割舍其欧洲最强劲的货币地位，与此相应，德国人对欧洲共同货币持强烈的怀疑态度。在联邦议会批准《马斯特里赫特条约》之后，欧洲共同货币被以"宪法诉讼"（Verfassungsbeschwerde）的形式诉至德国联邦宪法

---

① Barry Eichengreen（1952— ）：美国经济学家，研究重点是国际宏观经济学和财政体系史。

法院。原告的主要论点是，主权让渡给欧洲联盟使德国联邦议会丧失了权力，民主原则受到破坏。联邦宪法法院在其1993年10月12日作出的《马斯特里赫特判决》中驳回了起诉，但强调了德国在欧洲联盟这一"国家联盟"内部从民众中间获得了合法性和影响力，这正是其欧盟成员国资格的前提条件。而欧盟相关机构的举措回馈至成员国议会，又使这种合法性得以实现。位于卡尔斯鲁厄的德国联邦宪法法院的法官指出欧洲议会的组成不具有代表性，因此只承认其具有"支持作用"（unterstützende Rolle）。把职能让渡给欧洲委员会一事必须始终限定在特定的范围内，并且须经德国立法机构明确同意。"起决定性作用的是……欧盟民主基础的建设与欧洲的融合（Integration）同步发展，各成员国在融合进程中也保持其鲜活的民主国家的状态。"9

　　《马斯特里赫特判决》指出了欧洲统一的一个基本问题：布鲁塞尔欧盟总部的行政权趋于独立。无论是《马斯特里赫特判决》作出之前，还是其作出之后，都只有成员国的议会或直选总统是经过民主授权，即依据"一人一票"（one person, one vote）原则产生的。欧洲议会渐而赢得了影响力。1979年之后，欧洲议会由直接选举而不是以代议制原则选举产生。为了保证小国在欧洲议会有其代表，和大国相比，小国在议席分配时得到了优先照顾。如果按照代议制原则选举出一个所有国家都有代表的欧洲议会，那么这个议会必须有数千名议员。也就是说，这样的议会将无法运行。

　　"是1992年的《马斯特里赫特条约》使成员国的公民面临着某种程度的融合，而此前没有人问过他们是否愿意接受这种融合。"前联邦宪法法院法官迪特·格里姆 ①2015年这样

①　Dieter Grimm（1937— ）：德国当代法学家，1987—1999年任德国联邦宪法法院法官。

评价道："《马斯特里赫特条约》在融合方面向前迈出了巨大的一步，在接受度方面却后退了一步。它标志着公众对欧盟这个'欧洲项目'的态度发生转变。欧盟不容易被接受，这个弱点随着《马斯特里赫特条约》的签订显现了出来。从长远来看，该条约导致了反欧盟政党的扩张；目前这些政党进入了欧洲议会，支持欧盟的议会党团必须组建大的联盟才能自卫。"[10]

马斯特里赫特峰会举行之际，联邦总理科尔于 1991 年 11 月 6 日在联邦议会宣布："不需要政治联盟就能长期维持经济和货币联盟的看法是错误的。"这是新近历史给人们的教训，而且不仅仅是德国新近历史的教训。[11] 1997 年 6 月的《阿姆斯特丹条约》①可以被理解为朝这个方向迈进的一步：该条约赋予欧盟委员会主席制定方针的职能；显著扩大了欧洲议会的立法权；在司法和内政领域，规定在 5 年过渡期后，以"有效多数表决制"取代长期以来的"一致通过制"，也就是说欧盟的任何决议都只有在票数和国家数上获得"双重多数"方能通过②。此外，该条约还设立了一个新的机构：外交和安全政策高级代表。但这一条约并未使欧盟更接近财政联盟。欧盟仍然是《马斯特里赫特条约》所创造的国家联盟；这样一个共同体自从瑞典、芬兰和奥地利于 1995 年加入以来共有 15 个成员国，并为

---

① Amsterdam Vertrag：全称为《为修改欧洲联盟条约、建立欧洲共同体条约和其他相关法律文件而签订的阿姆斯特丹条约》，是欧盟各国长期协商的成果，针对这一条约的协商最初于 1955 年 6 月 2 日在意大利西西里岛的墨西拿开展，欧盟委员会内部协商于 1997 年 6 月 16—17 日在阿姆斯特丹完成；该条约于 1997 年 10 月 2 日签署，1999 年 5 月 1 日生效，主要对 1957 年签署的《罗马条约》和 1992 年签署的《马斯特里赫特条约》进行了修订，并将民主、尊重人权、自由与法治等原则作为条约的基础，共包含 15 项条款、13 条议定和 59 项声明，针对难民与难民政策、就业、环境、性别平等和消费者事务等制定了一系列改善措施。

② 具体而言，2009 年起欧盟实行"有效多数表决制"，或称"新的双重多数表决制"，即欧盟通过任何决议都必须获得 55% 的成员国和 65% 的欧盟人口投票支持，而不再依据 2000 年《尼斯条约》规定的所谓"加权票数"。

1989—1991 年的时代转折之前由共产党统治的中东欧国家的加入作好了准备。

与此同时，欧洲货币联盟取得了巨大进展。考虑到 1998 年很可能在联邦议会大选中下台，对科尔而言，货币联盟在 1990 年代后 5 年越来越成为"目的本身"（Selbstzweck）。这也适用于 1991 年议定的时间表：即便个别国家未能充分达到"趋同标准"，欧元也将在 1999 年 1 月 1 日作为记账单位（Rechnungseinheit）生效。对意大利来说尤其如此，联邦政府和欧盟委员会对此心知肚明。尽管如此，波恩和布鲁塞尔还是对意大利政府的一系列伎俩睁一只眼闭一只眼，以制造"马斯特里赫特标准"得到满足的假象。1998 年 5 月，欧洲议会决定将在 11 个国家（除英国、丹麦和瑞典这 3 个拒绝加入的国家以及希腊这个远不符合标准的国家之外的所有欧盟成员国）引入共同货币。两年后，希腊还是加入了欧元区，这要归功于该国的"有意欺骗"（2004 年 11 月大选之后，科斯塔斯·卡拉曼利斯[①] 领导的保守党政府揭露了这一事实）。

2000 年 5 月 12 日，约施卡·菲舍尔——1998 年 10 月起在社会民主党的施罗德领导的"红绿联合政府"中任副总理和外交部部长——在柏林洪堡大学就欧洲政策发表了纲领性讲话。正如他自己强调的那样，菲舍尔不是作为政府成员，而是作为"坚定的欧洲人"和德国议员发表演讲；他要求"从欧盟的国家联盟形态过渡到在一个欧洲联邦中实现完全的议会化"，也就是"要建立一个欧洲议会和一个真正在联邦内部行使立法

①　Kostas Karamanlis（1956—　　）：希腊政治家，1997 年当选希腊新民主党主席，2004 年 3 月当选总理，是希腊历史上最年轻的总理，也是第一位在二战后出生的总理。

和行政权力的政府"。这个联邦应当建立在宪法条约的基础上。如果不是所有欧盟成员国都为此作好了准备，那么至少那些愿意比其他国家更紧密合作的成员国要将基本条约作为宪法的核心，并以此为基础建立一个联盟（Föderation），从而在欧盟内部形成"重心"（Gravitationszentrum）。[12]

菲舍尔的演讲遭到了联邦德国两个最重要的欧洲盟国外长的拒绝——尽管拒绝的言辞彬彬有礼。法国和英国政坛的决定性力量都不考虑把自己的国家纳入与德意志联邦共和国的联邦类型看起来别无二致的欧洲联邦。欧盟委员会前主席雅克·德洛尔① 2000 年 1 月 19 日接受《世界报》（*Le Monde*）采访时谈到了"民族国家联邦"（fédération des États-Nations）——由民族国家组成的联邦；这表明他的想法也和英法一致。确切地说，他认为"民族国家联邦"是愿意融合的成员国在经济和货币、防务和外交政策、内部安全和环保等领域的紧密合作。[13]

使菲舍尔引起巨大反响的"宪法"概念在此后几年间发展出了可观的"自我驱动力"。之所以如此，主要是因为许多西欧人担心即将进行的欧盟东扩完成之后，统一进程的深化会比原先更加困难。2001 年 12 月，欧洲委员会在布鲁塞尔附近的拉肯（Laeken）举行的峰会上决定，召开欧洲议会通知举行的"革新全体大会"（Erneuerungskonvent），欧盟候选成员国也应以顾问身份参与。该大会的任务是为修订各项欧洲条约甚至制定一部欧洲宪法提出建议。

2003 年 7 月全体大会的成果是形成了《欧洲宪法条约草案》（Entwurf eines Vertrags für eine Verfassung für Europa）。其最重要的革新包括加强欧盟委员会主席的权力，并使其政治

---

① Jacques Delors（1925— ）：法国经济学家、政治家，1985—1994 年任欧洲共同体委员会主席。

化。未来，欧洲理事会将在考虑欧洲议会选举的情况下向欧洲
议会提名一位欧盟委员会主席候选人，欧盟委员会的成员可以
从一份每个国家 3 名候选人的名单中选取。负责外交和安全政
策的高级代表升格为"外交部部长"。每半年轮换一次的成员
国理事国资格制（Ratspräsidentschaft）由轮值主席制取代；
轮值主席由欧洲理事会以"有效多数表决制"选出，任职时间
为两年半，可以连选连任一次。作为欧盟的象征，该草案首次
正式确定欧盟旗帜的图案为蓝色背景下围成一圈的 12 颗五角
金星，确定贝多芬的《欢乐颂》为欧盟盟歌。

国家元首和政府首脑举行政府间会议修订"公约草案"，
欧盟候选成员国也首次完全平等地参加了会议。与会国家为
"有效多数表决制"中的"双重多数"原则赋予了新的含义：
从此以后，必须有 55% 的欧盟国家投赞成票且能代表 65% 的
欧盟人口，才能通过决议。2004 年 5 月 1 日，欧盟新增了 10
个成员国。除了塞浦路斯和马耳他这两个地中海共和国，还有
8 个"后社会主义国家"加入：波罗的海沿岸的爱沙尼亚、拉
脱维亚和立陶宛，以及波兰、捷克、斯洛伐克、匈牙利和斯洛
文尼亚。5 个月后，2004 年 10 月 29 日，《欧盟宪法条约》在
罗马签订。

批准进程随后启动，在一些国家，这是以全民公决的方式
进行的。2005 年 2 月 20 日，西班牙将近 4/5 的投票者支持批
准该条约。然而，5 月 29 日，54.7% 的多数法国人投了反对
票。反对票来自最左翼和最右翼，但也来自为主权感到自豪的
社会主义者。3 天后，更多的荷兰人（61.5%）也投了反对票。
在这两个国家，对民族身份认同的担忧导致了对《欧盟宪法条
约》的拒绝；对来自新的东欧成员国的劳动力大量涌入本国的
担心也起了推波助澜的作用；此外（尤其在法国），人们还对

180

总统雅克·希拉克 ① 支持的伊斯兰国家土耳其加入欧盟的申请忧心忡忡。

181   随着法国、荷兰两国说"不"，《欧盟宪法条约》败局已定。在自行设定的两年"反思期"结束后，德国联邦总理安格拉·默克尔 ② 促成了欧盟国家元首和政府首脑 2007 年 6 月开始向"深化"（Vertiefung）方向努力。再次举行政府间会议的成果是制定了修订条约③，这个文本拯救了《欧盟宪法条约》的实质，但表态性地放弃了一切类似国家的元素。克服重重困难之后，这个 2007 年 12 月在里斯本签署的条约终于在 2009 年 12 月 1 日生效了。《欧盟宪法条约》以自相矛盾的方式"一箭双雕"：彼时已增加到 27 个成员国的欧盟一方面在最大限度地接受一体化，另一方面则为保持运行能力而作最低限度的改革。

    2009 年 6 月 30 日，联邦宪法法院的一份判决使联邦德国得以加入欧盟。宪法法院认定在里斯本签订的这项修订条约符合《基本法》，但必须对相应的国内立法（Begleitgesetz）作出修改，因为在此之前，联邦议会和联邦参议院未能充分参与决策过程。就像审查《马斯特里赫特条约》那样，位于卡尔斯鲁厄的宪法法院也指责欧洲议会的选举程序不民主。宪法法院在新闻发布会上宣布："欧洲议会在其组成和欧洲制度结构方面都没有作好充分准备，以作出具有代表性的、负责任的'多数决策'，亦即统一的政治性关键决策。按照国家的民主要求，欧洲议会不是平等选举产生的，也不适合在各国的超民族利益

---

①   Jacques Chirac（1932—2019）：法国政治家，法国前总统兼安道尔大公。

②   Angela Merkel（1954—   ）：德国基民盟政治家、物理及量子化学家，2000 年当选为基民盟主席，2005—2021 年任德国总理，是德国历史上首位女性联邦总理，也是两德统一后首位出身于原民主德国地区的联邦总理。

③   即 2007 年 12 月 13 日签署的《里斯本条约》。

平衡方面作出决定性的政治决策。"¹⁴

欧洲共同货币——欧元——经受住了2008年之后的全球金融和债务危机的考验，这一方面是由于欧元区经济比较发达、财政稳定的成员国与负债最多的伙伴国家（尤其是希腊）团结一致，另一方面是由于欧洲中央银行决心以非常规的干预手段确保危机国家有能力清偿债务。货币联盟中经济实力较强的成员国协助欧洲中央银行实施低利率政策，大力削减公共债务。然而，数以百万计的存款人感觉自己数十年来辛勤劳动的成果灰飞烟灭，以至于常常愤懑难平。但那些心存希望，认为欧元将使欧洲各民族更加紧密地联系在一起的人大失所望：随着货币共同体内部的局势日趋紧张，民族仇恨也潜滋暗长。在欧盟内部一枝独秀的德国受到指责，人们认为德国对通胀的创伤放手不管，并以严格的紧缩政策把负债国家推入苦难的深渊。有一种颇有见地的反对意见认为，不守规则的货币联盟注定会覆灭；但对此说法，应者寥寥。

欧洲货币联盟的危机只是21世纪第二个十年中动摇欧洲联盟的危机之一。在匈牙利和波兰这两个新的欧盟成员国，推行民族保守主义政策的政府上台，置法治国家的基本准则于不顾，使司法权的独立性或多或少地在根本上受到质疑。在2007年和保加利亚一起成为欧盟成员国的罗马尼亚，一个"左翼的"、名义上由社会民主党领导的政府试图控制司法，以使国家高级官员免于因腐败而受刑事追诉。理论上，欧盟可以对此类严重违反欧盟法律的行为实施最严厉的制裁——剥夺投票权。但这种威慑始终是个纸老虎，只有经过其他所有国家同意，当事国才能受到处罚。由于"叛徒"沆瀣一气，欧洲理事会能对其采取的措施微不足道。欧盟成为一个"价值共同体"的要求越来越成为空中楼阁。

2016年6月23日，主张英国脱欧者（Brexiteers）出人意料地在英国就脱欧问题举行的全民公投中获胜，这把欧洲联盟带入了迄今为止最严重的危机：51.9% 的投票者赞成"离开"。这次全民公决使英国社会的深刻分歧暴露无遗。关于全民投票后果的争论耗尽了该国所有的政治能量，削弱了这个议会民主制发源国的国际分量。但英国的例子对其他 27 个欧盟成员国（2013 年起克罗地亚也成为欧盟成员国）起到了威慑作用，并在一定范围内达到了惩戒效果：欧盟无须担心其他国家会与布鲁塞尔一刀两断。

2019 年 5 月 23 日到 26 日，在欧洲联盟的所有成员国都举行了欧洲议会第九次直接选举。和 2014 年举行的上一次大选一样，较大的"政党家族"推出首席候选人角逐欧盟委员会主席一职。2014 年，欧洲人民党（die Europäische Volkspartei，社会民主党和保守党的上级党）提名卢森堡首相让－克劳德·容克①，欧洲社会民主党和社会主义人士提名欧洲议会议长、德国人马丁·舒尔茨②竞选欧盟委员会主席。两人参选之前达成一致：胜方将作为欧盟委员会主席候选人向欧盟各国国家元首和政府首脑提名，失败的一方将获得另外一个欧盟顶级职位。实际上，欧洲理事会通过"有效多数表决制"达成一致意见，向欧洲议会推荐容克为委员会主席。容克获得了广泛多数支持；舒尔茨再次当选为欧洲议会议长。

2019 年情况有所不同。最有希望当选的两位首席候选人分别是代表欧洲人民党的基社盟议员曼弗雷德·韦伯③和代表欧洲

① Jean-Claude Juncker（1954—　）：卢森堡政治家，1995—2013 年任卢森堡首相，2014—2019 年任欧盟委员会主席。

② Martin Schulz（1955—　）：德国社会民主党政治家、图书经营商，曾任欧洲议会议长。

③ Manfred Weber（1972—　）：德国政治家、基社盟成员，现任欧洲议会议员，是欧洲人民党的议会领袖。

社会主义者的荷兰社会民主党成员、时任欧盟委员会副主席弗兰斯·蒂默曼斯①，他们事先未能达成一致。两人中谁也没有把握获得议会中的多数支持。欧洲理事会最终同意向欧洲议会推荐德国基民盟政治家、国防部部长乌尔苏拉·冯德莱恩女士②为欧盟委员会主席候选人。2019 年 7 月 16 日，冯德莱恩以刚刚过半的得票被欧洲议会选为欧盟委员会主席。

这次大选中止了一场激烈的冲突。赞成加强超民族一体化者超越党派，把首席候选人制度视为实现欧盟民主化的一种手段，指责（民主选举产生的）国家元首和政府首脑们干着不民主的"勾当"（Mauschelei）。他们可以援引《里斯本条约》规定的由欧洲议会选举欧盟委员会主席作为依据。不过欧洲理事会绝没有义务向欧洲议会推出其中一位首席候选人。《里斯本条约》中根本没有提到首席候选人，而是在第 17 条第 7 款中对欧盟作了说明：国家元首和政府首脑以"有效多数表决制"进行相应的磋商之后向欧洲议会提出顾及大选结果的建议。

欧洲理事会还必须同时关注其他高级职位的填补情况，其中包括欧洲理事会主席、欧洲议会主席、欧洲中央银行行长以及外交和安全政策高级代表等。重要的是要考虑国家和"政党家族"的利益，以及职位在男性和女性之间的分配，也就是说要找到妥协的解决方案。由欧洲议会单独确定欧盟委员会主席有悖国家联盟（欧盟始终是一个国家联盟）的逻辑。从民

185

---

① Frans Timmermans（1961— ）：荷兰政治家，2019 年起任欧盟委员会执行副主席兼气候保护专员。

② Ursula von der Leyen（1958— ）：德国政治家、医师、基民盟成员，曾任德国国防部部长和联邦家庭事务、老年、妇女及青年部部长，以及德国联邦劳工及社会事务部部长等职务，2019 年 7 月当选为新一任欧盟委员会主席，2019 年 12 月 1 日正式上任。

主理论上看，预设"首席候选人"也几乎说不过去。欧洲议会的选举虽然是普遍、自由、直接和秘密的，但不平等，也不具有代表性，不符合民主选举所特有的标准。因此，根据德国宪法学家迪特·格里姆言之有理的判断，在"全面议会化"（Vollparlamentarisierung）之后，欧洲联盟在民主方面比以前弱了。"合法性问题将会变得更严峻，而不会得到解决。"[15]

首席候选人制度是德国的一项发明。帮助欧洲最强大的"政党家族"得到参选欧盟委员会主席的书面授权，这种想法最初是由德国的欧洲议会议员艾尔玛·布洛克①2002年10月在葡萄牙埃斯托里尔（Estoril）举行的欧洲人民党的一次会议上小范围提出的。[16]《欧洲宪法条约》和《里斯本条约》先后确立了欧洲议会在委任欧盟委员会主席问题上施加影响的权利，埃斯托里尔会议就是这种思想萌芽的地方。在2014年和2019年的欧洲议会选战中，首席候选人只在最有希望获胜的候选人"来源国"发挥一定的作用，但哪怕在这里也不是决定性的作用。2014年欧洲大选时的首席候选人原则取得成功要归功于一种情况，即两个最大的"政党家族"的候选人事先达成一致，并且最成功的候选人——让-克劳德·容克——被大多数国家元首和政府首脑视为"自己人"，毕竟他具有明显的"政府"（gouvernementale）特征。这种情况没在2019年重演。有了2019年的经验，就再也没有充分的理由支持在欧洲联盟的实践中长期推行首席候选人原则了。

德国政治家在首席候选人制度这种理念的产生和发展（以及由此使欧盟全面议会化）中发挥了突出作用，这绝非偶然。1945年之后，"欧洲"对许多德国人而言好比"替代祖

---

① Elmar Brok（1946— ）：德国基民盟政治家、国际基民盟副主席，1980—2019年任欧洲议会议员，1999—2007年及2012—2017年任欧盟外事委员会主席。

国"（Ersatzvaterland）。德国人从亲自摧毁民族国家直接跳跃到民族国家"过时了"（Überlebtheit）的结论，"民族的"（national）被视同为"民族主义的"（nationalistisch）。国家必须出现在一个"欧洲共和国"（europäische Republik），即一个地区的联合体中，这种想法只在德国（除少数人反对外）获得广泛的公众支持。德国边界之外，人们越来越无法理解德国人所特有的对"欧洲"的热情；更有甚者，这种热情让人怀疑欣喜若狂的背后可能隐藏着德国称霸欧洲的新诉求。

欧洲经济共同体成立 60 周年之后，欧盟还很少谈得上是个"越发紧密的联盟"（ever closer union）。2013 年 7 月初，荷兰政府明确表示和欧盟保持距离。欧盟外长弗兰斯·蒂默曼斯在给位于海牙的欧洲议会的一封信中宣布："在每一个可能的政治领域结成越发紧密的联盟的时代已经过去了。"未来适用的口号是："有可能则民族，有必要则欧洲。"[17]

187

此后不久，一年前还主张欧盟要在联邦制方面进一步发展的德国总理默克尔也宣布支持上述原则。[18] 2013 年 8 月 13 日，默克尔在接受凤凰电视台（Phoenix）和德国广播电台（Deutschlandfunk）采访时以荷兰为例，提出了她关于欧洲友好型"政府间主义"（Intergouvernementalismus）的版本。"'更多欧洲'（Mehr Europa）不仅仅是把职能从民族国家转移到欧洲，我也可以通过使本国事务更紧密、更深入地与其他国家的事务协调一致，来拥有'更多欧洲'。这是'更多欧洲'的另一种形式。"[19]

德国总理悄悄调整了欧洲政策，在公众中几乎没有引起讨论。德国的欧洲政策从何种原则或意图出发，始终不得而知。2013 年整合为"德国选择党"（Alternative für Deutschland，该党早期主要是一个反欧元政党）的民粹主义力量从这种不明确性中受益。事实证明，一切看似导致取消民族与民族国家的东西都对选择党起到了推波助澜的作用。德国也开始了一种在许多欧盟成员国内（包括法国）早已开始的进程：一种对欧元持怀疑态度，乃至对欧盟抱有敌意，承诺回归主权民族国家将会带来万般福祉的反对力量形成了。

然而，对欧洲统一进程结局的公众讨论并没有展开，哪怕它早就该展开了。渐进式欧洲一体化的拥趸大多忽略了人们指出的欧洲民主方面的一切不足所导致的后果，即面对变得独立的布鲁塞尔欧盟机构普遍生出疏离感，以及民族主义势力正在增强。德国联邦宪法法院反复强调，有必要使欧盟成员国的议会对欧洲政策的决策过程产生更多影响。然而从长期看，位于卡尔斯鲁厄的联邦宪法法院的判决及其理由对公共舆论和现有政党影响甚微，这个事实恰恰反映在 2019 年欧洲大选之后，基民盟、社会民主党和绿党反对欧洲理事会所谓的"密室政治"（Hinterzimmer-Politik），因而看起来带有民粹色彩的运动中。自认为是"亲欧洲主义者"的德国人没有想过，德国即将以这种形式使自己与"更多欧洲"之理念隔离开来。

8 德国的新使命？

1989 年 12 月 18 日，德国社会民主党名誉主席勃兰特在
他 76 岁生日当天于柏林举行的社会民主党党代会上说道："一
个国家的滔天罪行不能通过注定没完没了的分裂来赎免。"[1] 与
会代表中只有一部分人鼓掌。

勃兰特的说法不仅针对拉方丹（他是尚未被宣布的 1990
年德国总理候选人）等对建立新的德意志民族国家持批评态度
的人士，而且针对一位应大会邀请发表演讲的著名作家——君
特·格拉斯①。格拉斯在大会上慷慨激昂地发表了反对两德重新
统一的演讲。几个星期后，他于 1990 年 2 月 2 日在图青新教
学院（Evangelische Akademie Tutzing）比在柏林更加坚定
地反对联邦德国与民主德国合并，并列出了一条从 1871 年俾
斯麦建立德意志帝国到纳粹德国灭绝欧洲犹太人的线索。"在
奥斯威辛这一概念下累积起来的无论如何也无法减轻的种族屠
杀罪行使这个中央集权国家背上了沉重的包袱……中央集权国
家是出现奥斯威辛的早期前提条件……德意志中央集权国家使
纳粹的种族意识形态成为合适得令人惊诧的基础。对于这一
点，任何人都不能熟视无睹。今天，谁要是反思德国、寻找德
国问题的答案，就必须把奥斯威辛考虑在内。这个恐怖之地被
视为无法抹平的创伤的例证，它排除了未来建立德意志中央集
权国家的可能性。"[2]

格拉斯发表了关于共同思考（Mitdenken）奥斯威辛问题
的言论，这样做的不止他一人。1980 年代出现了不知不觉地
将柏林墙"改作他用"（Umwidmung）的做法：对联邦德国的

---

① Günter Grass（1927—2015）：德国作家，1999 年诺贝尔文学奖得主，德国最有
名的作家之一。

许多知识分子而言，柏林墙不再是民主德国不自由的象征，而是被害的犹太人的纪念碑。实际上，德国不是因为纳粹的反人类罪行，而是因为同盟国无法就德国问题的解决方案达成一致而被分裂的。"国家的罪责不会通过任意分裂一个国家而得到清偿。"勃兰特12月6日在罗斯托克（Rostock）的马利亚教堂这样说道。[3] 这也意味着：德国分裂的问题解决之后，其罪过并未清偿。德国的罪过无法清偿。因此，将奥斯威辛问题作为反对德国统一的论点意味着把屠杀犹太人的罪行当作政治工具，这从任何角度看都值得质疑。

两德重新实现统一之后，动辄提及奥斯威辛对部分左翼人士而言成了一种武器，用以反对其所不希望看到的统一的后果，亦即随着同盟国的保留权利终止，德国政治和军事主权将被恢复。左翼人士从纳粹德国的反人类罪行引申出德国或多或少具有无条件实行和平主义的义务。1991年1月中旬，以美国为首的23国联军经联合国授权以"沙漠风暴行动"回应伊拉克萨达姆·侯赛因 ① 对科威特的入侵。联邦德国虽然对其盟国提供了财政支持，但科尔政府仅出于宪法原因就没有考虑参与军事行动：按照对《基本法》的主流解读，只允许动用联邦国防军进行国家和联盟防御，或者在特定的前提条件下，当国内出现紧急状况或灾难时动用军队。

但绿党和社会民主党部分成员中反对海湾战争的人士立即开始全面反对执政党。1991年2月初，拉方丹在一篇登报文章中写道："和其他所有不曾被打上'奥斯威辛'这个'该隐

---

① Saddam Hussein（1937—2006）：伊拉克政治人物、独裁者，1979—2003年任伊拉克总统、伊拉克总理等职；2003年伊拉克战争中，其复兴党政权被美国推翻，其本人也在逃亡半年后被美军捕获并处死。

标记'①的国家相比，德国处理自己的历史面临不同的情况。"
他认为，如果德国人从一种特殊的记忆中获得一种特殊的态
度，"那么这不是因为德国要走什么新的特殊道路，而是因为纳
粹以德国人的名义犯下在历史上独一无二的罪行"。⁴

　　海湾战争之后发生了1990年代的前南斯拉夫继承国之间
的战争。1993年4月2日，经联盟部长（Unionsminister）
投票表决，德国联邦政府决定派遣军队，在北约"AWACS"②
型预警侦察机行动框架内参与监督联合国为防止塞尔维亚炸弹
袭击而对波黑实施的禁飞行动。这是联邦国防军成立以来作出
的首次战斗决定。社会民主党和自由党出于宪法原因或政治原
因想以临时禁令阻止这一决定；联邦宪法法院4月8日驳回了
两党提出的紧急申请，理由是阻止这一决定可能导致德国失去
北约盟友的信任。

　　1994年7月12日作出了最终的"区域外"（Out-of-area）
判决。联邦宪法法院裁定，也可以在北约区域之外出于人道或
军事目的动用联邦国防军。宪法法院认为，联邦德国受《基本
法》第24条规定的集体安全体系③的制约，由此也可以同意对
其主权加以限制。但联邦政府原则上必须事先获得（特殊情况
下事后补充）联邦议会以简单多数通过的"根本性同意"。⁵ 10

192

----

①　das Kainsmal：典出《圣经·旧约·创世记》，亚当和夏娃的儿子该隐出于嫉妒
　　杀死了自己的兄弟亚伯，这是《圣经》记载的人类历史上第一次杀人事件，上帝
　　因此在该隐额上做了标记，"该隐标记"由此在西方语境中成为罪恶和骨肉相残的
　　象征。

②　Airborne Warning and Control System：空中预警与控制系统。

③　《基本法》第24条第2款规定："为维护和平，联邦得加入互保之集体安全体系；
　　为此，联邦得同意限制其主权，以建立并确保欧洲及世界各国间之持久和平秩
　　序。"（Der Bund kann sich zur Wahrung des Friedens einem System gegenseitiger
　　kollektiver Sicherheit einordnen; er wird hierbei in die Beschränkungen seiner
　　Hoheitsrechte einwilligen, die eine friedliche und dauerhafte Ordnung in Europa
　　und zwischen den Völkern der Welt herbeiführen und sichern.)

天后的 1994 年 7 月 22 日，接替根舍成为国防部部长的克劳斯·金克尔 ① 称，宪法法官的判决意味着"政治上明确拒绝特殊的德国道路"。然而，即便在作出这项判决之后，军事领域仍然奉行"雷打不动的克制路线"。[6]

1995 年，德国联邦议会遇到了联邦国防军为波黑"快速反应部队"提供保护和支持的问题。联邦政府于 1995 年 6 月 26 日决定批准这次军事行动——一次典型的为保护平民而进行的人道主义干预。联合执政党同意了政府的申请，多数社会民主党成员、绝大多数绿党成员，以及民主社会主义党都拒绝了这一申请。6 月 30 日联邦议会进行表决时，45 名社会民主党议员、4 名绿党议员和执政党一起对这项任务投了赞成票。社会民主党联邦执行主席君特·韦柳根 ② 在《前进》（*Vorwärts*）杂志 8 月刊中对其党内"叛徒"作了回应。他承认支持"原则上非暴力的外交政策"，并从历史角度说明了理由。他认为"德国在两德统一后不能像其他不曾经历这段反常历史的国家一样成为一个正常的国家。谁要是还不相信这一点，就得自问一下：刚刚开放的位于华盛顿的美国大屠杀纪念馆 ③ 意味着什么"。[7]

4 年后的 1999 年（此时德国处于社会民主党格哈德·施罗德领导下的红绿联合政府执政时期），联邦议会中的绝大多数议员支持联邦国防军在科索沃行动。在同意的理由中，奥斯威辛也多次被援引，但此时它充当起支持北约组织军事介入以阻止塞族人屠杀科索沃阿尔巴尼亚人的论据。"永远不要再有

---

① Klaus Kinkel（1936—2019）：德国前自民党主席，曾任德国司法部部长、外交部部长、联邦德国副总理等职。

② Günter Verheugen（1944—　）：德国政治家，曾任欧盟委员会副主席及欧盟负责工业企业和欧盟扩张事务的委员。

③ United States Holocaust Memorial Museum：也称"犹太人大屠杀纪念馆"，是美国纪念犹太人大屠杀的官方机构，毗邻华盛顿特区的国家广场。

战争！永远不要再有奥斯威辛！永远不要再有种族屠杀！永远不要再有法西斯主义！在我这里它们是联系在一起的。"外长约施卡·菲舍尔 1999 年 5 月在比勒菲尔德举行的绿党党代会上对该党"坚决的和平主义派"的愤怒代表发表了不同意见。[8]来自社会民主党的国防部部长鲁道夫·沙尔平也发表了类似言论。[9]

把塞尔维亚总统斯洛博丹·米洛舍维奇 ① 政策的种族灭绝特征和纳粹对犹太人的大屠杀进行比较——这种在历史上最受质疑的做法根源在美国：1992 年，以比尔·克林顿 ② 为首的反对派民主党在总统选战中反对共和党总统乔治·布什犹豫不决的巴尔干政策时，首次作出了这种比较。7 年后，这种情况更加严重；之所以如此，主要是因为克林顿总统想对国际法上的一个缺陷，即北约在科索沃的军事行动未经联合国授权，作出道义上的补偿。[10]北约的行动可以从国际习惯法意义上的人道主义干涉角度加以辩解。但是即便从这种角度出发，援引奥斯威辛为例证也意味着把屠杀犹太人的罪行当作政治工具，在特定情况下意味着淡化（Relativierung）了屠杀犹太人的罪行。

按照历史学家埃德加·沃尔夫隆 ③ 的观点，科索沃冲突期间，犹太大屠杀的功能在德国完全发生了改变，也就是说："从使德国的军事行动'去合法化'（Delegitimierung）变成了使德国的军事行动'合法化'（Legitimierung）。纳粹主义的历史被赋予了道德层面的伦理意义，人们强调这种教训并赋予其新的意义。今天活着的德国人作为纳粹一代和犯下大屠

194

---

① Slobodan Milošević（1941—2006）：前南斯拉夫政治家，塞尔维亚社会党创始人和领导人，曾任塞尔维亚总统、南斯拉夫联盟共和国总统。

② Bill Clinton（1946— ）：美国律师、民主党政治家，曾任阿肯色州州长，1993—2001 年任美国总统。

③ Edgar Wolfrum（1960— ）：德国历史学家，研究重点是当代史。

杀反人类罪行的凶手的后人，恰恰不能对种族清洗行为袖手旁观，而必须挺身而出，否则他们将再次对受害者犯下罪行——这就是从历史中得出的教训。"[11]

然而，与此相反的对纳粹独裁的和平主义解读并未随着科索沃战争而结束。德国的一部分左翼人士继续主张自己的国家适用"特殊道德"（Sondermoral），甚至最终实施"道德垄断"（Moralmonopol）。理由是，这是德国反思其历史上最恐怖的一章，从中吸取了教训并将继续吸取教训的必然结果。这种历史政治（Geschichtspolitik）恰恰包括"视而不见的权利"（ein Recht auf Wegsehen）。因为没有什么像纳粹那样惨无人道，因此德国人不能像其他西方民主国家一样（就是说紧急情况下也以军事方式）应对别国实施的反人类罪行。"不干涉原则"由此被宣告为道德义务，甚至成为德国新的道德使命的本质。

科索沃战争不是社会民主党和绿党组成的红绿联合政府执政期间德国参与的最后一场西方战争。2001 年 9 月 12 日，德国总理施罗德在联邦议会向美国承诺，鉴于纽约和华盛顿在 9 月 11 日和 12 日遭受伊斯兰恐怖袭击，"德国将无限制地——我强调，无限制地与美国同仇敌忾"。[12] 有了这个承诺，经过联邦议会微弱多数通过决议，联邦国防军参与了北约在阿富汗的"持久自由"（Enduring freedom）行动。和科索沃的军事行动不同，这次干预是以联合国授权为基础的。

195 　　另一场由乔治·W.布什总统领导的政府发起的"反恐战争"，即 2003 年 3 月的伊拉克战争就不是这种情况了。以美国为首的"自愿联盟"反对萨达姆·侯赛因独裁政权的行动也并非人道干预，而是一种侵略性的、以伊拉克制造和储存大规模杀伤性武器等错误说法为借口对国际法的破坏。联邦总理施罗德早就明确表态德国不参与此次行动，法国总统雅克·希拉克也持相同立场。因此德国并不孤立，但在欧盟属于少数派。小布什导致的必然是旧大陆在政治上的分裂。

　　回顾历史，拒绝战争者的立场看似很有道理。2003 年的战争导致了伊拉克的灾难性动荡，甚至使从中东到马格里布 ① 的众多阿拉伯国家风雨飘摇。战争也严重影响了美国在全球范围内的道德形象。历史的"单极时刻"（unipolare Moment）随着布什的傲慢而终结；1990 年西方国家及其先锋美国在冷战中获胜后，保守的专栏作家查尔斯·克劳特汉默 ② 使用了"单极时刻"这种说法。13 在 21 世纪第一个 10 年开始形成的多极世界中，美国不得不面对中国、俄罗斯、印度和巴西等多个逐渐强大的竞争对手。

　　在接替布什的巴拉克·奥巴马 ③ 的领导下，美国在军事干预方面表现得异常克制。在"阿拉伯之春"（从突尼斯开始，2011 年席卷阿拉伯世界大部分地区的动荡）问题上也是如此。但在利比亚问题上，国务卿希拉里·克林顿在 3 月中旬最终还是说服了起初反对出兵的总统，与法国和英国一起参与经联合国批准的反对独裁者穆阿迈尔·卡扎菲 ④ 残暴政权的行动。2011 年 3 月 17 日，联合国安理会与俄罗斯达成一致后作出的一项决议 ⑤ 要求立即停火，并停止对利比亚平民实施暴力。包

① Maghreb：非洲西北部地区，在阿拉伯语中意为"日落之地"。

② Charles Krauthammer（1950—2018）：美国政治专栏作家，曾获普利策奖。

③ Barack Obama（1961— ）：美国律师、政治家，2009—2017 年担任第 44 任美国总统。

④ Muhammar al Gaddafi（1942—2011）：逊尼派穆斯林教徒，利比亚革命警卫队上校，利比亚绿色革命的精神领袖，曾任利比亚最高领导者、非洲联盟主席，统治利比亚长达 42 年，是阿拉伯国家中执政时间最长的领导者，2011 年 2 月在与反对派武装交火中身亡。

⑤ 即《联合国安理会第 1973 号决议》。磋商过程中，俄罗斯虽明确反对在利比亚对平民实施暴力，但对如何保证禁飞得以实施存有疑问，对禁飞条款持保留意见并投了弃权票。

括美国、英国和法国在内的 10 个安全理事会成员国对该决议投了赞成票；没有国家投反对票；俄罗斯、中国和德意志联邦共和国投了弃权票。

柏林投弃权票主要是出于内政考虑：联邦总理、基民盟主席默克尔，外交部部长、自民党主席韦斯特韦勒 ① 和国防部部长、基民盟政治家德梅齐埃担心，德国参与利比亚的军事行动可能对其所属党派在即将于巴登—符腾堡州和莱茵兰—普法尔茨州举行的州议会选举产生负面影响。但韦斯特韦勒认为在军事方面也有义务遵循其党内同侪克劳斯·金克尔论证得出的"克制路线"。

这种做法的后果是德国在外交上的"自我边缘化"（Selbstmarginalisierung），这是前所未有的。德国政界也试图由此温和地对柏林两个最重要的西欧盟友施加影响。彼时，英国和法国很快超出了联合国的授权范围，2011 年 3 月底开始致力于促成的黎波里（Tripolis）的政权更迭，也就是设法推翻卡扎菲政权。此外，法国还违反联合国的相关决议，向反卡扎菲的叛军提供武器。西方国家各行其是的后果是灾难性的：解放利比亚未能取得成功，使这个国家短时间内陷入了持续内战的混乱局面。2014 年末、2015 年初，难民大量涌入让欧洲体会到利比亚内战的后果。

德国之所以在 2015 年对遭受内战的叙利亚等危机国家的难民具有特别巨大的吸引力，原因是多方面的。德国经济繁荣，对劳动力的需求增长，有发达的社会福利制度，其难民权利简直享有传奇般的声誉。"受到政治迫害者享有难民权"：1949 年《基本法》第 16 条中的这句话（在 1993 年的难民权

---

① Guido Westerwelle（1961—2016）：德国自民党政治家，曾任联邦副总理、外交部长、自民党主席等职。

利改革中，这项规定未受影响）是最常被引用的基本权利之一。"蛇头"搭建的网络在网上把德国描绘为具有无限可能的国家，称这个国家以"问候金"（Begrüßungsgeld）迎接到达的难民，并且马上为他们提供工作岗位。德国方面显然低估了这种宣传的效果。德国至少没有在全球范围内对这种宣传进行修正。

2015 年 8 月，德国边界每天几乎有 7000 名非法入境者。根据德国相关部门统计，从 2015 年 8 月起到当年底，共有 80 万难民抵达德国。联邦移民与难民局 8 月 25 日宣布：对来自叙利亚的"内战难民"不再逐案审查；相反，如果这些难民来自奥地利和匈牙利等欧盟国家，即《基本法》第 16 条和欧盟《都柏林协定》①规定的所谓"安全第三国"，那么他们将被归为"有权获得庇护者"。此举产生了可观的"拉动效应"（Pull-Effekt）：这个消息使来自中东和北非，以及来自巴尔干地区的难民潮接连不断地到来。

德国和奥地利的政府首脑——默克尔和维尔纳·法伊曼②2015 年 9 月 4 日晚共同作出的向数以万计沿"巴尔干路线"（Balkanroute）抵达并滞留在匈牙利的难民开放两国边界的决定将被载入史册。对两国总理不言而喻的是，他们在电话中作出的这项协定应该能使两国在特殊情况下实施人道救援，但两国没有明确告知公众政府保留了这项权利（Vorbehalt）。寻求庇护的难民自 10 月中旬起不再经过匈牙利，而是经过克罗地亚和斯洛文尼亚前往奥地利，并从那里进入德国时，情况依然如此。

很显然，2015 年 9 月 4 日的决定将给欧洲带来严重后果。

198

---

① Dublin-Abkommen：欧盟法律，也称《都柏林第三公约》，确定了难民根据《日内瓦公约》和《纽约修正草案》寻求政治避难的申请流程，协定的目的是分清由哪个欧盟成员国负责特定的寻求避难者，并确保至少一个成员国处理避难申请。

② Werner Faymann（1960— ）：奥地利政治家，2008—2016 年任奥地利总理。

这种情况下，德国理应与欧洲理事会主席唐纳德·图斯克①和欧盟委员会主席让－克劳德·容克，并尽可能和邻国的国家元首、政府首脑进行协调。然而，德国并没有这样做，这给欧洲人造成了德国或者德奥两国（这恐怕更糟糕）单独行动的印象。不仅昔日实施共产主义统治的中东欧和南欧国家抵制来自其他大洲的大量难民（这些国家到目前为止在接纳来自其他文化区的难民方面没有经验或者经验不足）；持保留意见的还有曾经的西欧殖民强国，它们感觉到来自欧洲以外的数百万难民已使自己不堪重负。柏林显然也没有考虑到全天候开放德国边界对内政的风险，此后，从普遍存在"失控的感觉"中受益的主要是以德国选择党（AfD）②形式出现的民粹主义右翼势力，该党 2015 年以来在几乎所有选举中都获得了大量选票。

德国没有对 2015 年 9 月 4 日的决定所导致的后果进行系统性考量，联邦总理要对此负主要责任，但由联盟党和社会民主党组成的执政大联盟也难辞其咎。默克尔考虑到忽然关闭德国边境可能导致"巴尔干路线"国家尤其是希腊出现动荡。但柏林固执地低估了欧洲联盟分裂的危险，这个事实只能解释为决策中枢缺乏战略思考。欧盟国家的内政部部长们在德国的敦促下于 2015 年 9 月 22 日以"有效多数"作出重新分配难民的决议，来减轻受难民大潮冲击格外严重的意大利和希腊这两个地中海国家的压力，但未能平息相关国家的怨气——多个中东欧国家拒绝执行该决议。

2015 年夏天德国发生的事情对不止一个欧盟成员国的选举和表决产生了影响。在波兰，德国的难民政策帮助民族保守

---

① Donald Tusk（1957— ）：波兰历史学家、政治家，公民纲领党主席，曾任波兰参议院副议长、众议院副议长、总理，2014—2019 年任欧洲理事会主席。

② AfD：全称"Altnative für Deutschland"，也译作"另类选择党"，是 2013 年 2 月成立的一个具有右翼民粹主义色彩的政党。

主义政党"法律与公正党"(Partei Recht und Gerechtigkeit)赢得了 2015 年 10 月的议会大选。在英国,主张脱欧者在宣传战的最后阶段有针对性地唤起了民众对来自中东和北非大批移民的恐惧。许多观察家认为,是这种宣传鼓动帮助"脱欧派"在 2016 年 6 月 23 日的全民公决中以微弱优势战胜了"留欧派"。

如果德国在 2015 年和 2016 年前后"超越欧洲"(über Europa hinaus),被视为对申请庇护者和难民友好的国家,那这不仅仅是因为执政党的言行;两个反对党,即绿党和继承民主社会主义党衣钵的左翼党原则上都比两个执政党更加无条件地支持默克尔的难民政策。"联盟 90/ 绿党"议会党团联合主席凯特琳·戈林－艾卡特女士①2015 年 9 月 9 日在联邦议会称德国人是"助人为乐与仁慈博爱的世界冠军"。这种赞美虽然主要针对数以千计致力于照顾难民的援助者,但多少也可以理解为德国人在道德上的自我膨胀。[14]

2015 年秋,中左势力普遍感觉自己的国家在走上可怕的弯路并历经灾难之后进入了道德成熟的阶段,这无可指摘。没有谁像前联邦劳动部部长、基民盟政治家诺伯特·布吕姆②那样,以如此传统的方式表达德国人的自我评价。在视察了马其顿边界附近的一个难民营后,他于 2016 年 3 月底在汉堡的《时代周报》上撰文称:"我们德国人曾经长期令人类恐惧。我们的名字一度与种族狂热和大屠杀联系在一起。我们忽然在世界上成了人类的朋友,这令我欣喜。如果德国的友好不会成为他人的借口,也不会成为德国选择党的借口,那我就为我的国家

① Katrin Göring-Eckardt(1966—　):德国绿党政治家,自 1998 年以来一直担任德国联邦议会议员,在联邦议会担任党内核心小组联合主席。
② Norbert Blüm(1935—2020):德国基民盟政治家,曾任联邦劳动与社会事务部部长、联邦议会议员。

自豪。"[15]

只有邻国持批评态度的观察家有资格指出德国人的"欢迎文化"模棱两可。比如荷兰政治学家雷内·库珀鲁斯①（也是荷兰社会民主劳动党的理论家）2016年2月初就在为《南德意志报》撰写的一篇文章中写道："如此谨小慎微的默克尔何以乱了方寸，违背马克斯·韦伯'心志高于责任政策'（Gesinnungs- über Verantwortungspolitik）的精神呢？德国有可能冒着破坏自己社会稳定的风险一劳永逸地告别自己的历史，为二战中的过错赎罪吗？"[16]

库珀鲁斯提到的"心志伦理"（Gesinnungsethik）和"责任伦理"（Verantwortungsethik）两个概念出自韦伯1919年10月题为《政治作为一种志业》（*Politik als Beruf*）②的著名演讲，二者的区别是："心志伦理家"出于道义或宗教信仰行事，不会因为有人指出可能产生的不利后果而停止行动；"责任伦理家"则相反，考虑"人们必须为（可预见的）后果承担责任"。[17]

极少数主张进一步开放德国边界者（默克尔总理最迟从2015年末、2016年初起不再属于这类人）缺少"心志忠诚"（Gesinnungstreue）。但"欢迎政策"的后果与其深刻根源一样受到排挤。德国言过其实了。虽然只有少数极左人士主张"人人都有留下的权利"，但德国难民政策的"虹吸效应"显而易见。

德国吸取了纳粹时代的经验教训，承诺竭尽全力帮助受政治迫害者，但必须强调受到政治迫害者、内战难民和那些想改善其物质生活条件的移民之间的区别。任何一个西方民主国家

① René Cuperus（1960— ）：荷兰政治学家，荷兰国际关系研究所高级研究员。

② 也译作《以政治为业》，本书有关韦伯此篇演讲的内容均引自钱永祥译本（《学术与政治》，上海三联书店，2019年，钱永祥等译）。

都不可能承诺接收后一类移民，否则就会丧失公信力并让社会凝聚力面临破坏。

德国社会、教会、媒体，也包括政治阶层的部分人士对这种认识视而不见，库珀鲁斯探明了其深层原因，即他们希望通过一项政策摆脱负罪累累的历史诅咒，这种政策比其他国家需要更高的道德标准。德国的"心志伦理家"们没有意识到这种"道德苛求"（moral overstretch）存在着狂妄自负。官方政策有时也源于这种自我评价，代价是德国会给人留下难以捉摸的印象。[18]

两德重新统一约 10 年之后，德国还是像原先的奥斯曼帝国一样总是被称作"欧洲病夫"（kranke Mann Europas）：英国的《经济学人》杂志 1999 年 6 月首次使用这种表达，以表明过去几十年改革停滞不前，尤其是重新统一后德国西部向东部转移支付巨额资金而导致的财政负担。[19] 又过了 10 年，德国再也谈不上是"欧洲病夫"了。施罗德领导下的红绿联合政府以 2003 年公布的《2010 年议程》（Agenda 2010）——德国这个福利国家深化改革的方案——推动了一次社会政治转向，结果是德国转变成为欧洲现代化程度最高的工业服务社会，失业人数持续减少。

2013 年，《经济学人》称德国为"欧洲最强国"。其刊载文章认为，德国和法国之间的经济差距之大前所未有；法国经济停滞不前，缺乏竞争力，亟待改革。"在北京和华盛顿，'欧洲何去何从？'这个问题和'德国意欲何为？'意思是一样的。"文章的标题是《勉为其难的霸权》（*The Reluctant Hegemon*）——这个由政治学家威廉·帕特森 ① 首先提出的概

---

① William E. Paterson（1941— ）：1990—1994 年任爱丁堡大学教授、欧洲研究所所长，1994—2008 年任伯明翰大学德国与欧洲政治系教授、德国研究所所长，自 2009 年起为阿什顿欧洲中心荣誉教授。

念当然与欧盟的结构不符，并且忽视了这样一个事实：任何一个成员国的霸权都不会被其他成员国接受。[20] 此外，德国的经济强势无法掩盖英国和法国在其他领域拥有比德国这个欧盟最大的成员国强大得多的权力：英法两国都是联合国安理会常任理事国并且拥有核武器。

比"霸权"这一概念更明了的是"半霸权地位"（halbhegemoniale Stellung）这种表达，历史学家路德维希·德约1951年用这种说法描述俾斯麦帝国在当时欧洲的地位。[21] 2014年，英国政治学家汉斯·昆纳尼① 在其著作《德国权力的悖论》（The Paradox of German Power）中把这个概念用于重新统一的德国。昆纳尼认为，（重新统一的）德国类似1871年的德意志帝国，即处于中间位置，从权力平衡的角度说过于强大，但又没有强大到足以称霸；德国拥有"地缘经济半霸权"，换句话说，德国问题以地缘经济的形式重新出现了。在昆纳尼看来，当前德国的权力具有经济强盛和军事节制的混合特点。德国在欧洲越来越占主导地位（dominant/assertive），但在欧洲之外则局限于维护其经济利益——这通常不顾及尊重或不尊重人权等价值考量。[22]

在德国的信誉方面，这位英国作者特别提到自2014年以来，有越来越多的情形显示德俄要形成特殊的关系。当年2月底，俄国总统普京② 下令占领了乌克兰的克里米亚，一个月后克里米亚与俄罗斯合并。俄罗斯这种行为不啻于废除了《巴黎

---

① Hans Kundnani（1972— ）：英国政治学家，英国皇家国际事务研究所副研究员，研究重点为德国外交政策、欧洲一体化、欧亚关系等。

② Wladimir Wladimirowitsch Putin（1952— ）：俄罗斯政治家，现任俄罗斯总统、国务委员会主席、联邦安全会议主席，曾任俄罗斯总理，第3任统一俄罗斯党主席，被外界认为是俄罗斯自2000年以来的实际最高领导人，是世界公认的政治强人。

宪章》——根据该宪章，当时与会的欧洲安全与合作组织所有成员国均有义务相互尊重国家主权和领土完整。默克尔领导的 204 黑红联合政府与欧盟、北约一起对俄罗斯实施制裁，但从德国选择党到左翼党的许多德国政治家则寻求对俄罗斯行为的谅解。但主张加强与俄罗斯合作的人士和机构也包括施罗德和时任勃兰登堡州州长马蒂亚斯·普拉策克①、科尔的前外事顾问霍尔斯特·特尔什克②、基社盟政治家彼得·古韦勒③等知名的社会民主党成员，以及德国经济东部委员会（der Ostausschuss der deutschen Wirtschaft）。总之，许多此类支持者努力的结果是，德国实行了一种与华盛顿和莫斯科保持同等距离的政策，由此，部分公共舆论告别了德国唯西方马首是瞻的政策。

乔治·W.布什任美国总统期间，德美关系严重恶化，这主要是 2003 年伊拉克战争的结果；布什的继任者奥巴马执政期间，德美关系又有所好转，德国方面甚至对这位第 44 任美国总统赞赏有加。2016 年 11 月，唐纳德·特朗普当选后，一个"跨大西洋异化"的阶段开始了。民粹主义者特朗普打着"美国优先"（America first）的旗号展开选战取得了胜利，这不仅震惊了欧洲联盟的大多数政治家，也震惊了推崇自由的美国。默克尔在针对特朗普当选的声明中强调了联系德国和美国的共同价值，并且向美国提出在"这些价值的基础上"紧密合作；《纽约时报》（New York Times）把德国总理称为"自由西方的最后一个捍卫者"。[23]

---

① Matthias Platzeck（1953— ）：德国社会民主党政治家，曾任社会民主党主席，2002 年起任勃兰登堡州州长。

② Horst Teltschik（1940— ）：科尔执政期间担任其政治顾问，1999—2008 年任慕尼黑安全会议主席。

③ Peter Gauweiler（1949— ）：德国基社盟政治家。

民粹主义在 19 世纪末以"人民党"（People's Party）的形式兴起于美国；然而，2016 年美国总统大选期间，民粹主义早已不再是美国特有的现象了。和美国一样，欧洲此前也出现了社会运动，参与者声称自己代表与政治和知识精英相对的"人民"。常见的"反欧盟综合征"（Anti-EU-Syndrom）与对民族国家的美化如影随形。自 2015—2016 年的难民危机以来，一场反对来自其他文化圈的、尤其是来自伊斯兰世界的大规模移民的运动愈演愈烈。和在美国一样，已经站稳脚跟的民主政党在欧洲也有机会思考自己的失误，尤其是思考在移民和融合问题上的争论。

自我批评的做法与德国尤其相称，在这个国度，城市精英的道德标准格外高。在（美国社会学家罗纳德·英格尔哈特 [1] 1977 年提出的）所谓"后唯物主义阶层"（postmaterialistisches Milieu）[24] 中，德国逐渐形成了"后民族身份"（postnationale Identität）和"特殊人道使命"观念，同时自觉能在这方面为其他欧洲国家指明道路。这种意识体现在德国关于欧洲、移民和环境问题的讨论中。没有哪个国家的绿党——传统的后唯物主义阶层政党——像在德国那样强大，在原联邦德国地区尤其如此。绿党影响了德国的文化，在此期间一度成为与社会民主党、左翼党、自民党和基民盟联合执政的党派，并对这些党派的想法产生了重大影响。对绿党来说，没有哪个阶层比"唯物主义"阶层（右翼民粹主义者成功地获得了这一阶层的选票）更陌生。

但是，原联邦德国地区看中的东西对原民主德国地区来说就没有那么重要了。2019 年 5 月的欧洲大选中，德国选择党

---

[1] Ronald Inglehart（1934—2021）：美国政治学家、社会学家，主要研究领域为比较政治、政治发展和政治哲学等。

在萨克森州和勃兰登堡州崛起为最强政党；在图林根州、萨克森－安哈尔特州和梅克伦堡－前波莫瑞州，选择党成为仅次于基民盟的第二大党；绿党在东部的得票率远远低于在西部联邦州的得票率。2019 年 9 月和 10 月在萨克森、勃兰登堡和图林根这 3 个东部联邦州的议会选举中，德国选择党同样赢得了大量选票，在各地均位居第二。

选择党的"种族民族主义"（völkischer Nationalismus，这正是德国选择党在德国东部的区域协会所尊崇的）没有带来丝毫损害。相反，这种思想使该党取得了成功。德国选择党政治家挑起的对（尤其是来自其他文化圈的）移民和具有移民背景的德国人的不满情绪已经产生并且还在产生明显的效果；对纳粹主义时代的粉饰性和轻描淡写式的解读也是如此。

德国东西部之间形成这种差距，深层原因在于两德重新统一之前的那段时间。和原属联邦德国的"老联邦州"不同，原民主德国地区盛行的国家观念和历史观要老旧得多。与那些数十年来能够对西方政治文化实行开放政策、在针锋相对的辩论中形成一种自我批评的历史文化（Geschichtskultur）的地方相比，对西方民主国家的成见在原民主德国地区要普遍得多。反犹主义者可以通过民主德国的反犹太复国主义（Antizionismus）和反以色列政策（Anti-Israel-Politik）获得认同感：在统一社会党的反法西斯历史政策中，对犹太人的屠杀并不是中心话题。那些仇视外国人的德国东部右翼人士（如德累斯顿的佩吉达①组织）尤其缺乏与来自其他文化圈的人

---

① Pegida：2014 年从德国兴起的一个欧洲右翼民粹主义政治运动，全称为"爱国欧洲人反对西方伊斯兰化组织"（Patriotische Europäer gegen die Islamisierung des Abendlandes），由卢茨·巴赫曼（Lutz Bachmann）于 2014 年 10 月在德累斯顿发起，声称旨在保护德国及欧洲社会的犹太教—基督教文化；佩吉达自称不支持种族主义、不支持仇外并反对极端主义。

共同生活的经验，而西部的德国人从 1960 年代开始就已经习惯了这种生活。

两德战后未能同步发展的晚期后果是，西方在重建和新建民主德国经济时出现了失误，并且在 1990 年后忽视了政治教育工作。谁要是想解释德国何以在重新统一 30 年之后从许多角度看依然是一个分裂的国家，那就不能只观察重新统一后的那几年，而是必须同时研究两德发展差异极大的那几十年，以及从前那个"统一的德国"至今仍在持续产生影响的历史。

9 德国历史的今天

1945年5月末，德意志帝国覆灭几周之后，托马斯·曼 [①]
在华盛顿的国会图书馆作了一次演讲，试图对自己的经历进行
历史性梳理。他把德国灾难的深层原因追溯到中世纪——多亏
了马丁·路德这个保守的革命者，中世纪还能存在于20世纪
德国人的记忆之中。"知识分子的自负一旦与灵魂的守旧和束
缚相结合，魔鬼就出现了。这个魔鬼，路德的魔鬼，浮士德的
魔鬼，试图呈现给我一个非常德国的形象，与魔鬼结成的联
盟，魔鬼的处方，为了灵魂救赎，在某个期限内赢得世上所有
的宝藏和力量，作为类似德国本质的固有之物。"其结果是一
种"相对于世界，相对于欧洲，相对于文明的外在的个人主
义"，这种个人主义"在内部以一种奇怪的尺度与束缚、不成
熟和麻木顺从"和睦相处。[1]

在写作《浮士德博士》（*Doktor Faustus*）时，托马斯·
曼把他关于德国和德国人的绝对自我批评式的想法诉诸纸面。
在他看来，自希特勒上台以来，世界就是一个上帝与魔鬼的共
同体，在这个共同体中，恶也可能从善中产生。托马斯·曼
把德国人最初的普遍主义和世界主义（Universalismus und
Kosmopolitismus）评价为一种"最积极的构想"，这种构想
却恰恰变成了其对立面（dialektischer Umschlag），沦为邪
恶。"德国人允许自己被诱惑——把称霸欧洲甚至称霸世界的
要求建立在他们与生俱来的世界主义之上；世界主义由此成了
自己不折不扣的对立面，成了狂妄至极且最具威胁性的民族主
义和帝国主义。"[2]

对于"或许是德国人最著名的特征"——"内向性"

[①] Thomas Mann（1875—1955）：德国作家，1929年获诺贝尔文学奖。

（Innerlichkeit），托马斯·曼也认为其给德国人带来的不幸多于幸福。他称赞"德国人内向性最伟大的历史行动"，即路德的宗教改革是一次解放行动，但这一行动导致了西方的宗教分裂和"三十年战争"的灾难。哲学、历史学、艺术、诗歌和音乐要归功于德国浪漫主义（这是德国"内向性"的另一种表达）"强烈而充满活力的冲动"。但德国人在此期间成了"反对哲学的理智主义（Intellektualismus）和启蒙运动的理性主义的'浪漫主义反革命'（一场音乐反对文学、神秘主义反对明确性的起义）的民族"。[3]

在此 27 年前，托马斯·曼本人还在其于第一次世界大战最后一年出版的《一个不问政治者的看法》（*Betrachtungen eines Unpolitischen*）一书中为德国文化优于西方文明而欢欣。1918 年之后，他才习惯了共和与民主；1930 年之后，他成了最坚决地反对正在崛起的纳粹主义的人士之一。因此，正如他所强调的那样，1945 年 5 月末他对美国听众所作的演讲符合自身的经历和对自己特点的洞察。他的广受引用的结论也要这样理解（而且只能这么理解）："不存在一坏一好两个德国，而是只有一个德国——这个德国最好之处由于'魔鬼的把戏'（Teufelslist）而沦为邪恶。坏的德国是误入歧途的好的德国，好的德国身处不幸、罪过和覆灭之中。"[4]

那个在 1945 年终结统治、堕入地狱的人是德国有史以来最有权势的历史政治家（Geschichtspolitiker）。没有哪个德国历史的神话不曾为希特勒所用。他榨取了德意志帝国的神话，也榨取了普鲁士的弗里德里希神话——一直到他在柏林的元首地下室里悲惨地死去，希特勒一直迂腐地死守着这个神话。根据希特勒的宣传部部长戈培尔的证词，1939 年 11 月，当第二次世界大战已经开始，德国战胜波兰时，希特勒提到了"彻底废除《威斯特伐利亚和平条约》"；他认为必须在缔结这个条约的地方——明斯特——废除它。[5] 到了 1940 年 4 月 9 日，德国突袭丹麦和挪威之日，希特勒面对他的亲信宣布："就像 1866 年俾斯麦帝国诞生那样，今天这个日子也将诞生大日耳曼帝国（das Großgermanische Reich）。"[6]

随着纳粹德国的无条件投降，不仅俾斯麦建立的长达 75 年的德意志帝国寿终正寝，1945 年 5 月也意味着那个古老得多的帝国神话（它在 1933 年成了希特勒和国民教育水平良好的德国之间最坚固的精神桥梁）轰然崩塌。在他之前，没有哪个政治家像他那样以德国的历史为工具。他从德国历史上汲取的东西使其成为德国历史最大的清算者。事实上，普鲁士在他的统治下不再是个国家。在法律上，普鲁士 1947 年被同盟国解散。德意志帝国成为历史。使帝国"观念"复活的尝试因其不真实的人造色彩（Künstlichkeit）而告失败。

1945 年前后，只有少数德国人像流亡的托马斯·曼那样迫不及待地想要思考这种灾难性失败的深层原因。一方面要远离纳粹主义的罪行，另一方面要提出这样一个问题：像希勒特这样的政治家何以能在 1933 年上台，并且此后在绝大多数德国人的支持下掌权长达 12 年，直到几十年后，德国一切罪行中最残忍的部分——对欧洲犹太人的屠杀在德国自身的历史形象中占据中心地位。

1960 年代以来，联邦德国地区日益形成的自我批判的历史文化是唇枪舌剑的结果。在以反法西斯主义为国家学说的民主德国，与到那时为止的德国历史划清界限的过程比联邦德国更加激进，但最终效果较差：在官方正式宣扬和民众学到的说法中，针对往昔岁月流传着许多"为民族辩护的解读"（nationalapologetische Deutung）。两个德国战后未能同步发展造成的影响在整个两德分裂期间一直存在。重新统一后的德国在政治文化上的分裂在相当大的程度上可以从这种影响中找到解释。

德国历史上的最大转折发生四分之三个世纪后，纳粹统治的后果依然无处不在。德国历史上没有哪一章像 1933—1945 年那样在政治讨论中被屡屡提及。1933 年之前的所谓"夺权"时期在德国人集体记忆中的存在感就明显弱得多，更遑论此前的德国历史了：在被希特勒滥用之后，那段历史似乎在一定程度上"贬值"了。其结果是，"历史的地平线缩短了"（eine historische Horizontverkürzung）。

对"第三帝国"的孤立观察很容易造成对它的"神话化"（Mythisierung）。历史学界一直讨论第一个德意志民主国家是否曾有可能发展成完全另外一种样子，但这种讨论在广大公众中应者寥寥。另一个比此宏大得多的、同样由托马斯·曼提及的问题是：德国是不是几百年前就已经走上了与西欧大国根本不同的发展道路？希特勒的统治之所以引起重视，是因为它被视作政治论争的重要对象，即被视作德国能从历史中汲取正确教训的最有力论点；而"德国历史"本身已经越来越有被压缩为 1933—1945 年这短短一段的趋势，变得几乎无法解释了。

纳粹时代总体上所能起的作用，犹太人大屠杀事件更是发挥得淋漓尽致。两德重新统一后的 30 年间，犹太人大屠杀总是作为反对（但 1999 年科索沃战争期间也作为支持）德国"域外"（out of area）用兵的理由被提及。"沦为政治工具"（Instrumentalisierung），从而"沦为琐事"（Bagatellisierung）的危险显而易见。但后果还不止于此：德国政治家从纳粹时代得出结论的方式常常让人感觉狂妄自大。在许多德国人看来，他们特别善于"从历史中学习"，堪称典范，这给他们特别有道德感的立场提供了背书，而其他人能够并且也应该向其看齐。

在德国政治道德化（Moralisierung）过程中起决定性作用的是"政治新教"（der politische Protestantismus）。难民危机最严重的时候，柏林—勃兰登堡福音派教区主教马库斯·德罗格 ① 在 2015 年圣诞节之际在柏林的《每日镜报》（*Tagesspiegel*）上撰文称，《基本法》第 1 条的第一句话——"人的尊严不可侵犯"在德国具有特别的意义。"对自身罪行历史的反思显然让我们草木皆兵。那些处境艰难、长途跋涉、无助地听凭有决定权的人发落者——这样的迁徙、逃亡、驱逐的画面和'永不重演！'的命令结合在一起，固定在我们的集体记忆之中……2015 年将作为德国展示新面孔的一年停留在记忆中。现在我们知道如何把学到的历史教训运用于实际。这是一种解放的、鼓舞人心的经历。这些经验为开创未来提供了空间……"7

213

大约 145 年前的 1871 年 1 月 7 日，《新福音派教会报》（*Neue Evangelische Kirchenzeitung*）把马丁·路德的宗教改革和德意志帝国的建立联系起来。"1517 年开启的德国历史时代在战争和战吼中成了一种'上帝注定的结局'。"8 三个星期后，当时的柏林宫廷牧师阿道夫·斯托克 ② 甚至使用了"德意志民族神圣福音派帝国"（heiliger evangelischer Reich deutscher Nation）的说法。"在这个意义上，我们能看出 1517—1871 年上帝的痕迹。"9

德意志帝国覆灭之后，与教会结合在一起的新教德国大体上呈现右倾。魏玛共和国没有任何一个党派像德国民族人民党那样接近这个新教德国的政治观点。年轻的牧师和教区居民自然从 1920 年代后期起就已经向纳粹党靠拢。1927 年起，他们

---

① Markus Dröge（1954— ）：德国基督教神学家，2009—2019 年任基督教柏林—勃兰登堡—西里西亚上卢萨蒂教区主教。

② Adolf Stoecker（1835—1909）：德国基督教福音派神学家、政治家。

集结成为"德国基督徒"发起"信仰运动"，这个组织也自称
"耶稣基督冲锋队"（die SA Jesu Christi）或"教会冲锋队"
（SA der Kirche）。[10] 只有一部分官方教会从 1933 年之后开
始向极右转变。另一部分听命于在达勒姆（Dahlem）担任牧
师、曾经是潜艇指挥官和自由军团战士的马丁·尼莫拉①，以
及神学教师迪特里希·潘霍华②等教会人士，他们在 1934 年
联合组建了"认信教会"③。"认信教会"不是政治上的反对派，
但反对把基督教的福音政治化和在教会内部实施政治强迫，并
反对许多德国基督徒要求的、旨在免除犹太基督徒教职的"雅
利安条款"（Arierparagraphen）。

214

1945 年之后，德国福音派教会和这个政治遗产合为一体。
但战后德国的"政治新教"还远未在政治上成为一个整体。奥
托·迪贝柳斯④（1945—1966 年任柏林—勃兰登堡大主教，
1949—1961 年任德国福音派教会理事会主席）和基民盟／基
社盟福音派工作小组高级教会参事及创始人、联邦议会第二任
议长赫尔曼·埃勒斯⑤所属的一派参与了联盟党内的教派间合
作。以那时起担任黑森州教会主席的马丁·尼莫拉和阿登纳的

① Martin Niemöller（1892—1984）：德国著名神学家、信义宗牧师，以反纳粹的忏
　悔文《起初纳粹追杀共产主义者的时候》（*Als die Nazis die Kommunisten holten*）
　而闻名。

② Dietrich Bonhoeffer（1906—1945）：德国信义宗牧师、神学家，认信教会成员
　之一，曾经参加德国反对纳粹主义的抵抗运动，因同伴计划刺杀希特勒失败，于
　1943 年 3 月被捕，并于希特勒自杀前 22 天被害。

③ Bekennende Kirche：又译"宣信会"，是 1934 年成立的德国基督教会；纳粹德国
　时代，希特勒企图把德国基督教变成纳粹的政治和宣传工具，结果引起基督教抵
　抗运动；二战爆发后，认信教会的教士和基督徒大都应召入伍，但其抵抗活动仍
　在继续；1948 年，德国各地教会组成新的德国福音教会，认信教会不再存在。

④ Otto Dibelius（1880—1967）：德国福音派神学家。

⑤ Hermann Ehlers（1904—1954）：德国基民盟政治家，1950—1954 年任联邦议会
　议长。

首任内政部部长、后来成为第一位社会民主党联邦总统的古斯塔夫·海涅曼为首的另一派在重新武装德国的争论中观点更左，但仍然与德国新教的民族传统息息相关。

1970年代后期起，联邦德国的政治新教"主流"和环境与和平运动（die Umwelt- und Friedensbewegung）开始紧密合作。在民主德国，官方教会自1970年代早期起试图宣称自己是"社会主义教会"。1980年代，在"由剑到犁"（Schwerter zu Pflugscharen）的号召下，福音派教会的一部分成员开始准备与民主德国"和平与环境运动"合作——如果没有这种准备就几乎不会有1989年秋天的和平革命。当时联邦德国与民主德国的政治新教内部都很少提及德国重新统一这个话题。德国社会（除绿党外）几乎没有哪个群体像福音派基督徒那么流行"以其国家分裂为纳粹时代赎罪"的想法。基督教德国此时关心的不仅是赎罪，而且是为一种特殊的新教罪行（eine spezifisch protestantische Schuld）忏悔。

对纳粹屠杀犹太人这一反人类罪行的独特性（Singularität）的认识到1980年代才被接受。但从这种认识中无论如何不能必然得出要在德国式特殊道德（Sondermoral）的前提下把德国"独特化"（Singularisierung）的结论。实际上，这是个很大的问题。一切试图通过放弃什么，或通过作出什么表率来清偿罪行的努力都基于一种愿望，即希望清除（即便这种清除极其微妙）德国历史上最恐怖的一章。

罗伯特·穆齐尔 ① 在其小说《没有个性的人》（*Der Mann ohne Eigenschaften*）中生动地描述了一种赎罪策略（Bewältigungsstrategie）的心理机制。"或许我们可以把一句俗话改编一下：为人做了亏心事，不怕半夜鬼敲门——只要

215

---

①　Robert Musil（1880—1942）：奥地利作家，奥匈帝国瓦解后自我放逐到德国；他未完成的小说《没有个性的人》常被认为是最重要的现代主义小说之一。

足够亏心！精神不断从事'副业'（Nebentätigkeit），好使卷入不公之事的自己重新变得心安理得；等到这种'副业'中止时，情绪已经获得一种不可估量的独立性。"[11]

在道德上美化自己行为的倾向影响了德国与欧洲和大西洋伙伴的关系。与其在欧洲宣扬团结义务和忠于联盟的誓言相比，德意志联邦共和国的行为常常显得"更民族"（viel nationaler）。能源政策就是个例子。在通过"北溪 II"（Nord Stream II）项目进口天然气时，德国接受了对俄罗斯的持续和长期依赖，以及对中东欧邻国（尤其是波兰和乌克兰）严重不利的影响。在防务领域，德国宣传"更多欧洲"（Mehr Europa）——能建立一支"欧洲军队"自然更好。但在实践中，德国议会对联邦国防军的"域外"行动保留投票否决的权利，并且在武器出口方面有所顾虑，这些都可能很快成为制定共同政策的障碍。

2014 年 9 月北约达成了一项协议，约定提高北约成员国的防务支出，目标是 10 年之内达到各国国内生产总值的 2%；比起其他北约成员国，这项协议在德国国内政坛引起了更大争议。但在财政支出多年滞后的情形下，联邦国防军在许多领域只能勉力维持。国防军在军备方面显然亟待补充。

如果其军费开支达到北约规定的国内生产总值的 2% 而成为欧洲军事力量最强大的国家，德国也不一定会变成像许多德国人担心的那样。联邦德国也可以考虑曾任波兰高级外交官的雅努什·莱特[①]和德国前外长西格马·加布里尔[②]的一项建议，将其在军事领域额外财政拨款的一部分，即超出国内生产总值

---

① Janusz Reiter（1952—　）：波兰外交官、日耳曼学者和时事评论家，1990—1995 任波兰驻德国大使，2005—2007 年任波兰驻美国大使。

② Sigmar Gabriel（1959—　）：德国社会民主党成员、前党主席，曾任德国联邦副总理、外交部部长、经济科技部部长等职。

1.5% 的部分转入欧洲防务基金，用于资助经济较弱的中东欧和南欧的北约成员国。[12] 但德国几乎没有就这种方案展开讨论，同样也几乎没有对另一种可能性，即把对出于军事原因必须进行的公共基础设施投资折算入 2% 额度的目标展开讨论。联邦德国目前虽然大幅增加了国防预算，但与 2014 年北约协议设定的目标还相去甚远。后果是德国不得不继续被美国指责为搭了美国安全政策的"顺风车"。

1983 年 11 月，社会民主党和自民党组成的联盟破裂整整一年之后，在科隆举行了德国社会民主党的所谓"火箭党代会"（Raketenparteitag）。在这次党代会上，社会民主党这个德国历史最悠久的政党最终告别了其早先（虽然从来不是无条件的）对"北约双重决议"（Doppelbeschlusses）的支持，从而也告别了联邦总理施密特的外交和安全政策。施密特借此次党代会之机警告社会民主党人切莫"一厢情愿"。这位前总理提到了一位外国观察家的判断："德国一如既往地是个不稳定、反复无常、无法预测的国家，当其不幸的时候德国就特别危险。"为了强调他的警告，施密特接着引用了海因里希·海涅 [1] 的历史叙事诗《德国，一个冬天的童话》中的诗句 [2]——

> 大陆属于法国人俄国人，
> 海洋属于不列颠，
> 但是在梦里的空中王国
> 我们有统治权不容争辩。

---

① Heinrich Heine（1797—1856）：19 世纪最重要的德国诗人和新闻工作者之一。

② 此处译文引自《德国，一个冬天的童话》（人民文学出版社，冯至译，1978 年第 1 版）。

> 我们在这里不被分裂，
>
> 我们在这里行使主权；
>
> 其他国家的人民
>
> 却在平坦的地上发展。[13]

正如我们所见，德国"一厢情愿"的倾向有其深刻的历史原因。美国历史学家伦纳德·克里格①1957年在其从思想史角度出发，以"德国异于西方"为研究主题的《德国的自由思想》（*The German Idea of Freedom*，此书的研究方法别出心裁，但在德国几乎无人问津）一书中提到了德国两种并行不悖甚至相互关联的自由观念：一种只在集权国家的狭窄框架内实现，另一种则在一个"超越所有国家的绝对帝国"内才能实现。[14]

在克里格看来，德国倾向于在纯理论层面推演出来的绝对自由中思考，这是一种进行平衡的尝试（Kompensationsversuch）。这种尝试出现在宗教改革的发源地并非偶然——在这里，诸侯得以给资产阶级思想打上其"（等级）自由"的烙印，因此不可避免地以当局的姿态对其进行改造。这种判断完全符合1844年海涅和1945年托马斯·曼的评判。

1789年法国大革命时，德国人认为不必效仿这个邻国，这可以理解。因为当时德国面对的是开明专制主义，这种专制主义（至少在普鲁士）打算自上而下地获得一些法国自下而上赢得的成果。"不是德国的反动势力，而是德国的进步势力使德国与西方背道而驰"，历史学家鲁道夫·施塔德尔曼②1946年试图以这种悖论解释19世纪德国何以未能成功地

---

① Leonard Krieger（1918—1990）：美国历史学家，研究重点是现代欧洲，尤其是德国的思想史，被称为"冷战时期美国最有思想的历史学家"。

② Rudolf Stadelmann（1902—1949）：德国历史学家，研究重点为近代史。

发生资产阶级革命。他认为，"开明的诸侯国"（aufgeklärter Fürstenstaat）的特殊形式最终走进了死胡同；1848—1849年革命的失败就是其后果。"1850年以来，久拖不决的危机像毒药一样在德国民众中扩散。这是'未经革命的国家'的典型病症。"15

　　德国需要经历两次世界大战的失败才能开始彻底反思走向灾难道路的深层原因。但国家自我批判的激进改革也无法避免使德国再次显得狂妄自大。要求比海涅所说的"在平坦的地上"发展起来的国家代表一种更高的道德，说到底就是一种"国家自负"（nationaler Dünkel）的"后军国主义式蜕变"，即相信自己掌握了人类重大问题的正确答案——这对费希特、雅恩和阿恩特的思想也已经产生了影响。16

　　于尔根·哈贝马斯在1986年向联邦德国承认"无条件地对西方政治文化开放"不是有长远保障的成就。17 这一成就由于德国分裂的后果而无法确保，但也受一切导致罪责问题"成为政治工具"的因素影响，即提及纳粹的罪行，是为了赋予自己的诉求或已实施的方案更高的合法性。负责任地对待历史，目的是使人们当下能够负责任地行事。由此，德国人不应因为自己的历史而裹足不前，也不应把政治决策当作从德国历史中吸取的唯一正确的教训而拔高。

　　两德重新统一30年之后，德国不得不从一种"自我超越"（Selbstexzeptionalisierung）中解脱出来：这种自我超越损害了其可信度，德国面临被孤立的危险。重新统一的德国是和欧盟其他成员国一样的"后传统的民族国家"（ein postklassischer Nationalstaat），也是欧盟人口最多、经济最发达的国家，但还远没有强大到足以单枪匹马在全球大国中长期立于不败之地。依靠欧盟的紧密合作对德国来说关乎存亡。

219

英国经济史学家阿兰·米尔沃德①1992 年证明了欧盟的功绩，他认为欧盟通过弥补欧洲民族国家的短处拯救了它们。[18]

220　　　今天的德国人在民族构成方面与几个世纪前那些塑造了德国历史并由此蒙受苦难的人大不相同。对《国籍法》的根本性改革是社民党、绿党和自民党组成的"交通灯联盟"②的重大成就，这部于新千年第一天生效的法律从根本上改变了德国的"民族"概念。2000 年 1 月 1 日的《国籍法》意味着改变了几乎完全依据血统原则的做法，转而采用"西方"的观点，即也可以根据出生地，或如果有必要的话，根据个人意愿书来确定国籍。数以百万计有移民背景的人已经利用或者可以利用这项新的规定，其中就有许多自 1960 年代起作为劳工来到德国并留在德国的人，以及他们在德国出生的子女，同时也包括受政治迫害者和躲避内战的难民。他们加入德国国籍后，德国的历史就成了其自身历史的一部分。让他们"吸收"（Aneignung）德国历史并不比让过去几个世纪里给德国打上烙印的那些德国人的后代"吸收"这段历史更容易。

　　　德国是一个西方国家：许多观察家对"西方"这个整体是否还有未来持怀疑态度。民粹主义运动在西方政治文化的两个"先锋国家"——英国和美国取得的成果很容易使人产生这样的疑问。在欧盟内部，一些成员国对诸如司法权独立的法治国家基本成就产生了疑问，从而也对欧盟作为一个价值共同体（Wertegemeinschaft）的主张产生了疑问。在与俄罗斯和中国等世界政治对手的关系方面，欧盟内部的意见也不一致。欧盟
221　与其在重大问题上"用一种声音说话"的目标相去甚远。

---

① Alan Milward（1935—2010）：英国经济史学家，研究重点包括法西斯与战时经济、19 世纪中期以来的欧洲经济发展、欧盟政治经济建设等。

② Ampelkoalition：在德国政治生活中，代表社民党、绿党和自民党的颜色分别为红、绿、黄，因此媒体常以"交通灯"指代这三个党派组成的联盟。

　　西方的未来取决于自由的民主国家。这些国家如果想阻止西方江河日下，就必须在欧盟内部和北约内部加强合作。即便如今华盛顿优先考虑的问题和大多数欧洲国家优先考虑的问题差别巨大，欧洲也必须与美国结盟并以此为依靠。不过大西洋两岸的欧洲和美国的共同基础仍然足够牢固，足以打消欧洲和美国、中国以及俄罗斯保持同等距离的想法。

　　德国后来也就是在反对西方政治观念惨遭失败之后才成为一个自由的西方民主国家。从德国的历史可以推断出，它决不能落后于1945年之后获得的认识。但德国没有资格要求对历史进行特殊解读，同样也不配在政治道德问题上代表欧洲说话。这也是从德国历史中得出的结论。有人认为德国在纳粹时期背负的罄竹难书的罪行可以通过比其他国家更加"道德"地行事来抵消，这是一种错误的看法；新的德国民族主义的萌芽可能就存在于这种想法之中。

　　重返德国"内在性"（Innerlichkeit）传统的情况似乎令人可以理所当然地提及一个"新的德国问题"，或者让"德国问题卷土重来"。如果德国向这种早就有过的尝试——在任何情况下都希望比其他国家更讲道德——作出让步，那么它将再次远离西方的政治文化。消极地从战争罪行的历史中寻找原因解释德国的"自我认识"（Selbstverständnis）是不够的，重要的是面对整个德国历史，这就是说要面对德国历史整体上的矛盾性。此外，从这段历史也派生出了一种义务，即应秉持清醒的、以西方"价值遗产"为目标的现实主义。这才是关键，而不是走什么新型的德国特殊道路。

"新冠肺炎疫情"时代——结语

前面几章中最后提及的事件发生在 2019 年秋季。此后，新冠肺炎在全球暴发。2020 年 1 月 27 日，德国出现了首个病例。2 月 16 日，法国同时也是欧洲出现了首例新冠死亡病例。2 月 11 日，世界卫生组织首次使用"大流行病"（Pandemie）一词。2020 年 3 月 12 日全球股市大跌，这一天以"黑色星期四"之名被载入股票历史。4 月 14 日，国际货币基金组织把新冠肺炎疫情带来的经济后果评估为 20 世纪 30 年代早期"大萧条"之后最严重的危机。[1] 根据美国巴尔的摩约翰·霍普金斯大学的调查结果，截至 2020 年 5 月 21 日，全球感染新冠病毒（包括已治愈者）的人数已经超过 500 万；死于新冠病毒的人数达

328172 人。

2020 年春，"划时代"的甚至迎来"历史转折点"的感觉在欧洲迅速蔓延。数十年来人们一直可以指望经济持续增长（除类似于 2008 年全球金融危机的偶发重大震荡外），这一进程看起来戛然而止了。在德国，越来越多的人把新冠肺炎疫情与 1945 年的"零点时刻"（Stunde Null）①进行比较。当时大多数德国人当然知道，随着第二次世界大战的结束，"至暗时刻"（Allerschlimmste）已然过去。75 年之后的 2020 年，情况有所不同。过去的 3/4 个世纪中，人类还从来不曾像 2020 年上半年那样对未来如此没有把握。"新冠"在欧洲成为考验民族国家的时刻：民族国家最初还被证明具有行动能力；而欧盟由于无权处理健康事务，在危机的最初几周一直或多或少地

---

① Stunde Null："零点时刻"是二战结束后德国流行的一种说法，德国人以这个军事术语描述德国陷于历史的终结与一切的开端，意指整个精神和物质世界都必须从零开始。

只能扮演忧心忡忡的观察员角色。申根区（至少暂时如此）失去了其作用：欧盟成员国未与布鲁塞尔欧盟总部协商就实行了几十年来从未有过的严格的边界管控。

和美国、意大利、西班牙、英国或法国不同，德国不属于疫情"重灾区"。这是因为联邦政府早期采取了应对措施，而且联邦德国的医疗体系相对完善。但德国对基本权利和自由权利采取了 1945 年以来最严格且最全面的限制。在某些地方，尤其在疫情特别严重的巴伐利亚州，社交活动被限制到了接近宵禁的水平。人们必须在公共场合起码保持最小安全距离；禁止举行包括集会、游行、大型会议甚至礼拜在内的聚集性活动；幼儿园、中小学、高校、博物馆、剧院和电影院关闭，教学和科研活动改为线上进行，其他工作只要条件允许，就由到企业现场办公改为居家办公；包括汽车工业在内的许多领域引入"短工时制"（Kurzarbeit）甚至"零工时制"（Kurzarbeit null）①；有些餐馆、咖啡馆和零售店（包括书店）必须完全停业，有些则在大部分时间内停业。

调查显示，绝大多数民众同意数周以来由联邦政府和各州政府实施的限制措施。引起激烈辩论的是，长此以往，行政机关的规定会否削弱议会的权力（不少法学家提醒人们警惕这种危险）。同样引起讨论的问题有：《基本法》保障的生命和身体不受伤害的基本权利相较于集会和游行权等其他基本权利，是否享有绝对优先权？"风险人群"（例如老年人，尤其是有基础疾病的老年人）相比于被确认为更健康、更有希望治愈的年轻人，是否更难要求"如有疑义，选择照护"？ ②

225

---

① "短工时制"指经劳动者与用人单位协商同意，将劳动者的正常工作时长暂时缩短；"零工时制"指劳动者暂时完全停止工作。

② 化用自"如有疑义，选择生命"（in dubio pro vita）的医学伦理原则。

人们讨论的问题还有：国家保护生命的职能是否仅仅会因为患者人数超出医疗系统的承受能力而遭到破坏？经济滑坡破坏了医院的物质基础，是否也会破坏这一职能的实现？而内需又引发了另一场争论：是否可以认为，联邦政府起初几乎只听从了病毒学家和免疫学家的建议而忽略了经济学家的建议？

毫无疑问的是，2020 年春季德国经济开始严重衰退，这将与高失业率形影相随。2020 年 2 月 23 日，联邦政府几乎一夜之间告别了"平衡预算"的金科玉律，告别了"黑零"①，告别了削减国家债务的努力。联邦政府设想的为恢复经济而支出的费用意味着：联邦、各联邦州和各乡镇的政府债务在未来几年将由国内生产总值的大约 58% 增加至 75%，也就是说将暂时超过《马斯特里赫特条约》规定的 60% 的上限。谁也不知道这种状态还将持续多久。由于德国面临税收大幅减少的危险（联邦财政部税务估算人员 2020 年 5 月认为，到 2024 年税收将减少 3000 多亿欧元），前景不可能乐观。

发生新冠危机的最初几个月，人们很少讨论德国何时、在何种条件下开始削减大幅新增的政府债务。但这个问题无法回避，并和另外一个问题密切相关：疫情加剧了社会的不平等。疫情威胁着数以百万计职工和自主就业者的生存，甚至危及各行各业，破产公司的数目不断增加。向居家办公过渡早就不能保证所有就业人员未来不会失业；线上授课给收入和受教育水平较低的家庭造成了负担。有固定收入来源的人受到疫情导致的经济后果的影响相对较小。有些行业，尤其是邮购业和超

---

① Schwarze Null：指德国在财政预算报告中达成预算平衡，这一说法源于没有债务时，财政数据呈现与"赤字"相对的"黑字"。

市，则从危机中获益。

为了确保社会的凝聚力，必须团结一致，共同努力，这包括实施尽可能顾及社会平衡的税收制度。1945年以来的3/4个世纪中有一些在特殊情况下尝试公平地分配负担的例子。1952年在原联邦德国实施的针对被逐出家园者、遭受轰炸者和存款人的"战争损失赔偿"（Lastenausgleich），即征收一次性物业税（Vermögensabgabe），就是一个例子；两德重新统一之后，1992年开始征收的作为工资税、收入税和公司税之补充的"团结附加费"① 是另外一个例子。

德国政府可以从上述两个例子中吸取经验，用于应对新冠肺炎危机。过去和今天，德国政府都面临同时满足经济繁荣、财政稳定和社会团结需求的挑战。此外，21世纪的第三个10年一开始比以往又增加了一个要求：对生态可持续性的要求。各国政府为振兴经济所做的一切都必须符合其在国内和国际上承诺达到的气候和环境保护的要求。

不仅在德国内部要保证经济发达地区和落后地区的团结，德国联邦政府也希望与德国在欧元区的几个财政较弱、债台高筑、受新冠肺炎危机影响格外严重的盟友，尤其是意大利和西班牙团结一致。许多德国知识分子和记者支持由所有欧盟国家，或者至少由欧元区国家共同承担新冠肺炎危机导致的新债务［被称为"新冠债券"（Coronabonds）］，这样的要求自然会破坏欧元区这个货币联盟的凝聚力，因而遭到德国、荷兰和奥地利等财政稳定国家的断然拒绝。此外，这种

---

① Solidaritätszuschlag：1990年两德重新统一后，德国联邦政府为减轻统一带来的财政负担、扶持原民主德国地区经济发展开征此费；原计划临时征收，1993年曾一度废止，1995年又恢复收取，个人和公司均是该附加费的征收对象，计费基础是同期个人和公司应缴纳所得税税额，费率为5.5%；2019年底，联邦政府内部达成一致，计划自2021年起大范围停征该费。

做法也有悖《马斯特里赫特条约》的"救助禁令"（bailout-Verbot）；就德国而言，根据联邦宪法法院的审判，这样做是违宪的。

也就是说，按照其"官方的"自我理解，德国只有在其宪法和欧洲协议的基础上［比如通过提高欧盟财政预算收费，对"欧洲投资基金"（Europäischer Investitionsfond）、"欧洲救助伞"（Europäischer Rettungsschirm）①等共同机构施加财政影响，以及对个别国家提供援助等］才能体现出团结。在此背景下，德国总理默克尔和法国总统埃马纽埃尔·马克龙2020年5月18日宣布的有关"欧洲重建基金"（Europäischer Wiederaufbaufonds）的协议至少意味着对目前德国路线的修正，甚至会是一次重大转折：德国首次同意欧盟接受贷款，贷款金额达5000亿欧元。这笔贷款应由欧盟成员国根据各国缴纳共同预算的比例进行担保，也就是说不是"共同担保"（gesamtschuldnerisch），该基金的资金不作为必须偿还的贷款，而是作为不必偿还的补贴发放。

德法两国的这项共同倡议立即遭到了奥地利、荷兰、丹麦和瑞典（所谓"节俭四国"）政府的强烈反对。这些国家虽然也表示愿意为遭受新冠肺炎影响特别严重的地中海国家提供援助，但只同意以贷款而非补贴的形式开展援助。多个中东欧国家对此也有疑虑。5月27日，欧盟委员会建议把援助金额从5000亿欧元提高到7500亿欧元，其中2/3作为补贴，1/3作为贷款使用——这是一种向德法联合倡议靠拢的努力，将使欧盟的"北方"和"南方"成员国有可能达成妥协。

2020年春围绕"新冠债券"展开的争端凸显了欧盟尚未

---

① 即欧洲稳定机制（European Stability Mechanism，缩写为ESM）。

解决、在某些情况下被压制、在新冠肺炎危机中再次浮出水面
的问题。这些问题具体地说就是：如何维持财政预算结构以及
经济和社会政策传统差异极大，因此至今未能建立财政联盟的
国家所组成的货币联盟。联邦宪法法院 2020 年 5 月 5 日（恰
是 1955 年 5 月 5 日联邦德国重新获得有限主权的 65 周年纪念
日）就欧洲中央银行购买国债作出的判决引发的有关欧盟与其
成员国关系的辩论具有根本性意义。

　　卡尔斯鲁厄德国联邦宪法法院的法官批评欧洲法院的法
官，认为他们在 2018 年把欧洲中央银行相应的决定全都认定
为符合欧洲法律，而没有对其"均衡性"进行审查（也就是说
没有从经济政策角度看是否合适），从而超越了自己的权限，
破坏了欧洲的法律。联邦宪法法院以这种史无前例的指责回应
位于卢森堡的欧洲法院提出的要求，即要求任何情况下在解读
欧盟法律的问题上，无论如何都要保留对所有成员国有约束力
的最终解释权。[2]

　　联邦宪法法院对欧盟法一般情况下优先于欧盟成员国的法
律并无异议，但强调欧盟和欧洲法院的管辖界限。联邦宪法法
院提到了德国加入《马斯特里赫特条约》和《里斯本条约》的
条件：德国宪法规定的基本原则，尤其是对行使权力进行民主
监督的规定不容侵犯。根据卡尔斯鲁厄宪法法官的判决，欧
盟成员国仍是上述两个条约的主人；只是各国有严格意义上的
民主的，通过普遍、自由和平等选举产生的议会，也就是说考
虑到了人民主权原则。欧盟的"国家联合体"则相反，它只拥
有一种引申出来的、建立在欧洲各项条约即成员国意愿基础上
的合法性。德国联邦宪法法院一方与欧洲法院、欧盟委员会和
欧洲中央银行等组成的另一方之间的争执就是围绕这种差异展
开的。

　　时政评论界对卡尔斯鲁厄德国联邦宪法法院的判决反

229

230

应强烈且意见不一。批评意见主要是指责联邦宪法法院实施了"对欧洲的刺杀"。[3] 这些评论恰恰反映了对"后民族欧洲"（postnationales Europa）的想象被习惯性地拔高了，这种特别有德国特色的观念已然深化为一种传统。这种观念来源于一种反历史的、政治上也立不住脚的"普遍化"（Verallgemeinerung），在德国之外很少有人认同这种做法：许多德国人从第一个德意志民族国家在二战惨败的经验中得出了结论并继续坚信，民族国家已经彻底过时，而且是万恶之源。对欧洲"习惯性拔高"的后果就是"习惯性赤字"，因为轻视了民主合法性的原则和一切对国家权力的监督（到目前为止，只有在民族国家框架内才能实行监督）。

对 2020 年的新冠肺炎危机进行历史定位为时尚早。谁也不晓得这场危机的哪些经济和社会后果将持续存在，初见端倪的全球力量的重新分配会发展到什么程度也不得而知。新冠肺炎危机是否会成为全球化进程的转折点，从长远看是否会导致普遍的"重新民族国家化"（Renationalisierung）也无从知晓。全球范围内向国家保护主义的逆转将是灾难性的，对德国这样一个高度依赖出口、依赖蓬勃发展的外贸的国家来说尤其如此。最后，不可预知的还有这场危机将对德国内政产生怎样的影响。民主的基本共识始终强烈；但 2020 年 4 月底以来，临时的、危机导致的对自由的限制遭到越发激进的抗议，这不容忽视——不仅政界左派和特别热衷于搞宗派主义、特别具有侵略性的右翼如此，政治上一向不露声色的社会人士也不例外。

新冠肺炎危机没有成为新的"零点时刻"。这场危机从长期看将如何影响德国人的政治意识，是个悬而未决的问题。可以期待的是，2020 年的冲击不会阻断过去 3/4 个世纪以来最伟大的成就之一——自我批判的历史文化的形成；它将继续发展。因为向历史学习也包括作好准备，向迄今为止的学习过程学习。这是每一代人都面临的新任务。长路漫漫，永无止境。

致　谢

232　　　　我要再次感谢柏林洪堡大学历史研究所为我提供了配有必要技术设备的工作室，使我这个已经退休的教授得以在此继续从事研究；感谢汉斯·林吉尔基金会（Hans Ringier Stiftung）、阿尔弗雷德·赫尔豪森学会（Alfred Herrhausen Gesellschaft）和梅茨勒银行（Bankhaus Metzler，该银行的捐款使我得以享受学生助理提供的优质服务）；感谢对我的检索工作给予大力支持的塔贝·纳萨罗夫（Tabea Nasaroff）女士；感谢将我的手写稿录为电子稿的格蕾琴·西豪森（Gretchen Seehausen）女士和莫妮卡·罗斯托伊斯（Monika Roßteuscher）女士；感谢洪堡大学行政部门负责我研究项目的妮娜·克雷默（Nina Kremer）女士。

感谢C.H.贝克出版社总编辑德特勒夫·费尔肯（Detlef Felken）先生，他始终如一地关注本书的写作，并提出了许多建议；感谢亚历山大·戈勒（Alexander Goller）先生，他认真审阅书稿并编制了索引；感谢杨娜·罗素尔（Janna Rösch）女士——我在写作本书的每个阶段随时都可以满怀信任地请她协助。

和我所有在C.H.贝克出版社出版的书籍一样，本书也是在我与夫人日复一日地促膝长谈的过程中诞生的。本书的基本思路和具体表述均得益于此。我把这本书献给她——这是我满怀谢意的肺腑之言。

海因里希·奥古斯特·温克勒
2020年5月于柏林

缩略语表

ABC-Waffen: atomare, biologische, chemische Waffen　原子、生物和化学武器

AfD: Alternative für Deutschland　德国选择党

AWACS: Airborne Warning and Control System　空中预警与控制系统

BK: Bekennende Kirche　认信教会

BRD: Bundesrepublik Deutschland　德意志联邦共和国

CDU: Christlich-Demokratische Union Deutschlands　德国基督教民主联盟

CSU: Christlich-Soziale Union in Bayern　巴伐利亚基督教社会联盟

DDP: Deutsche Demokratische Partei　德国民主党

DDR: Deutsche Demokratische Republik　德意志民主共和国

DM: Deutsche Mark　德国马克

DNVP: Deutschnationale Volkspartei　德国民族人民党

DVP: Deutsche Volkspartei　德国人民党

EG: Europäische Gemeinschaft(en)　欧洲共同体

EU: Europäische Union　欧洲联盟

EVG: Europäische Verteidigungsgemeinschaft　欧洲防务共同体

EVP: Europäische Volkspartei　欧洲人民党

EWG: Europäische Wirtschaftsgemeinschaft　欧洲经济共同体

EZB: Europäische Zentralbank　欧洲中央银行

FDP: Freie Demokratische Partei　自由民主党

G6: Gruppe der Sechs　六国峰会

G7: Gruppe der Sieben　七国峰会

KPD: Kommunistische Partei Deutschlands　德国共产党

KPdSU: Kommunistische Partei der Sowjetunion　苏联共产党

KSČ: Komunistická strana Československa (Kommunistische Partei der Tschechoslowakei)　捷克斯洛伐克共产党

KSZE: Konferenz über Sicherheit und Zusammenarbeit in Europa　欧洲安全与合作会议

NATO: North Atlantic Treaty Organization　北大西洋公约组织

NS: Nationalsozialismus　民族社会主义

NSDAP: Nationalsozialistische Deutsche Arbeiterpartei　民族社会主义德意志工人党

OHL: Oberste Heeresleitung　最高统帅部

Pegida: Patriotische Europäer gegen die Islamisierung des Abendlandes　爱国欧洲人反对西方伊斯兰化组织

PiS: Prawo i Sprawiedliwość (Recht und Gerechtigkeit)　法律与公正党

RAF: Rote Armee Fraktion　红色军团

SA: Sturmabteilung　冲锋队

SD: Sicherheitsdienst des Reichsführers SS　帝国元首党卫队保安局

SED: Sozialistische Einheitspartei Deutschlands　德国统一社会党

SPD: Sozialdemokratische Partei Deutschlands　德国社会民主党

SS: Schutzstaffel　党卫军

UN: United Nations　联合国

USA: United States of America　美利坚合众国

USPD: Unabhängige Sozialdemokratische Partei Deutschlands　德国独立社会民主党

WHO: Weltgesundheitsorganisation　世界卫生组织

注　释

以下仅提供引文出处。更详细的文献信息可参见本人所著的两部19—20世纪德国史研究著作：《通往西方的漫长道路（第一卷）：从旧帝国的终结到魏玛共和国的毁灭》（*Der lange Weg nach Westen. I. Bd.: Vom Ende des Alten Reiches bis zum Untergang der Weimarer Republik*，慕尼黑，2020年）和《从“第三帝国”到重新统一》（*Vom "Dritten Reich" bis zur Wiedervereingung*，慕尼黑，2020年）。关于1990年后的时代，可参见本人所著的《西方通史（第四卷）：当前时代》（*Geschichte des Westens. Die Zeit der Gegenwart*，慕尼黑，2016年）及《西方的困局：欧洲与美国的当下危机》（*Zerbricht der Westen? Über die gegenwärtige Krise in Europa und Amerika*，慕尼黑，2017年）。

导　言

1　Texte zur Deutschlandpolitik, Reihe III, Bd. 8b, Bonn 1991, S. 717–731 (718).

2　Heinrich August Winkler, Der lange Weg nach Westen. Bd. I: Deutsche Geschichte vom Ende des Alten Reiches bis zur Wiedervereinigung, 2 Bde., München 2020² (Beck Paperback); ders., Geschichte des Westens, Bd. 4: Die Zeit der Gegenwart, München 2016³.

I
德国人与西方的帝国

1　The Letters of John of Salisbury, ed. by W. J. Müller (lat. u. engl.), Bd. 1, London 1955, S. 206 (Brief 124, an Master Ralph of Saire, Juni/Juli 1160); deutsche Übersetzung in: Joachim Leuschner (Hg.), Das Reich des Mittelalters, Stuttgart 1972³, S. 20 f.

2　Alexander von Roes, Die Schriften, hg. von Herbert Grundmann u. Hermann Heimpel, Weimar 1949, S. 18–67 (49).

3　Leuschner (Hg.), Reich (Anm. 1), S. 38 f.

4　Eugen Rosenstock-Huessy, Die europäischen Revolutionen und der Charakter der Nationen (1931¹), Stuttgart 1961³, S. 131 ff.

5 Alois Dempf, Sacrum Imperium. Geschichts- und Staatsphilosophie des Mittelalters und der politischen Renaissance, München 1929, S. 544.

6 Karl Marx, Zur Kritik der Hegelschen Rechtsphilosophie. Einleitung, in: Karl Marx/Friedrich Engels, Werke (= MEW), Berlin 1959 ff., Bd. 1, S. 378–391 (391).

7 Friedrich Engels, Zum «Bauernkrieg» [1884], in MEW 21 (Anm. 6), S. 402 f. (402).

8 Peter Blickle, Die Revolution von 1525, München 1981².

9 Rosenstock-Huessy, Revolutionen (Anm. 4), S. 234 f.

10 Ernst Troeltsch, Die Soziallehren der christlichen Kirchen und Gruppen (= ders., Gesammelte Schriften, Bd. 1), Tübingen 1912, S. 519.

11 Franz Borkenau, Luther: Ost oder West, in: ders., Zwei Abhandlungen zur deutschen Geschichte, Frankfurt 1947, S. 45–75 (74).

12 Martin Luther, Von den Juden und ihren Lügen (1543), in: D. Martin Luthers Werke. Kritische Gesamtausgabe, Bd. 53, Weimar 1920, S. 413–552 (479).

13 Samuel Pufendorf, Die Verfassung des Deutschen Reiches. Lat. u. deutsch. Hg. u. übersetzt v. Horst Denzer, Frankfurt 1994, S. 198 f.

14 Alfred Müller-Armack, Genealogie der Wirtschaftsstile. Die geistesgeschichtlichen Ursprünge der Staats- und Wirtschaftsformen bis zum Ausgang des 18. Jahrhunderts, Stuttgart 1941, S. 147.

15 Rudolf von Thadden, Fragen an Preußen. Zur Geschichte eines aufgehobenen Staates, München 1981, S. 58 f.

16 Ernst Fraenkel, Das amerikanische Regierungssystem. Eine politologische Analyse. Leitfaden und Quellenbuch, Köln 1962², Quellenbuch, S. 26 f.

17 Ebd., S. 28–31; Documents of American History. Ed. by Henry Steele Commager, New York 1948⁵, S. 100–103.

18 Christoph Martin Wieland, Werke zur rechten Zeit und an die politischen und moralischen Gewalthaber. Nachfrage, in: ders., Sämtliche Werke, Bd. 31, Leipzig 1857, S. 319–325 (320).

19 Volker Mehnert, Protestantismus und radikale Spätaufklärung. Die Beurteilung Luthers und der Reformation durch aufgeklärte deutsche Schriftsteller zur Zeit der Französischen Revolution, München 1982, S. 55.

20 Immanuel Kant, Die Metaphysik der Sitten/Rechtslehre, in: ders., Gesammelte Schriften (Akademie-Ausgabe), Berlin 1900 ff., Bd. 6, S. 338–342 (§§ 51 u. 52; Hervorhebung im Original).

21 Johann Wolfgang von Goethe, Werke. Weimarer Ausgabe, München 1987, Bd. 5, S. 218.

22 Friedrich Meinecke, Das Zeitalter der deutschen Erhebung (1795–1815) (1906¹). Neuausgabe, Göttingen 1957⁶, S. 46.

23 Georg Friedrich Wilhelm Hegel, Grundlinien der Philosophie des Rechts oder Naturrecht und Staatswissenschaft im Grundrisse, in: ders., Sämtliche Werke (1906[1]), Bd. 7, Stuttgart 1952[3], S. 241 (§ 257).

2

统一高于自由

1 Johann Gottlieb Fichte, Reden an die Deutsche Nation, in: Fichtes Werke, 8 Bde., Berlin 1845/46, Bd. 6, S. 39–356 (bes. 278, 355, 346).
2 Ders., Aus dem Entwurfe zu einer politischen Schrift im Frühlinge 1813, ebd., S. 546–573 (554, 565).
3 Friedrich Ludwig Jahn, Deutsches Volkstum. Unveränderte Neuauflage, Leipzig 1817, XV (Verjüngung des Reiches durch Preußen), S. 18 f. (Deutschland als Heiland der Erde), 157 (wider die französische Sprache), 303 (Volksheiland – Hermann der Cherusker).
4 Ernst Moritz Arndt, Geist der Zeit (1806–1817), Leipzig o. J. (1808), 2. Teil (1809), S. 85 (Hervorhebungen im Original); ders., Gebet, in: Arndts Werke, Berlin o. J. (1912), 1. Teil, S. 74; ders., An die Preußen (1813), S. 163–170 (169); Der Rhein, Teutschlands Strom, aber nicht Teutschlands Grenze (1813), ebd., 11. Teil, S. 37–82 (42); ders., Über Volkshass und den Gebrauch einer fremden Sprache (1813), in: Ernst Moritz Arndts Schriften für und an seine lieben Deutschen, Leipzig 1845, S. 353–343 (363).
5 Reinhart Koselleck, Wie europäisch war die Revolution von 1848/49?, in: ders., Europäische Umrisse deutscher Geschichte. Zwei Essays, Heidelberg 1999, S. 9–36 (16 f.).
6 Stenographischer Bericht über die Verhandlungen der deutschen constituierenden Nationalversammlung zu Frankfurt am Main, 9 Bde., Leipzig 1848/49, Bd. 2, S. 1145.
7 Ebd., Bd. 6, S. 4596.
8 Ludwig August (richtig: August Ludwig) von Rochau, Grundsätze der Realpolitik. Angewendet auf die staatlichen Zustände Deutschlands (1853[1]). Hg. u. eingel. v. Hans-Ulrich Wehler, Frankfurt 1972, S. 25 f.
9 Karl Marx, Zur Kritik der Hegelschen Rechtsphilosophie, Einleitung, in: Karl Marx/Friedrich Engels, Werke (= MEW), Berlin 1959, Bd. 1, S. 378–391 (391; Hervorhebungen im Original).
10 Stenographischer Bericht (Anm. 6), Bd. 2, S. 1101.
11 Karl Marx, Die revolutionäre Bewegung, in: MEW (Anm. 9), Bd. 6, S. 148–150 (150; Hervorhebungen im Original).
12 Wilhelm Füßl, Professor in der Politik: Friedrich Julius Stahl (1802–

1861). Das monarchische Prinzip und seine Umsetzung in die parlamentarische Praxis, Göttingen 1988, S. 183 ff.

13 Fürst Otto von Bismarck, die gesammelten Werke (Friedrichsruher Ausgabe), Berlin 1924 ff., Bd. 8, S. 149 (Gespräch mit dem Schriftsteller Paul Linden und dem Bankdirektor Löwenfeld am 8. 12. 1882).

14 Walter Bußmann (Hg.), Bismarck im Urteil der Zeitgenossen und der Nachwelt, Stuttgart 1956², S. 28.

15 Ludwig Dehio, Deutschland und die Epoche der Weltkriege (1951), in: ders., Deutschland und die Weltpolitik im 20. Jahrhundert, München 1955, S. 9–36 (15).

16 Heinrich von Treitschke, Was fordern wir von Frankreich? (Manuskriptabschluss: 30.8. 1870), in: Preußische Jahrbücher 26 (1870), S. 367–409 (371).

17 Belege bei Heinrich August Winkler, Der lange Weg nach Westen. Bd. 1: Deutsche Geschichte vom Ende des alten Reiches bis zum Untergang der Weimarer Republik, München 2020² (Beck Paperback), S. 214 f.

18 Die Große Politik der Europäischen Mächte 1871–1914. Sammlung der Diplomatischen Akten des Auswärtigen Amtes, 2. Bd.: Der Berliner Kongress und seine Vorgeschichte, Berlin 1922, S. 153 f.

19 Max Weber, Der Nationalstaat und die Volkswirtschaftspolitik, in: ders., Gesammelte politische Schriften, Tübingen 1958², S. 1–25 (23).

20 Stenographischer Bericht über die Verhandlungen des Deutschen Reichstags, Bd. 159, S. 60.

21 Ebd., Bd. 268, S. 7728.

22 Werner Sombart, Händler und Helden. Patriotische Besinnungen, München 1915, S. 84 f.

23 Egmont Zechlin, Die deutsche Politik und die Juden im Ersten Weltkrieg. Göttingen 1969, S. 525.

24 Albrecht von Thaer, Generalstabsdienst an der Front und in der OHL. Aus Briefen und Tagebuchaufzeichnungen 1915–1919, hg. v. Siegfried A. Kaehler, Göttingen 1958, S. 234 f.

25 Die Reichstagsfraktion der deutschen Sozialdemokratie 1898 bis 1918, 2 Bde., bearb. v. Erich Matthias u. Eberhard Pikart, 2. Teil, Düsseldorf 1966, S. 442.

26 Zitat aus einer Rede des Vorsitzenden des Alldeutschen Verbandes, Heinrich Claß, auf einer Tagung von Hauptleitung und Geschäftsführendem Ausschuss des Verbandes, 19./20. 10. 1918, in: Werner Jochmann, Die Ausbreitung des Antisemitismus in Deutschland 1914–1923, in: ders., Gesellschaftskrise und Judenfeindschaft in Deutschland 1870–1914, Hamburg 1988, S. 99–170 (120 f.). Das Zitat von Kleist stammt aus «Germania an ihre Kinder», wo es, auf Napoleon bezogen, heißt:

«Schlagt ihn tot / Das Weltgericht / fragt euch nach den Gründen nicht!» Heinrich von Kleist, Sämtliche Werke und Briefe, Bd. 1, München 1994, S. 27.

3
一个先天不足的共和国

1 Max Weber, Wirtschaft und Gesellschaft. Studienausgabe, hg. v. Johannes Winckelmann, 1. Halbbd., Köln 1964, S. 197.

2 Richard Müller, Vom Kaiserreich zur Republik, 2. Bde., Bd. 2: Die Novemberrevolution, Wien 1925, S. 17.

3 Wilhelm Pressel, Die Kriegspredigt 1914–1918 in der evangelischen Kirche Deutschlands, Göttingen 1967, S. 308 f.

4 Richard Löwenthal, Bonn und Weimar: Zwei deutsche Demokratien, in: Heinrich August Winkler (Hg.), Politische Weichenstellungen im Nachkriegsdeutschland 1945–1963. Geschichte und Gesellschaft, Sonderheft 5 (1979), S. 9–25 (11).

5 Die Deutsche Nationalversammlung im Jahr 1919 in ihrer Arbeit für den Aufbau des neuen deutschen Volksstaates, hg. v. Eduard Heilfron, Berlin 1919, Bd. 7, S. 453.

6 Die SPD-Fraktion in der Nationalversammlung 1919–1920, eingel. v. Heinrich Potthoff, bearb. v. Heinrich Potthoff u. Hermann Weber, Düsseldorf 1986, S. 43.

7 Hugo Preuß, Das Verfassungswerk von Weimar, in: ders., Staat, Recht und Freiheit, Neudruck Hildesheim 1964, S. 426.

8 Carl Schmitt, Legalität und Legitimität, Berlin 1932, S. 32, 50.

9 Rudolf Hilferding, In Krisennot, in: Die Gesellschaft 8 (1931/II), S. 1–8 (1).

10 Akten der Reichskanzlei. Das Kabinett von Papen. 1. Juni bis 3. Dezember 1932, 2 Bde., bearb. v. Karl-Heinz Minuth, Boppard 1989, Bd. 1, S. 391 f. (391).

11 Ebd., Bd. 2, S. 754–764 (764).

12 Akten der Reichskanzlei. Das Kabinett von Schleicher. 3. Dezember 1932 bis 30. Januar 1933, bearb. v. Anton Golecki, Boppard 1986, S. 230–243 (Zitat des Reichsministers Franz Bracht: 232).

4
德国的灾难

1 Thilo Vogelsang, Neue Dokumente zur Geschichte der Reichswehr 1930–1933, in: Vierteljahrshefte für Zeitgeschichte 2 (1954), S. 397–436 (434 f.).

2 Adolf Hitler, Monologe im Führerhauptquartier 1941–1944. Die Aufzeichnungen Heinrich Heims, hg. v. Werner Jochmann, Hamburg 1980, S. 155.

3 (Arthur) Moeller van den Bruck, Das dritte Reich, hg. v. Hans Schwarz, Hamburg 1931³, S. 158, 244 f.

4 Max Domarus, Hitler. Reden und Proklamationen 1932–1945, 4 Bde., München 1965², Bd. 1/1, S. 286 f.

5 Ebd., S. 421.

6 Carl Schmitt, Der Führer schützt das Recht, in: ders., Positionen und Begriffe im Kampf mit Weimar – Genf–Versailles 1923–1939, Hamburg 1940, S. 199–203 (200).

7 Domarus, Hitler (Anm. 4), Bd. 1/1, S. 448.

8 Ian Kershaw, Der Hitler-Mythos. Volksmeinung und Propaganda im Dritten Reich, Stuttgart 1980, S. 70 f.

9 Internationaler Militärgerichtshof. Der Prozess gegen die Hauptkriegsverbrecher, Nürnberg 1947–49, Bd. XXV, S. 403–413 («Hoßbach-Protokoll»).

10 Wilhelm Treue, Hitlers Denkschrift zum Vierjahresplan, in: Vierteljahrshefte für Zeitgeschichte 3 (1955), S. 184–210 (210).

11 Domarus, Hitler (Anm. 4), Bd. 1/2, S. 823 f.

12 Ebd., Bd. 2/1, S. 1058.

13 Ebd., Bd. 1/2, S. 960 f. (Weisung vom 21. 10. 1938), S. 980 f. (Weisung vom 24. 11. 1938).

14 Jochen Thies, Architekt der Weltherrschaft. Die «Endziele» Hitlers, Düsseldorf 1976², S. 112–116.

15 Domarus, Hitler (Anm. 4), Bd. 2/1, S. 1095.

16 Der großdeutsche Freiheitskampf. Reden Adolf Hitlers, Bd. 1, München 1940, S. 32 f.

17 Franz Halder, Kriegstagebuch. Tägliche Aufzeichnungen des Chefs des Generalstabs des Heeres 1938–1942, Stuttgart 1962–64, Bd. 2, S. 336 f.

18 Domarus, Hitler (Anm. 4), Bd. 2/2, S. 1683 f.

19 Hitler, Monologe (Anm. 2), S. 62 f. (17./18. 9. 1941).

20 Christian Gerlach, Die Wannseekonferenz, das Schicksal der deutschen Juden und Hitlers Grundsatzentscheidung, alle Juden Europas zu ermorden, in: Werkstatt Geschichte 18 (1997), S. 7–44 (22).

21 Winston S. Churchill, Der Zweite Weltkrieg (engl. Orig.: London

1948 ff.), Bd. 6: Triumph und Tragödie. 1. Buch: Dem Sieg entgegen, Bern 1954, S. 413.

22 Kershaw, Hitler-Mythos (Anm. 8), S. 193.

5

自由高于统一

1 Ingo von Münch (Hg.), Dokumente des geteilten Deutschland, Stuttgart 1976, S. 54.

2 Armin Boyens, Das Stuttgarter Schuldbekenntnis vom 19. Oktober 1945 – Entstehung und Bedeutung, in: Vierteljahrshefte für Zeitgeschichte 19 (1971), S. 374–397 (347 f.).

3 Karl Jaspers, Die Schuldfrage (1946[1]). Für Völkermord gibt es keine Verjährung, München 1979, S. 9–93 (zur moralischen Kollektivschuld: 55–57; zum Antisemitismus: 69 f.); Friedrich Meinecke, Die deutsche Katastrophe. Betrachtungen und Erinnerungen, Wiesbaden 1947[3], bes. S. 29 f., 53.

4 Kurt Schumacher, Reden – Schriften – Korrespondenzen 1945–1952, hg. v. Willy Albrecht, Berlin 1983, S. 254.

5 Konrad Adenauer, Briefe 1945–1947, bearb. v. Hans Peter Mensing (Rhöndorfer Ausgabe), Berlin 1983, S. 123 f.

6 Der Parlamentarische Rat 1948–1949. Akten und Protokolle, Bd. 9: Plenum, bearb. v. Wolfram Werner, München 1996, S. 36.

7 Verhandlungen des Deutschen Bundestages. Stenographische Berichte (= Sten.Ber.), 1. Wahlperiode, Bd. 1, S. 524 f.

8 Jahrbuch der öffentlichen Meinung 3 (1958–1964), Allensbach 1965, S. 323.

9 Konrad Adenauer, Erinnerungen 1953–1955, Stuttgart 1966, S. 289 ff.

10 Bundesgesetzblatt 1955 II, S. 305–320.

11 Fritz René Allemann, Bonn ist nicht Weimar, Köln 1956, bes. S. 274.

12 Helmut Schelsky, Gesellschaftlicher Wandel, in: Offene Welt, Nr. 41, 1956, S. 62–74.

13 Hermann Lübbe, Der Nationalsozialismus im politischen Bewusstsein der Gegenwart, in: Martin Broszat u. a. (Hg.), Deutschlands Weg in die Diktatur. Internationale Konferenz zur nationalsozialistischen Machtübernahme im Reichstagsgebäude zu Berlin. Referate und Diskussionen. Ein Protokoll. Berlin 1983, S. 329–349.

14 Richard Löwenthal, Vom Absterben der Russischen Revolution. Zu Chruschtschows Sturz durch die Parteioligarchie (1965), in: ders., Weltpolitische Betrachtungen. Essays aus zwei Jahrzehnten, hg. v. Heinrich August Winkler, Göttingen 1983, S. 95–109 (bes. 107 ff.).

15 Egon Bahr, Zu meiner Zeit, München 1996, S. 152 ff.

16 Sten.Ber. (Anm. 7), 6. Wahlperiode, Bd. 71, S. 21.

17 Karl Kaiser, Deutschlands Vereinigung. Die internationalen Aspekte, Bergisch Gladbach 1991, S. 140.

18 Willy Brandt, Erinnerungen, Frankfurt 1989, S. 324.

19 Richard Löwenthal, Vom Kalten Krieg zur Ostpolitik, in: ders. u. Hans-Peter Schwarz (Hg.), Die zweite Republik. 25 Jahre Bundesrepublik Deutschland – eine Bilanz, Stuttgart 1974, S. 604–699 (604).

6
一条后民族特殊道路

1 Der Parlamentarische Rat 1948–1949. Akten und Protokolle, Bd. 9: Plenum, bearb. v. Wolfram Werner, München 1996, S. 190.

2 Wilhelm Wenger, Wer gewinnt Deutschland? Kleinpreußische Selbstisolierung oder mitteleuropäische Föderation, Stuttgart 1959.

3 Konrad Adenauer, Teegespräche 1961–1969, bearb. v. Hans Peter Mensing, Berlin 1992, S. 283.

4 Karl Jaspers, Wahrheit, Freiheit und Friede. Hannah Arendt, Karl Jaspers. Reden zur Verleihung des Friedenspreises des Deutschen Buchhandels 1958, München 1958, S. 9–26 (19 f.).

5 Fritz Fischer, Griff nach der Weltmacht. Die Kriegszielpolitik des kaiserlichen Deutschland, Düsseldorf 1961[1].

6 Walter Schmitthenner u. Hans Buchheim (Hg.), Der deutsche Widerstand gegen Hitler, Köln 1966.

7 Ralf Dahrendorf, Gesellschaft und Demokratie in Deutschland, München 1965, S. 444.

8 David Schoenbaum, Hitlers braune Revolution (amerik. Orig.: New York 1966), Köln 1968.

9 Alexander und Margarete Mitscherlich, Die Unfähigkeit zu trauern. Grundlagen kollektiven Verhaltens (1967[1]), München 1991, S. 13–85 (80).

10 Zum Begriff des «Zivilisationsbruchs»: Dan Diner, Vorwort des Herausgebers, in: ders. (Hg.), Zivilisationsbruch. Denken nach Auschwitz, Frankfurt 1988, S. 9–13.

11 Franz Josef Strauß, Entwurf für Europa, Stuttgart 1966, S. 50f, 162 f.

12 Burkhard Freudenfeld, Das perfekte Provisorium. Auf der Suche nach einem deutschen Staat, in: Hochland 59 (1967), S. 421–433 (426, 433).

13 Eugen Gerstenmaier, Was heißt deutsches Nationalbewusstsein heute?, in: Hochland 60 (1967/68), S. 146–150 (149 f.).

14 Helmut Schmidt, Bundesdeutsches Nationalbewusstsein?, ebd., S. 558–562 (561 f.).

15 Walter Scheel, Falsches Demokratieverständnis, ebd., S. 365–369.

16 Theo Pirker (Hg.), Komintern und Faschismus. Dokumente zur Geschichte und Theorie des Faschismus, Stuttgart 1965, S. 187 (Referat von Generalsekretär Georgi Dimitroff auf dem VII. Weltkongress der Kommunistischen Internationale vom August 1935 mit Zitat des XIII. Plenums des Exekutivkomitees vom Dezember 1933).

17 Harald Bluhm, Befreiungskrieg und Preußenrenaissance in der DDR. Eine Skizze, in: Rudolf Speth und Edgar Wolfrum (Hg.), Politische Mythen und Geschichtspolitik. Konstruktion – Inszenierung – Mobilisierung, Berlin 1996, S. 71–95 (76; Hervorhebung im Original).

18 Friedrich Donath u. Walter Markov (Hg.), Kampf um Freiheit. Dokumente zur Zeit der nationalen Erhebung 1789–1815, Berlin 1954.

19 Peter Przybylski, Tatort Politbüro. Die Akte Honecker, Reinbek 1992, S. 280–288 (287).

20 Texte zur Deutschlandpolitik 6 (1971), S. 291–296.

21 Erich Honecker, Reden und Aufsätze, Bd. 1, Berlin 1975, S. 431–441 (438).

22 Zum Begriff der «Europe des états»: Charles de Gaulle, Discours et messages. Avec le renouveau mai 1958–juillet 1962, Paris 1970, S. 401–407 (Pressekonferenz vom 15. 5. 1962).

23 Walter Hallstein, Der unvollendete Bundesstaat. Europäische Erfahrungen und Erkenntnisse, Düsseldorf 1969.

24 Gustav W. Heinemann, Allen Bürgern verpflichtet. Reden des Bundespräsidenten 1969–1974, Frankfurt 1975, S. 13–20 (20; Hervorhebung im Original).

25 Ebd., S. 45–51 (49).

26 Karl Dietrich Bracher, Die deutsche Diktatur. Entstehung, Struktur, Folgen des Nationalsozialismus, Köln 1979[6], S. 544.

27 Dolf Sternberger, Verfassungspatriotismus (1979), in: ders., Verfassungspatriotismus. Schriften, Bd. 10, Frankfurt 1990, S. 13–16 (13).

28 Ders., Verfassungspatriotismus. Rede bei der 25-Jahr-Feier der Akademie für Politische Bildung (1982), ebd., S. 17–31.

29 Egon Bahr, Was wird aus den Deutschen? Fragen und Antworten, Reinbek 1982, S. 22 f.

30 Richard v. Weizsäcker, Der 8. Mai 1945–40 Jahre danach, in: ders., Reden u. Interviews. 1. Juli 1984–30. Juni 1985, Berlin 1986, S. 279–295 (280).

31 Ernst Nolte, Vergangenheit, die nicht vergehen will. Eine Rede, die geschrieben, aber nicht gehalten werden konnte, in: «Historikerstreit».

Die Dokumentation der Kontroverse um die Einzigartigkeit der natio-nalsozialistischen Judenvernichtung, München 1987, S. 39–47 (45).

32 Jürgen Habermas, Eine Art Schadensabwicklung. Die apologetischen Tendenzen in der deutschen Zeitgeschichtsschreibung, ebd., S. 62–76 (75 f.).

33 Markus Meckel, Martin Gutzeit, Opposition in der DDR. Zehn Jahre kirchliche Friedensarbeit. Kommentierte Quellentexte, Köln 1994, S. 266–274 (272).

34 Die Elbe – ein deutscher Strom, nicht Deutschlands Grenze (Interview mit Günter Gaus), in: Die Zeit, Nr. 6, 30. 1. 1981.

35 Heinrich August Winkler, Der lange Weg nach Westen, Bd. 2: Vom «Dritten Reich» bis zur Wiedervereinigung, München 2020² (Beck Paperback), S. 434 ff.

36 Karl Dietrich Bracher, Politik und Zeitgeist. Tendenzen der siebziger Jahre, in: ders., Wolfgang Jäger, Werner Link, Republik im Wandel 1969–1974. Die Ära Brandt (Geschichte der Bundesrepublik Deutsch-land, Bd. V/1), Stuttgart 1986, S. 285–406.

37 Oskar Lafontaine, Die Gesellschaft der Zukunft, Reformpolitik in einer veränderten Welt, Hamburg 1988, S. 155–200 (188 f.).

38 Ebd., S. 189.

39 Silke Jansen, Zwei deutsche Staaten – zwei deutsche Nationen? Mei-nungsbilder zur deutschen Frage im Zeitablauf, in: Deutschland Archiv 22 (1989), S. 1132–1143 (1139).

7

从德国问题到欧洲问题

1 Die «sozialistische Identität» der DDR. Überlegungen von Otto Rein-hold in einem Beitrag für Radio DDR am 19. August 1989 (Auszug), in: Blätter für deutsche und internationale Politik 34 (1989), S. 1175.

2 Diese Regierung wird eine Regierung des Volkes und der Arbeit sein. Erklärung von Hans Modrow, in: Neues Deutschland, 18./19. 11. 1989.

3 Verhandlungen des Deutschen Bundestages. Stenographischer Bericht (= Sten. Ber.), 11. Wahlperiode, Bd. 151, S. 13502–13512.

4 Wolfgang Jäger in Zusammenarbeit mit Michael Walter, Die Über-windung der Teilung. Der innerdeutsche Prozeß der Vereinigung (Ge-schichte der deutschen Einheit in vier Bänden, Bd. 3), Stuttgart 1998, S. 58 ff.

5 Joschka Fischer, Jenseits von Mauer und Wiedervereinigung, in: taz, 16. 11. 1989.

6   Karl Kaiser, Deutschlands Vereinigung. Die internationalen Aspekte, Bergisch-Gladbach 1991, S. 368–375 (364, 371).

7   Heinrich August Winkler, Der lange Weg nach Westen, Bd. 2: Vom «Dritten Reich» bis zur Wiedervereinigung, München 2020² (Beck Paperback), S. 605 f.

8   Barry Eichengreen, Should the Maastricht Treaty be Saved? Princeton Studies in International Finance 74 (December 1992), Princeton 1992.

9   Entscheidungen des Bundesverfassungsgerichts, Bd. 89, S. 155–213 (186).

10   Dieter Grimm, Auf der Suche nach Akzeptanz. Über Legitimationsdefizite und Legitimationsressourcen der Europäischen Union (2015), in: ders., Europa ja – aber welches? Zur Verfassung der europäischen Demokratie, München 2016, S. 29–47 (31).

11   Sten. Ber. (Anm. 3), 12. Wahlperiode, Bd. 159, S. 4367.

12   Joschka Fischer, Vom Staatenverbund zur Föderation – Gedanken über die Finalität der Europäischen Integration. Walter Hallstein-Institut für Europäisches Verfassungsrecht (Humboldt-Universität zu Berlin). FCE 12/00, S. 6/9.

13   L'européen Delors critique l'Europe, in: Le Monde, 19. 1. 2000.

14   Pressemitteilung Nr. 72 vom 30. Juni 2009. Urteil vom 30. Juni 2009, 2 BvE/08.

15   Dieter Grimm, Die Ursachen des europäischen Demokratiedefizits werden an der falschen Stelle gesucht, in: ders., Europa (Anm. 10), S. 121–131 (130).

16   Matthias Krupa, Gute Demokraten, schlechte Demokraten, in: Die Zeit, Nr. 27, 27. 6. 2019.

17   Europa nur wenn nötig, in: Frankfurter Allgemeine Zeitung, 2. 7. 2013.

18   «Europa ist unser Glück» (Interview), in: Süddeutsche Zeitung, 26. 1. 2012.

19   Presse- und Informationsamt der Bundesregierung. Medienmonitoring Presse/TV/Hörfunk, 13. 8. 2013.

8
德国的新使命？

1   Willy Brandt, Berliner Ausgabe, Bd. 10: Gemeinsame Sicherheit. Internationale Beziehungen und deutsche Frage 1982–1992, bearbeitet von Uwe Mai, Bernd Rother und Wolfgang Schmidt, Bonn 2009, S. 417–423 (422).

2   Günter Grass, Kurze Rede eines vaterlandslosen Gesellen. Rede in der Evangelischen Akademie Tutzing, in: ders., Essays und Reden, III.

1980–1997 (= ders., Werkausgabe, Bd. 16), Göttingen 1997, S. 230–234 (233).

3 Brandt, Sicherheit (Anm. 1), S. 398–405 (403).

4 Oskar Lafontaine, Verzweifelte Aussichten, in: taz, 9. 2. 1991.

5 Entscheidungen des Bundesverfassungsgerichts, Bd. 90, S. 286–394 (286).

6 Verhandlungen des Deutschen Bundestages. Stenographische Berichte (= Sten. Ber.). 12. Wahlperiode, Bd. 175, S. 21165–21169 (21166 f.).

7 Günter Verheugen, Politik nicht auf Bundeswehreinsätze reduzieren, in: Vorwärts, Nr. 8, August 1995.

8 Joschka Fischer, Die rot-grünen Jahre. Deutsche Außenpolitik – vom Kosovo bis zum 11. September, Köln 2007, S. 225.

9 «Wir kommen unserem Ziel näher» (Interview mit Rudolf Scharping), in: Der Spiegel, Nr. 17, 26. 4. 1999.

10 Edgar Wolfrum, Rot-Grün an der Macht. Deutschland 1998–2005, München 2013, S. 104 f.

11 Ebd., S. 106.

12 Sten. Ber. (Anm. 6), 14. Wahlperiode, Bd. 186, S. 18 293 f.

13 Charles Krauthammer, The Unipolar Moment, in: Foreign Affairs 70 (1990/91), Nr. 1, S. 23–33.

14 Sten. Ber. (Anm. 6), 18. Wahlperiode, S. 11614.

15 Norbert Blüm, Ich will euch Nachricht geben, in: Die Zeit, Nr. 14, 23. 3. 2016.

16 René Cuperus, Helles Land, dunkles Land, in: Süddeutsche Zeitung, 5. 2. 2016.

17 Max Weber, Politik als Beruf, in: ders., Gesammelte Politische Schriften. Neu hg. v. Johannes Winckelmann, Tübingen 1958², S. 493–548 (539 f.).

18 Der Begriff «moral overstretch» hier in Analogie zu dem von Paul Kennedy geprägten Begriff des «imperial overstretch»: ders., The Rise and Fall of Great Powers. Economic Change and Militäry Conflict from 1500 to 2000, New York 1987¹, S. 515.

19 The Sick Man of the Euro, in: The Economist, 3. 6. 1999.

20 Zanny Minton Beddoes, Europe's Reluctant Hegemon, in: The Economist, 15. 6. 2013; William E. Paterson, The Reluctant Hegemon? Germany Moves Centre Stage in the European Union, in: Journal of Common Market Studies 49 (2011). Annual Review, S. 57–75.

21 Ludwig Dehio, Deutschland und die Epoche der Weltkriege, in: ders., Deutschland und die Weltpolitik im 20. Jahrhundert, München 1955, S. 9–36 (15).

22 Hans Kundnani, The Paradox of German Power, London 2014, S. 14 f., 107. Dt. Ausgabe: German Power. Das Paradox der deutschen Stärke, München 2016.

23 As Obama Exits World Stage, Angela Merkel May Be the Liberal West's Last Defender, in: New York Times, 12. 11. 2016. Zur Erklärung Merkels zur Wahl Trumps: Günter Bannas, Der dritte unter den neunten Novembern, in: Frankfurter Allgemeine Zeitung, 10. 11. 2016.

24 Ronald Inglehart, The Silent Revolution. Changing Values and Political Styles Among Western Publics, Princeton 1977, S. 31 ff., 392.

9
德国历史的今天

1 Thomas Mann, Deutschland und die Deutschen, in: ders., Gesammelte Werke in dreizehn Bänden, Bd. 11, Frankfurt 1990, S. 1126–1148 (1131, 1137).

2 Ebd., S. 1141.

3 Ebd., S. 1141 ff.

4 Ebd., S. 1146.

5 Die Tagebücher von Joseph Goebbels. Sämtliche Fragmente, hg. v. Elke Fröhlich, München 1987, Teil I, Bd. 3 (1937–1939), S. 645 (17. 11. 1939).

6 Hans-Günther Seraphim (Hg.), Das politische Tagebuch Alfred Rosenbergs aus den Jahren 1934/35 und 1939/40, Göttingen 1956, S. 104.

7 «2015 hat Deutschland ein neues Gesicht gezeigt.» Bischof Markus Dröge über die Flüchtlingskrise, in: Der Tagesspiegel, 24. 12. 2015.

8 Günter Brakelmann, Der Krieg von 1870/71 und die Reichsgründung im Urteil des Protestantismus, in: Wolfgang Huber und Johannes Schwerdtfeger (Hg.), Kirche zwischen Krieg und Frieden. Studien zur Geschichte des deutschen Protestantismus, Stuttgart 1976, S. 293–320 (304).

9 Walter Frank, Hofprediger Adolf Stoecker und die christlichsoziale Bewegung, Berlin 1928, S. 32 f.

10 Karl Dietrich Bracher, Stufen der Machtergreifung, in: ders., Gerhard Schulz, Wolfgang Sauer, Die nationalsozialistische Machtergreifung. Studien zur Errichtung des totalitären Herrschaftssystems in Deutschland 1933/34, Köln 1962², S. 31–368 (334).

11 Robert Musil, Der Mann ohne Eigenschaften (Gesammelte Werke in Einzelausgaben, hg. v. Adolf Frisé), Hamburg 1952, S. 1122 f.

12 Sigmar Gabriel und Janusz Reiter, Wir brauchen ein europäisches Investitionsprogramm für Verteidigung, in: Tagesspiegel, 9. 7. 2018.

13 Die Rede Schmidts in: Jürgen Maruhn und Manfred Wilke (Hg.), Wohin treibt die SPD? Wende oder Kontinuität sozialdemokratischer

Sicherheitspolitik, München 1984, S. 129–164 (162 f.). Das Heine-Zitat in: Heinrich Heines sämtliche Werke in zwölf Bänden, Berlin o. J., Bd. 2, S. 113–179 (136).

14 Leonard Krieger, The German Idea of Freedom. History of a Political Tradition, Boston 1957, S. IX, 5.

15 Rudolf Stadelmann, Deutschland und die westlichen Revolutionen, in: ders., Deutschland und Westeuropa, Laupheim 1948, S. 11–33 (28, 31).

16 Siehe dazu oben S. 33 f.

17 Zu Habermas' Diktum siehe oben S. 159.

18 Alan Milward, The European Rescue of the Nation-State, Berkeley 1992, S. 446 f.

"新冠肺炎疫情"时代——结语

1 International Monetary Fund, World Economic Outlook April 2020, S. V.

2 Bundesverfassungsgericht. Urteil des 2. Senats vom 5. Mai 2020–2 BvR 859/15. http://www.bverfg.de/e/rs20200505_2bvr085915.html.

3 Christian Reiermann, Attentat auf Europa, in: Der Spiegel, Nr. 20, 9. 5. 2020.

人名索引

图书在版编目（CIP）数据

我们如何成为今天的我们：德意志民族简史 / (德)
海因里希·奥古斯特·温克勒
(Heinrich August Winkler) 著；黄行洲译. -- 北京：
社会科学文献出版社，2024.4
ISBN 978-7-5228-2764-3

Ⅰ.①我…　Ⅱ.①海…②黄…　Ⅲ.①民族历史－研
究－德国　Ⅳ.①K516.8

中国国家版本馆CIP数据核字（2023）第218444号

我们如何成为今天的我们：德意志民族简史

著　　者 / ［德］海因里希·奥古斯特·温克勒（Heinrich August Winkler）
译　　者 / 黄行洲

出 版 人 / 冀祥德
组稿编辑 / 段其刚
责任编辑 / 陈嘉瑜
文稿编辑 / 韩宜儒
责任印制 / 王京美

出　　版 / 社会科学文献出版社·联合出版中心（010）59367151
　　　　　地址：北京市北三环中路甲29号院华龙大厦　邮编：100029
　　　　　网址：www.ssap.com.cn
发　　行 / 社会科学文献出版社（010）59367028
印　　装 / 北京盛通印刷股份有限公司

规　　格 / 开　本：889mm×1194mm　1/32
　　　　　印　张：7.875　字　数：197千字
版　　次 / 2024年4月第1版　2024年4月第1次印刷
书　　号 / ISBN 978-7-5228-2764-3
著作权合同
登 记 号 / 图字01-2021-1611号
定　　价 / 69.00元

读者服务电话：4008918866